增长法则

巧用数字营销，突破企业困局

朱晶裕 / 著

电子工业出版社
Publishing House of Electronics Industry
北京·BEIJING

内 容 简 介

企业数字化转型是大势所趋，在全球经济"数字化"的今天，营销也可以说是"非数字，不营销"，构建"以客户为中心"的数字化生态成为营销界的主流。

本书系统性地提出了数字营销增长的 5S 方法论，把"数字营销"与"企业增长"挂钩，重点探讨了大数据营销的意义和数据应用体系，同时结合一线实践经验深入分析了如何构建数字营销策略和建立高效的数字化组织，以期能帮助企业实现数字化营销的全面转型及数字化战略和组织的升级。

本书可供企业高管、CXO、中层管理人员、一线销售人员和市场人员，以及营销咨询服务行业的从业人员阅读参考。

未经许可，不得以任何方式复制或抄袭本书之部分或全部内容。
版权所有，侵权必究。

图书在版编目（CIP）数据

增长法则：巧用数字营销，突破企业困局 / 朱晶裕著. —北京：电子工业出版社，2022.1
ISBN 978-7-121-42583-7

Ⅰ. ①增… Ⅱ. ①朱… Ⅲ. ①企业管理－网络营销Ⅳ. ①F274-39

中国版本图书馆 CIP 数据核字（2022）第 015201 号

责任编辑：石　悦　　　　　特约编辑：田学清
印　　刷：河北鑫兆源印刷有限公司
装　　订：河北鑫兆源印刷有限公司
出版发行：电子工业出版社
　　　　　北京市海淀区万寿路 173 信箱　　邮编：100036
开　　本：720×1000　1/16　　印张：16　　字数：237 千字
版　　次：2022 年 1 月第 1 版
印　　次：2022 年 4 月第 3 次印刷
定　　价：79.00 元

凡所购买电子工业出版社图书有缺损问题，请向购买书店调换。若书店售缺，请与本社发行部联系，联系及邮购电话：(010) 88254888，88258888。
质量投诉请发邮件至 zlts@phei.com.cn，盗版侵权举报请发邮件至 dbqq@phei.com.cn。
本书咨询联系方式：010-51260888-819，faq@phei.com.cn。

专家力荐

在认真浏览完本书之后，我准备把它推荐给我们的学员，因为它是"行内人"基于丰富的实践经验及深入的研究和思考用"内行话"写出的，对学员们了解数字营销的全貌、方法和相关问题很有帮助。具体来说，本书的独特价值体现在以下四个方面：

一是大局与细节兼顾。本书开篇介绍数字营销的全貌与发展，后续章节以问题为导向娓娓道来。

二是方法与案例互补。作者从多个维度介绍数字营销的全新方法，同时又借助知名企业的案例阐释成功的实践方法。

三是理论与实务结合。作者对数字营销的关键概念、理论架构和重要模型进行了细致的梳理，同时又对落地方案进行了清晰的说明。

四是内部与外部并重。本书对外关注客户导向和营销增长，对内强调数字化组织构建与人才能力提升。

——北京大学光华管理学院市场营销学教授、中国高等院校市场学研究会秘书长　彭泗清在数字经济时代，如何从"后天"的视角思考"明天"的格局，对企业尤为重要。随着 AI 技术的发展及元宇宙热度的提升，数字营销将成为企业可持续发展的核心。作者将自己多年的营销实践进行凝练，从理论角度进行梳理与探索，并形成自己独特的数字营销方法论，其中不仅有营销本身的数字化转型，而且以数字营销为引擎带动企业组织维度与管理维度的模式提升。本书中关于数字营销的 5S 理论、大数据营销方面的创新观点和实践案例会让深耕营销领域的商界精英与企业家获得启发。

——上海交通大学安泰经济与管理学院 EMBA 项目主任、
市场营销系副教授　周颖

本书是对一线实践的梳理与思考，既是数字营销人的成果，同时也给学术界提供了大量可借鉴的基础素材。希望通过学界和业界的共同努力，在西方营销理论的基础上创造出我们自己的学术成果，向全世界贡献我们的价值。

——中国商务广告协会数字营销委员会秘书长、
国际品牌观察杂志社总编辑　陈徐彬

在未来的职场中，很多岗位上的人都需要学习营销。本书中关于 DTC 模式和产业互联网的部分及其案例对我启发很大，而且还提供了方法论，以及落地的组织设计和管理方法，具有很强的实操性。在商业管理类的书籍中，本书属于"看得进、看得懂、又带得走"的那种。

——畅销书《职场经济学》和《像经营企业一样经营自己》的作者、
"吴晓波频道"职场课程主讲人　刘捷

在全社会、全方位数字化的时代背景下，"营销"其实越来越等同于"数字营销"。本书为读者了解前沿数字营销实战知识与经验提供了指导。

——商业新知创始人、CEO　黎争

专家力荐

在数字化经济时代，数字营销为企业营销体系提供新价值锚点。本书是作者在多年实践经验的基础上系统性地提炼出的关于数字营销的创新理论和实战攻略，值得好好品味。

——CEO 顾问、《增长五线》作者、科特勒咨询公司合伙人　王赛

营销部门从"成本中心"逐渐发展为"利润创造中心"是趋势。如何利用营销技术和数字化手段围绕客户生命周期进行精细化运营，给客户提供优质的服务和体验，是实现增长的关键所在。在产业数字化的大背景下，本书围绕"数字化营销和增长"阐述的理念、方法和案例都值得市场营销人员一读。

——腾讯云与智慧产业市场部 Martech 负责人、
腾讯企点市场副总经理　罗亚玲

本书从"营销的本质"入手，从品效协同、大数据应用、数字营销策略和组织构建等方面由浅入深地提炼出一个完整的 B2B 营销方法论，并通过消费者全旅程呈现出清晰的数字化营销思路，见解独到，论述缜密。同时，本书结合当下热门的营销案例及营销场景，由点及面地梳理和总结出适应时代发展的创新方法。B2B 营销从业人员都值得将其作为案头常备指南。

——领英大中华区广告营销业务部总经理　蔡晓丹

走老路到不了新地方！本书可以帮助正处于职业转型中的营销人员和需要与营销打交道的相关人员。希望他们在看完本书后能找到事业的突破口。

——知名职场、财经博主，互联网教育公司 CEO　沈小星

前言

今天,"数字化"已经渗透到经济和社会的方方面面,企业也全面进入重大的战略和商业模式转型期,颠覆随时到来,创新成为常态。15年前被列入世界500强的企业,现如今已超过半数都不复存在,企业颠覆式的创新以闪电式的速度不断加快。创新不仅仅指速度,它还必须有惊喜,优秀的企业在不断地通过研发新产品和服务体系来打败和淘汰传统的企业,积极主动地改变着传统的思维模式和商业模式,不断迸发出惊人的智慧。

数字营销就是在数字化时代迸发的新兴领域和智慧之一。随着企业内部组织不断地进行"数字化"转型,作为企业创造增长的重要引擎和主要的利润来源,营销也越来越受企业高级管理者们的重视。营销的数字化和商业模式的数字化紧密挂钩,所以本书始终将"数字营销"和"企业增长"密切联系在一起。

随着创新这一巨大的推动力越来越多地融入企业血液,成为企业发展的生命线,它带来的必然结果就是企业核心岗位的转型,数字化技术将成为每一位职场人必备的技能。数字化将和每一个人息息相关,职场人变革自身思维和技能的速度也将不亚于火箭的速度。

现如今，合格的数字营销人员极其缺乏，数字化人才的供给赶不上不断增长的市场需求，每年数字营销人才的缺口不计其数，所以，培养合格的数字化人才、数字营销人才成为顺应时代发展迫在眉睫的事情。让人欣慰的是，如今越来越多的高校设置了数字营销这门课程。作为随着数字化浪潮兴起的第一代数字营销人之一，我希望将这么多年在企业积累的营销数字化实战经验分享给每一个职场人，帮助他们进行数字化思维模式的打造，最终完成职业的升级和转型。

我的职业生涯始于营销传播集团WPP，它的主营业务是为世界500强企业提供营销服务。从十几年前到现在，营销服务的范畴已经发生了翻天覆地的变化，从传统的平面广告、纸媒时代到现在的数字化时代，营销和传播的本质也发生了巨大的转变。营销人员始终需要保持强烈的好奇心、探索欲和进取心，在这条"并不容易"的道路上奋楫笃行，迎接未来，共同拥抱时代的变化。

在实际工作中我发现，我们很多营销从业人员都掌握了大量的理论知识，在这个信息爆炸的年代，你每天都能听到无数新鲜有趣的数字化观点，但是一到具体的工作实践中，总是会遇到不小的挑战。在理论和实践中间像隔着一堵墙，无法逾越，我们要做的是缩小想做的事、认为对的事和能做的事之间的差距。

我也发现有些企业努力根植于培养数字化的文化基因，制定了数字营销的战略，但却没有合格的数字化营销执行人员将策略夯实落地；反之，有些企业有很好的数字化组织架构，并招募了大量的数字化人才，但却缺少一套自上而下的顶层战略设计。事实是，只有当数字化的文化、战略与企业的数字化组织架构发展完全匹配、水乳交融的时候，数字化营销才能获得成功。

我结合自己十几年大型品牌外企和营销公司的数字营销实战经验，回顾过去，立足当下，对数字营销行业的发展，以及数字营销的来龙去脉和最新现象做了全面的剖析，并且从中萃取出一整套独特的观点和方法论。本书不仅可以帮到数字营销从业人员，同样也可以帮到有志于从事此行业或正处在职业转型中的营销人员，帮助他们建立对数字营销的深层次理解，满足其在数字化时代进行职业转型和发展的需要。

数字营销黄金十年，风云变幻，乱象丛生，但却依然井然有序地进行着史无前例的营销变革。未来已来，以物联网、人工智能技术和 5G 技术为代表的新经济时代开启了数字营销的新篇章。

我参加过很多数字营销峰会、论坛，做过演讲嘉宾，做过一些知名奖项的评委，并借此机会和业内人士做过一些交流、探讨和分享，几乎每一次都会有不一样的收获，每一次都能感受到整个行业的进步和变化。和这些愿意走在营销革命前沿，深入去做事的同行们在一起，总是能感受到默契和同频，同时，我也非常愿意和这些有激情的同仁志士们一同去开拓创新，共创营销新局面。

每个数字营销行业的从业人员可能都知道，虽然企业对做数字营销都争先恐后，但每一年都过得心惊胆战，心情好像过山车，今天适用的营销理论和实践到了明天可能就不适用了。但在今天这个特殊的时间节点，在全球"新冠肺炎疫情"的大背景下，我们回顾过去，立足当下，展望未来，根据过往的有用经验总结出底层逻辑去应对不确定的未来，依然是非常有意义的。让我们以过往敬新生，以一次必要的行业审视，去迎接一个新营销时代的到来。

朱晶裕

2021 年 11 月

目录

第1章 中国数字营销大局 1

  1.1 数字营销与增长的关系 1
      1.1.1 数字营销的本质 1
      1.1.2 数字营销概念常见误解 5
  1.2 中国数字营销的发展 10
      1.2.1 数字营销发展历程 10
      1.2.2 数字营销趋势展望 14

第2章 新营销 新现象 17

  2.1 品牌和效果之争 17
      2.1.1 关于效果营销的反思 17
      2.1.2 效果为王的时代，品牌还要做吗 20
      2.1.3 新营销时代的"变"与"不变" 22
      2.1.4 品牌和效果的关系 27
      2.1.5 品牌和效果营销实践 30
      2.1.6 长期主义：打造品牌力 36

2.2 全球化和本土化 ... 39
2.2.1 中美数字营销对比 ... 39
2.2.2 奈飞传奇 ... 46
2.2.3 中国特色的 DTC 模式崛起 ... 54
2.2.4 中美网红经济对比差异 ... 56
2.3 全民营销 ... 59
2.3.1 全民营销时代已来 ... 59
2.3.2 DTC 商业模式和实践 ... 61
2.3.3 C2M 商业模式 ... 72
2.3.4 营销社交化 ... 76

第 3 章 数字营销增长全新方法论 ... 83
3.1 消费者旅程 ... 83
3.1.1 数字化时代的消费者旅程 ... 83
3.1.2 客户体验流程设计和管理 ... 90
3.2 不同商业模式下的数字营销 ... 92
3.2.1 B2B 数字营销难在哪里 ... 92
3.2.2 B2C 数字营销观察 ... 96
3.2.3 B2B 和 B2C 数字营销共性 ... 99
3.3 大数据驱动数字营销新增长引擎 ... 101
3.3.1 什么是大数据营销 ... 101
3.3.2 大数据营销的意义 ... 105
3.3.3 大数据营销的原则 ... 107
3.3.4 大数据是把双刃剑 ... 109
3.3.5 大数据营销的发展和应用 ... 112
3.3.6 企业如何构建数据化能力 ... 119
3.3.7 大数据营销策略框架设计 ... 121

3.4 解决大型公司增长瓶颈：5S 模型 123
    3.4.1 什么是 5S 模型 123
    3.4.2 如何应用 5S 模型 127
    3.4.3 大型 500 强公司数字化营销成功案例 133

第 4 章 数字营销策略和组织构建 139

4.1 数字化思维的建立 139
    4.1.1 数字化营销转型的挑战 139
    4.1.2 数字化营销转型成功的必要条件 146
    4.1.3 构建系统化生态思维 149

4.2 数字化营销策略构建 155
    4.2.1 数字化营销转型五部曲 155
    4.2.2 市场部如何制定数字营销计划 164

4.3 数字化营销的人才能力进化与需求 167
    4.3.1 数字化人才进化挑战 167
    4.3.2 未来需要什么样的数字化人才 169

4.4 构建数字化营销组织 172
    4.4.1 建立高效数字化市场部 172
    4.4.2 新营销时代市场和销售的关系 178
    4.4.3 理想数字化团队应该具备什么素质 182

第 5 章 内容营销和场景营销 187

5.1 内容为王 187
    5.1.1 内容营销的意义 187
    5.1.2 营销内容分类 193
    5.1.3 构建内容营销策略 196

5.2 场景营销 204

5.2.1　场景营销三要素 204
　　5.2.2　场景营销方法论 207
　　5.2.3　场景营销新思路：抖音的"兴趣电商" 218

第 6 章　管理用户生命周期价值 222

6.1　用户生命周期模型构建 222
　　6.1.1　基于用户旅程的生命周期模型 222
　　6.1.2　私域流量 227
　　6.1.3　精细化运营 230

6.2　圈层营销和会员营销 234
　　6.2.1　用户需求的圈层化 234
　　6.2.2　圈层营销三步法 236
　　6.2.3　品牌"出圈" 239
　　6.2.4　构建会员忠诚度体系 241

第 1 章

中国数字营销大局

1.1 数字营销与增长的关系

1.1.1 数字营销的本质

数字营销的本质是什么？很多人说是"增长"。这一点我深信不疑。

营销的本质是增长，这无关新旧。营销是为了企业的可持续发展，所以营销永远是跟"增长"联系在一起的，无论是收入的增长、利润的增长还是市值的增长。你或许认为也有公益营销，也有为了长期愿景和使命而做出的品牌营销，但那仅仅是营销的冰山一角，企业进行生产经营，为社会提供产品和服务始终是以盈利为目的的，所以，基于增长法则的营销活动才更具有长期价值。

"增长"的话题在数字营销时代依然没有改变,数字营销赋予企业以更高效、更规模化、更具可复制性增长的可能性,它是营销领域未来发展的大势所趋。但是数字营销赋予"增长"的含义在数字化的今天发生了变化,数字化营销驱动的"新增长"不只是流量的增长,更是"服务小众、服务长尾用户能力"的增长。

在过去,我们一直都在追求流量的增长,"流量"成为营销人员趋之若鹜的关键营销目标,但在新营销时代,流量增长不再是核心指标。

我对数字营销的定义是:数字营销是企业在消费者注意力碎片化的时代,通过"内容"抓住用户的"长尾"需求,以数字化工具为底盘,精细化运营"留量",以达到品效协同营销效果的一种营销方式。这里的"留量"指的是用户留存量,而非转瞬即逝的"流量"。

从追求大曝光——流量为王到追求品效协同,在这个过程中我们经历了"工业时代—信息时代—数字时代",同时,我们观察到的经济现象也从帕累托的"二八法则"转变到了安德森的"长尾理论"。

安德森说:互联网时代,大众市场不再一统天下,小众市场也可以呼风唤雨。

什么意思呢?我们都知道二八法则,二八法则在商业场景中有很多应用,意为20%的产品、20%的客户可以带来80%的利润,所以很多企业会更注重少数几个VIP客户,而"无暇"顾及在人数上居于大多数的普通消费者。而安德森的长尾理论(见图1-1)则认为,数字化时代是关注"长尾"客户、发挥"长尾"效益的时代。信息繁杂的碎片化时代,当关注的成本足够低、生产效率足够高的时候,关注尾部消费者需求带来的收益甚至会超过头部,如谷歌(Google)、蓝河、B站(哔哩哔哩网站的简称)、江小白等就是长尾理论的典型代表。如今,"小而美"的出圈是很迅猛的。

"长尾（long tail）"理论

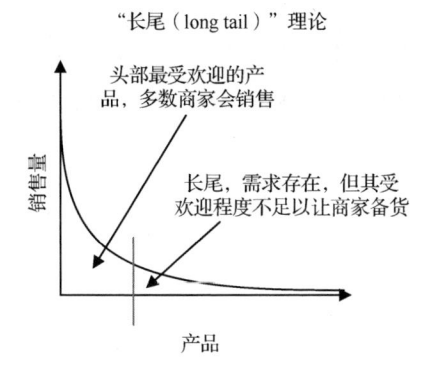

销售量

头部最受欢迎的产品，多数商家会销售

长尾，需求存在，但其受欢迎程度不足以让商家备货

产品

图 1-1

这对数字营销的启示在哪里？无论数字营销的局面如何变化，它的内核都不会变，那就是立足于用户，在个性化的时代通过数字化的方式、技术和工具解决消费者差异化、多样化的需求。这在传统时代是做不到的，传统时代的营销模式是把同一个广告同时推向成千上万个用户，用户接收到的信息是千篇一律的。但是在今天，随着消费需求的升级，在消费者获取信息和内容选择性越来越大的情况下，他们已经不再满足于接收同一种信息，他们追求的是差异化的体验，他们寻求品牌与自身的相关性。

这个时候，数字营销出现了。麦肯锡说"Digital"（数字）始终喜欢与"Disruption"（颠覆）结合在一起，数字营销同样也应该是"Marketing Disruption"（市场营销创新），甚至是"Business Disruption"（商业模式创新）。因为当数字营销的举措可以始终和增长"挂钩"的时候，那么说它是商业模式创新也就不足为过了。

数字营销驱动的企业其业务的增长核心体现在"用户覆盖和运营能力"的增长上。如何去理解客户运营能力？客户运营能力主要体现在以下几个方面：首先是可规模化，通过数字化的渠道规模化触达更多的受众，提升营销效率，降低企业运营成本，加速获取新客，这是数字化营销广度的优势体现；

其次是通过数字营销的方式和用户建立1对1的关系，以用户注意力为中心，建立与消费者的深度连接，这是数字营销方式与传统营销方式的显著区别。我们要将用户当作真正的"人"去对待，我说的"人"指的是动态变化的而不是静止的，变化随时在发生，所以我们每一次的传播活动都需要对用户进行重新定位。

数字营销是艺术与科学的结合，大数据赋予我们进行精准人群触达、转化的可能性。新营销时代的数字营销已经跳出了传播的范畴，而将品牌方的注意力放到了用户身上，围绕用户展开各项精细化的营销工作成了营销工作的重点。也就是说，数字营销的重点已经从关注整体营销转移到了关注个体用户的需求中来。多样化的数字触点和大数据赋予了企业在对用户需求精准判断的基础上以用户喜闻乐见方式建立特定关系的可能性。这是数字化营销深度的优势体现。

数字化营销带来的营销深度层面，还体现为营销的运营化。营销运营化是一个全新的概念，以前的营销是没有运营这个概念的，营销是营销，运营是运营。以前的营销方式，甚至在数字营销的早期，都以品牌向用户进行单向传播为主。尽管营销渠道在数字营销的早期可以数字化，但依然和传统的营销本质没有变化。然而，数字营销发展到今天，它的本质完全改变了，现在的数字营销必须对用户进行运营，围绕用户展开各项"精细化"的运营工作。

"精细化"以大数据为依托，以数字化技术为主要赋能手段，基于客户全生命周期价值旅程进行精心设计，这个我们在后面的章节会详细展开。营销和运营在数字化时代需要更加紧密的结合，除了在用户这个层面，在电商平台也体现得淋漓尽致。电商平台的数字营销和运营商需要更加紧密的合作，在引流、抓取流量、流量转化和对平台产品的管理、定价这些方面充分结合，以共同促进平台交易额的增长。"营销"和"运营"的关系变得越来越密不可分,而让营销运营化的核心就是品牌对用户本身的关注越来越多。这需要营销人员的底层认知和思维发生彻底的转变。

数字营销需要对"广"和"深"两手抓,而长尾理论的精髓也在于此,即广泛的用户覆盖和深度的交互。从这个意义上讲,长尾理论和数字营销的本质不谋而合。

1.1.2　数字营销概念常见误解

传统营销时代一去不复返了,西方文明发展了上百年的营销文化在过去短短的十几年间就被彻底颠覆了。这是一个时代的创新,这是一次营销革命,我们正处在任何人都无法预测未来的黄金时代。

我是伴随数字营销成长起来的第一代数字营销人,那个时候还没有"数字"这个概念,有的是像"互动营销""网络营销""互动传播"这样比较形象、能够体现营销形式的字眼。数字营销概念这几年非常火,大家都认为这是未来营销界发展的大势所趋,但也正因为这样,很多人甚至是随着数字化浪潮起起落落和不断蜕变的营销专业人士,可能对数字营销的涵义会有一定的误解,这跟他们本身的经历有关,和他们根深蒂固的思维模式有关。搞清楚数字营销的基本概念和其所涵盖的内容,对于真正理解数字营销、理解数字营销对营销界发展的影响至关重要。营销人理解了数字营销的概念,就便于他们树立正确积极的观点,充分发挥数字营销的魅力并积极利用其能力帮助他们克服困难,解决增长瓶颈的问题。

营销人员对数字营销的误解通常有以下几种:

- 数字营销是通过运用一些数字化的工具管理市场部活动的过程。
- 数字营销是网络推广。

- 数字营销是采用数字化方式精准触达用户以获取流量的过程。
- 数字营销是将线下营销活动转移到线上来。
- 数字营销是直播带货。
- 数字营销是自动化进行线索培育和孵化的营销方式。

以上都对，又都不对。对的地方是它们都是数字营销内容的一部分，只是诠释角度不同；不对的是以上这些解释都无法完整反映数字营销的全貌。

> 第一点是从使用新营销工具进行数字化应用和流程管理的角度对数字营销的解读；第二点是相较于传统营销方式如电视、广播、户外广告、报纸杂志广告等对数字营销的解读；第三点从数字化营销所带来的红利角度对数字营销的解读，许多人认为数字营销就是以一种低成本的方式获得流量，但这其实是一种偏见；第四点是从营销活动执行来看，营销媒介发生了巨大变化的角度对数字营销的解读；第五点是根据之前大火的营销新现象对数字营销的解读；第六点是对营销数字化技术及其带来的价值的诠释。

大家似乎都心照不宣地觉得知道数字营销到底是什么，但每个人对数字营销的定位和解读又都不一样，这样在工作沟通中可能就会产生冲突，觉得不该你这个数字营销经理来做的你做了，该你做的却没做。这样的情况放在传统岗位上可能就会少很多。我们对一些职责的认定都心照不宣，但就因为数字营销这个概念太新了，而且变化太快了，大部分人对变化又是相对抵触的，这就使得由于对数字营销概念的误解而产生的工作冲突尤其明显。

但我们又能看到，所有的这些解释都有一个共同点，就是"变化"。不管是营销的形式还是营销的介质，不管是营销的技术还是营销的红利，无一例外都发生了翻天覆地的变化，而这些变化就发生在短短的十几年间。我们可以大胆预测，这种变化在未来的十年不但不会慢下来，而且将会史无前例地随着科技的快速进步和迭代以从未有过的方式不断加速。窗口期越来越短，在未来能够在激烈的环境中脱颖而出的一定是那些能够迅速抓住机遇、跑赢时代、获得数字化时代红利从而获得竞争优势的企业。

这些急速的变化和一个个过眼云烟的营销现象不断提醒我们：新营销时代，唯一不变的就是"变化"。这让很多对数字营销有着局部理解或误解的人很难接受，但这又是真实客观存在的。时代的飞轮从来不会因为"人不太愿意改变"这个事实而停止转动，所以我很愿意在本书开头花一些篇幅去解释什么是数字营销。任何事物都有它的底层逻辑，只有基础打好了，基本观念澄清了，后面的观点论证才可以层层深入，顺理成章，同时也能帮助读者去理解数字营销的本质和要义。

大部分人只选择看自己想看的、听自己想听的，这很正常。但是如果对数字营销的真正含义分辨不清，那么作为营销专家要树立自己的专业性、权威性，作为企业营销人员向上争取资源、说服别人就很难了，或者说会有很大的局限性。

现在很多企业在设立市场部组织架构时，着眼于大局和变革的需求，会设立数字营销这个岗位，但对于它的职责范围可能就仅限于数字化媒体投放和内容营销，或者是 SEO（搜索引擎优化）、SEM（搜索引擎营销）。其实，不是这个领域的从业人员要说清楚"数字营销是什么"真的不容易，就连本行业从业人员要说清楚都未必那么容易。但只默认是不够的，要讲出来，如果你是数字营销人，更要勇敢地说出数字营销工作是做什么的，为什么你引以为豪，为什么你认为你做的事情是有意义的。

是的，自 2020 年以后，非数字，不营销。数字营销经过十几年的发展，已经从企业的战术层面上升到了战略层面。而且，数字营销不仅在企业层面引起了广泛重视，越来越多的大学也陆续开设了数字营销这门课，实践和理论的不断交融形成了今天数字营销行业百花齐放的局面。

很多在传统行业里从业多年的营销人员跟我说想转型做数字营销，但是不知道怎么转。我的建议就是第一步先搞清楚数字营销是干什么的，不要小看这第一步，对于在大型企业里面深耕多年的传统行业从业人员来说，这不是一件容易的事情。受制于思维模式、受制于工作背景、受制于接受新鲜事物的能力、受制于舒适区的诱惑，很多所谓的"转型"都是流于概念和形式，要付出行动和努力是再难不过的事情。

数字营销到底是什么？百度百科的官方解释是这样的，我稍微归纳了一下：

所谓数字营销，就是借助互联网络、电脑通信技术和数字交互式媒体来实现营销目标的一种营销方式，是数据科学和市场营销的高度融合，其本质是由互联网技术、数据分析技术驱动的市场营销创新，是数字经济时代企业的主要营销方式和发展趋势。

从图 1-2 中可以看到，数字化营销同时也是涵盖数字化市场开发、数字化销售、数字化服务和数字化智能在内的整合营销手段。它跳脱"数字化"本身，作为涵盖线上和线下业务、整合一系列传统业务职能的一种新的商业模式而存在，本质是通过整合线上和线下以加速业务新增长，突破传统业务模式下的增长瓶颈。

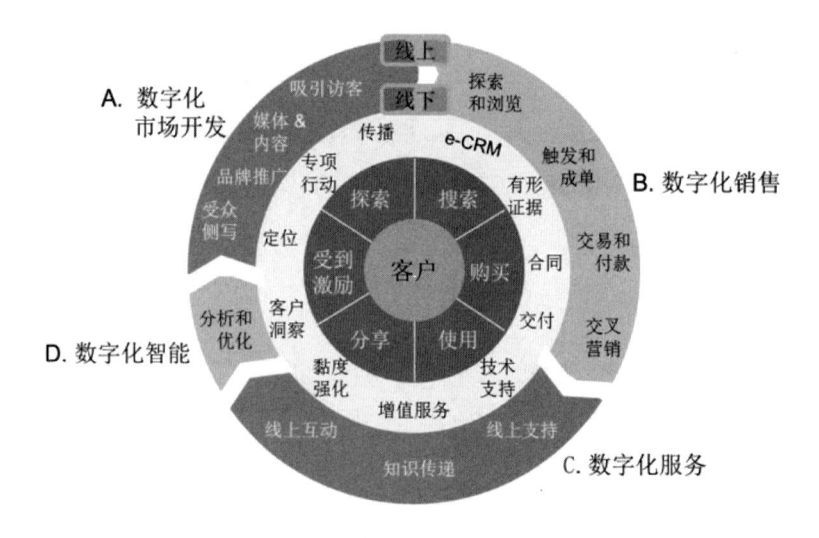

图 1-2

数字营销本质是一场关于数据和技术的营销革命，有革命才会有进步，它对整个营销行业的发展趋势起着决定性的作用。如果站在数字营销与"增长"的关系这个实战角度去诠释，那么就要回到本书开头我对数字营销的解释。

从大众营销到个性化营销，我们怎么定义"长尾需求"？我认为长尾需求是小众化的、不易察觉的边缘性需求，是认可你的用户的需求。

智能营销工具、传播介质、大数据红利、全渠道营销推广都是如今的热门话题，但是如何整合以上不同元素来促进企业数字营销能力的全面提升才是考验企业营销战略的地方。

认知决定态度，态度决定行动，行动决定发展，所以第一步便是树立正确的数字营销认知。当你读到后面有关数字营销观点、方法论和案例分析的章节时，才可以将前后的内容有效联系起来。所有的观点、战术、战略都是以认知为前提的，抛开认知，对观点的理解深度就会打折扣，更别说在实践中将一些理论和经验付诸应用了。

营销的原动力是创新。营销是面向一线消费者的行业，是直面客户、离原生用户需求最近的一个行业。无论是在传统营销时代还是在数字营销时代，营销的本质都是创新，因为有创新，所以蓬勃发展，因为有创新，数字营销辐射的领域也愈加广泛。十年前，品牌营销带动数字营销，那时候数字营销不是独立存在的，而是依附于品牌整合营销之上的一种营销方式。但是发展到今天，数字营销作为独立的学科体系，作为主流的营销模式，已经渗透到企业组织的方方面面。受惠于时代的发展，得益于观念的更新和商业模式的创新，数字营销正走向更好的未来。

1.2 中国数字营销的发展

1.2.1 数字营销发展历程

从理论上讲,自 1997 年第一代互联网技术开始,数字营销的发展序幕就拉开了,但数字营销的专业化程度明显提升并为企业广泛应用应该是从 2000 年开始的。从 2000 年到 2021 年这 20 多年间,数字营销大致经历了四个阶段(见图 1-3)。

```
第一阶段              第二阶段                  第三阶段              第四阶段
营销形式数字化    以流量增长为核心的数    建立全域数字化生态    加速以数字化生态为核
                  字营销成为主流                                心的企业营销模式转型
2000—2010年        2011—2017年              2018—2019年          2020年以后
```

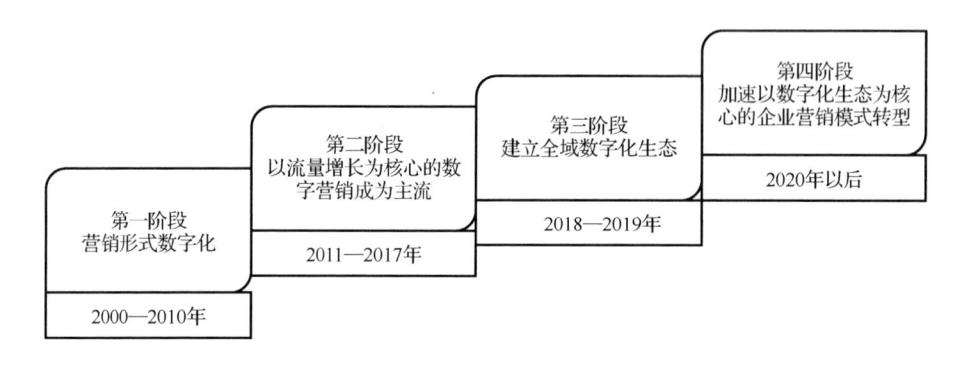

图 1-3

1. 第一阶段,营销形式数字化(2000—2010 年)

这个阶段从互联网应用普及开始,主要是营销"形式"的数字化。在这个阶段,数字化营销还没有形成清晰的脉络和固定的方法,突出表现为:企业网站建设发展迅速,专业化程度越来越高;网络广告形式不断创新,互联网应用不断发展;搜索引擎营销发展,形成了基于自然检索的搜索引擎推广方式和付费搜索引擎广告等模式;网络论坛、博客、RSS、聊天工具、网络游戏等网络介质不断涌现和发展。最初的网络营销形式如图 1-4 所示。

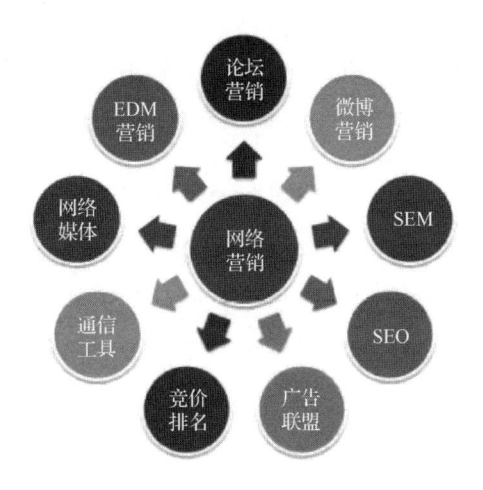

图 1-4

对处于营销产业链上游的广告主来说，只有少数大型知名消费品品牌如宝洁、联合利华等品类才会去尝新，比如建立企业网站或品牌体验网站，做 SEO、论坛等。尽管这些是最原始而初级的数字营销形式，但依然是今天数字营销从业人员的本职工作，基础却重要。对于很多传统的工业企业来说，本质上其营销的成熟度都还处在这个阶段。

2. 第二阶段，以流量增长为核心的数字营销成为主流（2011—2017 年）

这是数字营销发展的辉煌时期。数字营销带给品牌方很多红利，在早期，流量增长来得轻而易举，只要品牌方愿意付出一定的成本，一般都能带来很好的投资回报，当时衡量数字营销活动有效性的主要指标之一就是流量的增长。

同时，这个阶段的营销方式变化非常快，从传统网络广告的引流到社交媒体的出现，从微博到微信再到抖音、快手短视频，数字化的媒体风向每 1~2 年就变一次。

在这个阶段，品牌方最缺的就是流量，没有流量，就没有客户，所以以争夺用户为主要目的的营销活动到最后就反映到争夺流量上来。很多创业型互联网平台的本质之争也是对流量的争夺。有流量，就有商业潜力，就能产生高市值，然后就可以拿到比较高的投资。

2017年是支付宝和微信进行补贴大战的元年，这场战役其实就是阿里巴巴和腾讯为了争夺手机支付用户，让用户形成通过微信或支付宝进行移动支付习惯的大战。谁抢到了用户，形成了流量优势，谁在某个领域就有发言权。为了形成用户群迅速扩大的规模优势，同样的补贴大战也发生在滴滴和 Uber 之间，品牌与品牌之间展开激烈的竞争，通过补贴用户，短时间内将利润以用户福利补贴的方式回归用户，获取用户的关注，增强用户对品牌的黏性。

关于流量的竞争已经不可避免地成为互联网企业赢得这场互联网战役不可绕过的一道坎。

3. 第三阶段，建立全域数字化生态（2018—2019 年）

在这个阶段，流量增长已经不是数字营销的核心指标。如果说第二阶段，支付宝和微信的全民补贴举措、滴滴和 Uber 的补贴大战是以流量争夺为主要目的的话，那么近几年，这样的现象已经少了很多。各大品牌方逐渐意识到流量的争夺终究是个红海，在同一赛道上，各大品牌通过各种厮杀争抢流量就如价格战一样，终究是不可持续的，也成不了企业获得长远发展的核心竞争力。

今天的企业主和品牌方在做一件什么事情呢？那就是开始构建属于品牌自己的数字化生态，生态的概念我在后面的章节中会具体展开讲，数字化的生态具体指什么？为什么做数字营销也要拥有生态思维？

"全域"这个词代表着今天数字化渠道的多样化，媒体渠道和信息的碎片化，也意味着品牌和消费者进行沟通的介质和方式的广泛化。这也得益于社交媒体在中国百花齐放和在近几年的蓬勃发展。从最早的 BBS、论坛、门户和垂直网站到今天的微博、微信、视频网站、短视频平台（如抖音、快手、微信视频号），再到信息流媒体（如今日头条），还有垂直类的知识分享和内容创造平台（如知乎），所有这些互联网平台都在抢占用户的时间和注意力。对品牌方而言，抢占战略高地、获得用户注意力成为主要制胜点。在全域数字化生态这个概念下，品牌和互联网平台必须是互相依存、合作共赢的关系。

数字营销需要具备系统化思维，我们要跳出品牌本身、跳出某个行业、跳出局部，从全局角度看问题。所以在这个阶段，企业要注重构建全渠道的数字化营销方式，用所有可能和消费者接触的渠道和用户进行双向的沟通和交流，要有自己的官方网站、门户垂直网站、公众号、意见领袖，还要有第三方交易平台和电商，线上整合线下，形成端对端的营销闭环。

4. 第四阶段，加速以数字化生态为核心的企业营销模式转型（2020年以后）

2020年，"新冠肺炎疫情"在全世界范围内爆发，它是数字营销革命的转折点。

疫情之后，企业纷纷开始推动数字化转型。而数字营销凭借最直面客户、最一线接触市场的职能，当之无愧成为数字化转型的排头兵。

今天，几乎所有CEO（首席执行官）的主要目标都是：我要转型，我要升级，我要数字化。

数字化转型一定是从顶层设计到落地实施的一整套商业流程改造，涵盖员工数字化、经营数字化，以及营销模式的数字化和客户体验的数字化。通常来讲，企业的数字化转型都是从数字化营销模式转型开始，逐渐渗透到企业的各个领域的。在云计算、大数据、人工智能发展的大趋势下，数字营销成为企业数字化转型升级中最核心、市场受众最广、发展潜力和发展空间最大的一个板块。

现在的数字营销就是一切始于用户，一切为了用户，采取以用户为中心的策略加速商业模式创新，提升用户体验，以实现新的增长。

1.2.2　数字营销趋势展望

未来五年，数字营销又将呈现什么样的局面呢？我们无法想象技术的变革会有多快。过去几年，涌现了大量的数字营销新现象，我们不知道在未来五年又会出现什么样的平台和新现象、新技术，但我认为，以下几个方面将依然是社会的主要走向和数字化营销应该发力的关键点。

1. 数字化经济深入到产业的各个领域

从国家层面看，国家制定"新型基础设施建设"战略的重点是使数字化在产业领域的应用得到进一步拓展和升级，首要表现是在B2B（企业对企业）的商业模式下数字化营销转型全面加速。

从政府层面看，数字化办公、一网通办、政务数字化以提质增效等成为各个地方政府关心的话题和未来几年狠抓的方向。

从企业层面看，数字化经济从B2C（企业对消费者）数字营销开始，逐渐渗透到产业互联网领域。B2B企业逐渐看到数字化转型的必然性和价值，开始从营销、电商到生产、供应链、内部运营和组织人才管理，全面寻求数字化机遇。非常具有代表性的是企业微信的推出并大规模为各大企业所使用。企业微信作为企业进行内部管理和对外营销的工具，加速了数字化深入企业运营和营销管理的步伐。

从高校层面看，数字化营销学科得到快速发展，很多高校开设了数字化营销的专业课程，这将加快数字化理论的创新速度、进一步增加校企合作的需求。高校肩负起理论结合实践、为社会输送数字化人才的艰巨任务。

2. 社交电商持续升温，但增速放缓

2020年是让社交电商"疯狂"的一年，各大品牌涌入电商直播领域，催生了大量以直播产业为生的网红、MCN（Multi-Channel Network）网络推手机构和直播业务代理公司。

社交平台的互动性使品牌方能最直接地捕捉到消费者的真实痛点,尽可能地贴合用户需求。随着以快手和抖音为代表的短视频平台全面商业化,社交电商从最原始的社区论坛到短视频引流,其涵盖的形式也越来越广泛,成为当今品牌方争先恐后采取的新营销手段。

3. 大数据、云计算成为智能营销的核心能力

大数据赋予了品牌方全面深入解读客户习惯和喜好的能力,以便于建立和客户的亲密性。营销从了解客户开始,传统营销通过调研来了解客户深层次的需求和购买动机,未来随着大数据的普及,越来越多的企业开始打造自己的客户数据库。

许多企业可能会痴迷于第三方电商平台给到的"免费流量",入驻其平台就可以获得新客和销量的增长,这当然是短期将流量变现的捷径。但与此同时,企业也应看到数据的长期价值。真正持有有效流量和用户画像的是平台方,而不是品牌方,品牌方和平台方合作共生的同时也不能忽视自建客户数据库的必要性。客户是核心资产,品牌方让客户对自己的品牌产生黏性而不依赖平台才是营销的根本。

未来营销的核心价值将体现在对数据的收集、挖掘、洞察和利用能力上。大部分企业开始有了属于自己的一小部分数据,但还不完善。另外有一些企业有了数据,却还没有建立起利用数据洞察做出重要决策的能力。

4. 数字化技术赋能营销创新

营销创新是企业建立核心竞争优势的护城河。数字化技术是营销创新的基础设施。以人工智能为代表的营销自动化技术成了企业近几年最大的营销投资领域之一。

移动互联网时代,通过数字化营销技术能大大提升营销效率,降低客户服务成本,同时也可将这种模式快速复制到跨国公司的其他地区和业务单元,实现规模效应。

大胆的创意、想法因为 AR（Augmented Reality，增强现实）、VR（Virtual Reality，虚拟现实）、AI（Artifical Intelligence，人工智能）、Automation（自动化）等数字化技术成为可能，也为营销界注入了新的活力。

5. 数字营销回归理性

在数字营销方面通过大量"烧钱"进行闪电扩张、占据市场份额、获取流量红利以取得垄断优势的局面已经过去，广告主对投资回报的要求越来越高，企业对"效果营销"的呼声也越来越高。效果的定义是什么？难道只是单纯的曝光？不是的，真正的效果应该是销量与"声量"的合一。杜绝短视营销逻辑，需要长久做营销策略；杜绝"羊毛党"，需要我们回归用户初心。

数字营销已经不再作为营销概念而存在，更多的它将成为切实地为销售赋能的工具，成为企业的利润来源。未来五年是数字营销从业者可以大展拳脚的五年，其一在于高管的心态和认知的转变，其二在于数字化经济形势。数字营销就业市场将持续活跃，对数字化人才的需求也将不断增加。

第 2 章

新营销 新现象

2.1 品牌和效果之争

2.1.1 关于效果营销的反思

我曾经担任过一些国内和国际营销奖项的评委，最近几年发现一个很显著的特点就是评奖标准发生了巨大的变化。国际营销界"戛纳奖"作为世界范围内最具声誉的营销四大奖之一，已经具有五十多年的历史。2011 年，"戛纳国际广告节"正式更名为"戛纳国际创意节"，从名字上看，戛纳国际广告节嘉奖的是"创意"，而"创意"也正是所有营销人曾经认为的广告的"灵魂"。

最近几年，以嘉奖"实效"为代表的营销奖项艾菲奖和虎啸奖格外引人注目，这两个国内奖项在营销界的分量很重，可见整个营销界已经悄然开始了从"创意"到"效果"的转变。

在效果营销逐渐成为主流的今天，有一些品牌（其中不乏市场的领导品牌）开始加大对效果营销的投入，过度投资了数字和效果渠道，而牺牲了品牌建设。大部分营销预算被投入了效果渠道，剩下的很少的营销预算才被分配到品牌建设上。投入效果渠道的典型广告有信息流、搜索广告、电商广告等。这些渠道的优势是效果可以监测，媒介可以按照CPA（Cost Per Action，按客户行为付费）或者CPS（Cost Per Sales，按销售付费）出售广告位。这对品牌方很有吸引力，因为投资回报立竿见影，且清晰可见。通常，广告主会将最后一次点击作为衡量效果的指标，但在一般情况下，一个用户至少需要与品牌进行20次以上的沟通接触才能产出最后一次关键性的结果。

这说明了什么？效果转化并非无源之水，品牌广告等品牌营销行为对用户产生了潜移默化的影响，影响了他们的心智，所以才有了后面的效果转化。追求营销效果本身没有错，但是效果营销可能会产生一个影响，那就是钱花了，但没有花在能真正建设品牌力并长期积累品牌价值的地方。

效果营销很多时候成为广告主追求短期利益，掩饰急功近利营销心态的借口。

追求营销效果一点问题都没有，所有营销人员都希望投入一元钱的费用能有两元钱的产出，但是如果片面追求即时展现效果、即时转化效果，就会有违消费者决策行为模式。

除了上述对营销效果的反思，另一个是对虚假流量的反思。如今关于流量的竞争非常激烈，所以很多平台流量的真实性其实是有待验证的，这也是品牌方片面追求快速效果营销的数字化广告产物。许多不差钱的品类如快消品、化妆品、汽车等行业有着大量的媒体投放预算，随着品牌方对效果考核要求的提高，产生了非真实线索、程式化点击等让很多营销人头疼的问题。

如最近几年兴起的一种媒介购买方式——程序化购买就是一个容易产生虚假流量的高发营销阵地。在本质上，程序化购买旨在使媒体购买更简单、更高效，最重要的是它可以提供高度定制化的广告，通过利用客户的数据，在合适的时间、合适的环境中覆盖合适的用户来提高数字广告的投放效率。正是因为这些因素，市场营销人员迎来了程序化购买的时代。它相比传统的数字广告投放更简单省力，基于数据的智能投放也更能带来效率的提升。

听上去可以通过数据洞察和自动化技术获得更精准的流量和更高效的媒体投放效率，但是不是真的这么完美呢？程序化购买在聚合各个流量平台，产生关键效果上对品牌方、代理商和媒介都是一个重要的突破，但多年来其流量质量和产生的线索质量始终是被诟病的地方。

一方面是因为所有的媒体购买由数字化平台执行，执行的透明度得不到保证；另一方面，广告主也会担心主流核心媒体会将其所有的优势点位都留在自己手里以获得更大的议价权，保证其资源垄断优势，而程序化购买平台所获得的分发媒体点位通常只能带来长尾流量，自然流量效果也会大打折扣。

以前我在实际工作中遇到过的程序化购买平台或多或少都会遇到以下这些问题：第一，管理层不知道营销人员或代理商如何在后台操作用户分类和标签的匹配、如何进行出价、出价的标准是什么，以及其产品在流量竞争环境中有什么优势等；第二，程序化购买平台广告引到官网的很多流量存在机器造假的现象；第三，所有引到官网的流量中有多少是透明且真正有质量的流量，转化率是否能够达到预期，从广告投放中收集到有效客户线索的可能性有多大，这些效果都不是很好衡量，这就导致了这样一个事实，程序化购买听上去应该是效果营销的主要手段，但最终很可能会演变成一场"曝光的游戏"。在现实中考核程序化购买效果的标准不再是有效线索的数量，而只能是"曝光"和"点击转化"，这其实是一个悖论。

而现如今，随着广告行业越来越规范化，越来越多的程序化购买平台开始利用先进的数据监测技术进行用户画像匹配，基于自动化技术进行广告投放，这大大提升了营销效率，投放手段也越来越智能，另外，程序化服务商为广告主提供的媒介购买和投放管理服务，其发挥的空间和价值也越来越大。我相信，在未来，只要利用好先进的数据监测和自动化数字技术，程序化购买服务商和品牌方可以实现品效的双赢，而程序化购买也会不可避免地成为未来数字化媒介的购买趋势。

2.1.2 效果为王的时代，品牌还要做吗

效果为王的时代，品牌还要做吗？答案是肯定的，品牌精神依然是任何一个品牌历久弥新的王牌。

曾经，大量品牌利用大范围的广告曝光，如包下机场的户外广告、楼宇的 LCD 显示屏、各大卫视黄金时间等建立了品牌的领导力，在过去的很多年都牢牢占据着市场的头部位置，除市场份额领先外，销售额和利润也非常可观。

数字化时代的到来，让市场人不满足于现状，他们拥抱新技术，积极改变思路，利用数据做营销，于是很多人将数据等同于效果。

但也就是因为享受到了数据营销带来的好处，如营销效率的提升、数据可视透明化带来的交易成本的降低等，越来越多的品牌开始减少品牌营销的比重，甚至撤销品牌方面的一些岗位。而品牌岗位的裁撤和品牌营销预算的减少本质上在长期并不能显著提升效果，所以一些品牌又开始慢慢地恢复了品牌营销岗位，品牌更应该考虑的是，在短期利益和品牌长期建设之间如何取得一个平衡点。在数字化营销上高投入的同时，也不能忽视品牌建设。在效果营销甚嚣尘上的今天，品牌营销应该回归本源，再次被重视起来。

一提到"做品牌"，很多人可能就会立即产生一些关于知名品牌做的广告

画面的联想，或者写一句充满创意的 Slogan（品牌标语）。现代营销学之父科特勒在《市场营销学》一书中对品牌的定义是："品牌是销售者向购买者长期提供的一组特定的特点、利益和服务。"

品牌建设远没有那么简单，企业市场部应该侧重打造的是一种"品牌力"。品牌力是综合产品优势、用户口碑、渠道铺设、品牌定位、内涵和用户体验在内的综合考量指标。品牌力是企业的能量来源，是消费者为之持续买单、产生长期情感链接的纽带。品牌建立起你和竞争对手之间的"护城河"，无论时代如何变化，品牌基因不能变。坚持做"品牌建设"真的特别难，但再难，也要坚持。

品牌强，广告就好做，流量获取就更容易。

品牌认知不够，要做流量增长、要做效果，就要比头部品牌付出更多的流量成本。而在流量红利逐渐消失的今天，可谓是难上加难。

所以，这也不难解释为什么大量中国企业愿意将一年几十亿元的预算投放到如电视广告、综艺节目这些主流媒体上，就只是为了获得更多的曝光，以及建立品牌与用户之间的连接，提升对品牌的好感度而已。

我们以咖啡行业为例，星巴克、MANNER 都算是目前国内头部的咖啡零售品牌，其中，星巴克是全球历史悠久品牌，MANNER 是最近几年兴起的本土新锐品牌。星巴克和 MANNER 在品牌的建设上都是一流的，它们所营造的用户体验、打造的精致生活品质感无与伦比。

2020 年，MANNER 在公众号推出的粉丝福利又一次刷爆朋友圈，原文是这样的："MANNER 五岁了，感谢陪伴！10 月 15 日的那杯好咖啡我们请你喝。这次，依然环保。"（见图 2-1）这可谓是一箭三雕的营销举措：首先，通过这次的免费试喝活动，达到扩散品牌影响力和获取新客户的目的；其次，强化了其环保可持续的品牌理念，提升了客户的好感度；最后，作为五周年回馈老客户的活动，增加了和老客户的情感黏性。

> MANNER 五周年，全国免费喝，请进！
> MannerCoffee 2020-10-11
>
> 2020年，是我们相识的第几年？
>
> 00:03/02:56 倍速
>
> MANNER 五岁了，感谢陪伴！10月15日的那杯好咖啡我们请你喝。这次，依然环保。详情见置顶留言。
>
> 收录于话题 #好咖啡，中国造 2
>
> 观看 10万+
>
> 收藏   赞 1.0万   在看 5587

图 2-1

2.1.3 新营销时代的"变"与"不变"

1. 新营销时代的"变"

我们都说数字营销时代变化太快了，以至于营销人赶不上时代的变化，那到底是哪些东西在变呢？

新营销时代在变的是以下几个方面：

- 媒体传播在变化。
- 用户行为在发生快速变化。
- 数字化技术在快速变化。
- 由以上所有变化带来的数字化营销战术的不断变化。

（1）媒体传播在变化。

从金字塔式的传播到去中心化的传播。

PC互联网（指电脑互联网，相对于移动互联网）时代，信息由数字化的媒体引流到品牌方自己的平台，由品牌方对流量进行统一管理和利用，信息相对比较集中，易于管理，对数字营销的管理因为落地平台集中的属性而比较容易。但是在移动互联网时代，信息是去中心化的。媒体属性已经发生变化，它和卖场已经合二为一，各种各样的信息通过平台基于用户的喜好直接触达用户，而用户端则可以直接在互动娱乐环境下下单，购买自己心仪的物品。同时，信息是高密度的、碎片化的，营销效率其实在某种程度上会被降低，因为你无法预测也无法掌控用户的自主行为。

在传统媒体时代，以同一种内容触达所有的用户，这种线性的沟通相对单一、简单。但在新媒体时代，媒介环境更多、更碎，变化更快，用户、主流媒体、自媒体的关系交织成网状。任何一个用户都可以成为自媒体，他们就像一个品牌一样，可以拥有自己的粉丝和用户。而自媒体和用户的关系连接更加紧密，他们了解自己的粉丝想要什么，也能快速从用户身上得到反馈。很多品牌开始从利用意见领袖的影响力到培养自己的自媒体，开始从用户身上挖掘其成为核心意见领袖以扩散影响力的可能性。可见，用户即媒体，媒体即用户，这是口碑传播的新场景。

（2）用户行为在发生快速变化。

首先，消费动机呈现多样性。

知名的财经作家吴晓波先生做出总结：我们赶上了工业革命的末班车——互联网革命的头班车——产业革命的未来列车，每一代新生儿对于这个国家乃至世界的理解都是不一样的，其中发生着巨大的变化，我们的父辈与我们、与之后的Z世代（1995—2009年出生的人）是存在着消费鸿沟的。今天的消费者追求极致的体验，追求美，追求健康的生活方式，追求自我的表达，追求个性，追求精神的共鸣，追求被相同人的认可。

其次，消费者呈现蜂窝状的聚集。

今天的市场已经不存在所谓的大众化的市场，所有的市场都变成小众的市场，形成各种各样的圈层，所以我说是呈现蜂窝的状态。究其原因，主要有以下两点：第一，移动互联网时代的消费者呈现节点和触点的分散，这也意味着大市场的瓦解；第二，消费者心理的变化，消费者希望找到有着相同文化、兴趣、爱好的各种社群组织，这样就形成了圈层文化。

（3）数字化技术在快速变化。

以人工智能、大数据、机器学习、云计算等先进技术为代表的新技术的发展是营销创新的推进器。新技术升级迭代的速度非常快，并在不断改变着我们的生活方式，而生活方式的改变又进一步推动了消费者需求的改变。

（4）由以上所有变化带来的数字化营销战术的不断变化。

这不仅是一个互联网时代，更是一个移动互联网时代。现在人们无论是看视频号、看直播还是进行网络购物、交易支付，大多都在手机端进行，相比于传统的电视和纸媒时代，在移动互联网时代用户接触信息的来源渠道更加多样化和碎片化。而在所有移动端媒介中，又以微信社交、短视频娱乐为重要的媒介消费行为。

短视频时代，用户正在远离电视。同时因为受到"新冠肺炎疫情"的影响，中国网络视频应用的用户规模、使用时长均有较大幅度的提升。截至2020年3月，中国短视频用户规模已达7.73亿人，较2018年年底增长了1.25亿人，占网民整体的85.6%。

尽管抖音、快手等超级应用平台具有显著的流量优势和一定的用户黏性，但今天用户在抖音，明天可能就因为哔哩哔哩爆火或某个事件而将注意力转移到其他短视频平台。今天的用户对不同媒介的消费行为是最不固定、最有可能被转移的。

消费者去到哪里，营销战役就要打到哪里。这是关于触点对营销的重要性。相应地，营销部门的重点也应该从线下活动、制作和投放电视广告转移到直播带货、开通并运营视频号及培养意见领袖上来。

在传统营销时代，营销是营销，技术是技术；而在新营销时代，数字化技术的高速发展为营销和技术的充分融合提供了广阔空间。自 2008 年 Martech 概念被第一次提出，经过了十多年的发展，Martech 现今已经成为将"Marketing"、"Technology"和"Management"融合在一起的一个营销界流行词（见图 2-2）。从这个新词的由来我们不难看到，营销、技术和管理是不可分割的。数字化时代，营销的核心元素之一是技术，利用新技术使营销手段现代化从而达到更高效的营销管理目标是新营销时代的未来，而且，营销、技术和管理，这三者之间的重合度也越来越大，关系也越来越密切。

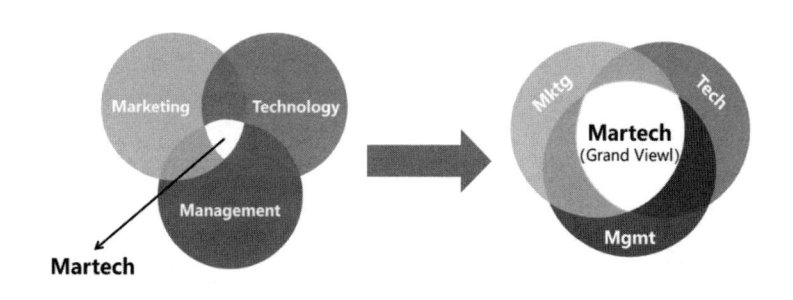

图 2-2

我看到有一些大型外企把数字营销设在 IT 部门下面，而不是业务部门下面，就是看到了技术和工具在数字化营销中的地位。数字化技术对营销有着举足轻重的影响，所以在一个组织内部，也就更强调技术人员与业务人员的紧密协作与配合。

触点在不断变化，技术在不断迭代，工具在不断升级，这些变化对营销人员的学习能力提出了非常高的要求。而且仅学习和掌握知识还不够，学习之后的应用才是关键，实际应用能力是营销人员的核心能力。

2. 新营销时代的"不变"

在这么多的变化中，在数字化环境复杂和数字营销手段越来越多样化的今天，营销团队在制定营销策略时应该清楚什么东西没有变。我认为，在这个消费升级的时代，以下几个方面不会变：

- 消费者希望品牌能够满足他们的精神需求这一点不会变。
- 营销的本质不会变。
- 内容为王不会变。
- 品牌基因和文化不会变。
- 品牌对企业的重要性不会变。

（1）消费者希望品牌能够满足他们的精神需求这一点不会变。

为什么很多品牌都喜欢打情感牌，建立消费者与品牌之间的共鸣？因为不变的是人性，不变的是精神需求，所以对消费者实际精神需求的把握和洞察工作要做好。如奔驰的广告标语（The Best or Nothing.）展现的就是品牌对极致品质的孜孜不倦的追求和赞赏，它是奔驰对品牌精神的诠释。车主开着奔驰的车，身临其境，感觉自己也拥有了最美好的品质。

（2）营销的本质不会变。

基于消费者需求，挖掘消费者痛点始终是营销的立足之本。

(3) 内容为王不会变。

"内容依旧为王"是2021年后的核心趋势，其实在任何时代都是如此。触点变，消费者的注意力就会发生变化。那么消费者的注意力为什么会转移？显然不是因为媒体本身，而是因为媒体平台上所产生的内容，所以，无论处在什么时代，内容营销始终为王。好的内容和品牌力的打造相辅相成，互相促进。

(4) 品牌基因和文化不会变。

品牌是企业一直传承的文化和它骨子里所代表的东西，是一个公司品牌营销的根基，也不能变。那些在其各自领域里做到顶尖的品牌，无一不是在多年的品牌传承中保留了其品牌基因，在各种营销活动中和其品牌基因保持了高度的一致性。

(5) 品牌对企业的重要性不会变。

内容是品牌打造的一部分，品牌基因和文化是品牌的内核。品牌能否满足消费者的需求（无论是物质需求还是精神需求）从而让消费者为品牌买单（而不是为价格买单）是检验营销工作质量的至高标准。这是长期主义思维。

2.1.4　品牌和效果的关系

我们紧紧抓住这些"不断在变化"基础上的"不会变"，然后再来看品牌和效果之间的关系。要品牌还是要效果，一直是摆在营销人面前的难题。品效是否能合一？品牌和效果之间到底有什么样的关系？

本质上，围绕效果营销的第一原则就是跟随消费者的步伐，不断刷新数字营销战术，在这种变化中，品牌很容易丢失它的内核。如果简单用一个公式表示，可以说品牌就等于"不变"，而效果等于"变"。正如"变"与"不变"在数字化时代交织在一起一样，品牌和效果之间也没有绝对的界限，它们也是交织在一起，互相补充、互相发展的。

品牌营销和效果营销的合理配比一直是营销界的争论点。2021年后，效果营销的比例是否将进一步增加？更多企业主渴望通过数字化创新和新的营销手段来获得市场先机，占领消费者心智。

随着营销从品牌营销逐步向效果营销转变，同时又不能放弃品牌建设探讨的深入，效果营销和品牌营销之间的界限也逐渐变得模糊。如今，摆在营销人员面前的经典难题是：如何找到品牌营销和效果营销之间的平衡点？有些品牌在做营销预算分配时，在品牌建设预算和效果营销预算上是有一个明显的切割的，品牌和效果的边界非常清晰，比如2∶8的比例，约80%的预算用于效果营销，约20%的预算用于品牌建设。

每家企业的情况不一样，有些品牌可能刚好反过来，20%的预算用于效果营销，80%的预算用于品牌建设。但每家企业的目的是一样的，都是为了实现长期品牌建设和短期效果营销之间的平衡。那么，这到底是一个百分比分割的问题，还是一个共存的问题？

我认为这是一个共存的问题。

品牌营销本质上是需求创造和需求留存的过程。

效果营销本质上是流量获取和流量转化的过程。

有需求，就有流量；有了流量，通过正确的运营，流量又会变成长效需求。两者是相辅相成的关系。离开品牌去强调效果本身没有太大意义，脱离品牌的效果也无法持续性产生系统化的营销能力。我始终秉持这个观点：不要一味去追求效果，品牌做好了，效果也就水到渠成了。营销也一样，从来没有什么捷径可走。效果的产生来自日复一日、年复一年对品牌建设的重视、对客户的精心运营和对有效客户资产的积累。

所以，品牌仍然是数字营销的基础，效果是品牌建设的必然结果。品牌是意识形态，效果是实质利益。

市场的发展可细分为导入、发展、成熟和衰退几个阶段，不同阶段对应不同的需求创造方式。需求创造的过程既是品牌发展的过程，也是品牌占领消费者心智的过程。在需求创造的过程中，一定有一些产品功能性利益点的输出，通常会采用一些能够快速产出效果的渠道（如搜索引擎、信息流广告和电商平台等）进行导流和市场教育，这些都能带来立竿见影的效果，同时也强化了品牌定位和品牌形象。

再以 MANNER 咖啡为例，咖啡目前处于成熟发展阶段，所以 MANNER 的需求创造就是关于如何直接创造出对这个品牌的实际需求。这时候的品牌营销更看重的是产品功能性教育、产品创新能力、口碑、差异化的品牌定位等因素。MANNER 在以上这几点都做得非常好，无论是在产品口味、品牌定位还是口碑方面都是行业内的佼佼者。

广大的市场空间带来巨大的增量，但品牌营销肩负的任务也异常繁重。品牌的市场培养需要很长时间才能进行效果的转化，但是营销人员仍然要去做，因为这些客户一旦被转化，你就避免了与其他品牌同质化的竞争压力，产生的效果更持久也更长效，最重要的是这个领域是绝对的蓝海和市场增量空间。

品牌方需要传达的是品牌留给其目标受众的一个综合感觉和体验，而非简单的某个功能的惯性输出。对于已经在使用竞争品牌的消费者，他们选择当前品牌的理由可能也是多种多样的，或是品牌精神，或是会员礼遇，又或是价格因素等。针对不同的客户动机和痛点传播不同的信息，这需要大量的市场调研，但在整体上这可以归纳为以"抢占市场份额"为目的的营销方式，这种营销方式相对来讲更加短、平、快，运营得好，容易出效果。

理解品牌与效果的关系对市场人的启示是什么？

针对品牌和效果进行争辩已经没有太大的意义，在当今千变万化的数字化经济时代，人们对"品牌"的诠释也在不断进化。对所有有志于从事数字营销的营销人员更加重要的是：

- 定期衡量和复盘可能对你的品牌产生关键影响的营销活动的关键指标，并及时调整。
- 始终以客户为中心，打造最佳品牌体验。
- 注重品牌的精神内涵，无论是高大上的奢侈品，还是强调实用的工业品，抓住一切能够传达品牌精神和故事的机会，和你的客户进行情感连接。
- 记住：看不见、摸不着的无形的东西才是最有价值的。心理学表明，客户做出购买决策不是完全理性的，感性占很大的成分，所以占领用户心智很重要。
- 不是所有的品牌营销活动都单纯以产生什么效果为目的，效果不是目的，效果是品牌运营的结果。

2.1.5 品牌和效果营销实践

前面说到这是一个"以效果为王的时代"，很多企业都设立了效果营销这个岗位，如业绩营销经理其承担的主要职责是通过多样化的数字营销手段最大化营销效果，包括对营销效果的分析，采用比较先进的数字化营销手段不断优化媒体投放结果。

一直以来，营销界对"品效合一"这个词呈现出了很大的热情，但我认为数字营销最终的目的是达到"品效协同"，而不是"品效合一"，品效合一是很难做到的。品牌和效果之间的营销预算需要做出分配，而且品牌营销和效果营销的主要目标也存在着差异，这就意味着品效合一不现实，而品效协同更具实践意义。如何通过有效的数字营销策略的制定和执行让品牌和效果这两者协同起来，成了营销人员的主要课题。

在数字世界中，一切营销皆可量化，所以"效果"一词也发生着巨大的变化，一方面是销量数据，另一方面是心智数据。作为一名营销人员我们要坚守住品牌最内核的东西，做到两极的平衡，享受"效果"的复利。在一次广告投放中，营销人员可以实现品牌传播和效果转化的目的，品牌传播和效果转化中间会有重合点，也会有差异点，两者是交集的关系。品牌方一旦找到重合和差异的平衡点，那么品牌和效果就可以充分协同。这对品牌方来说是品牌和效果双赢的结果（见图2-3）。

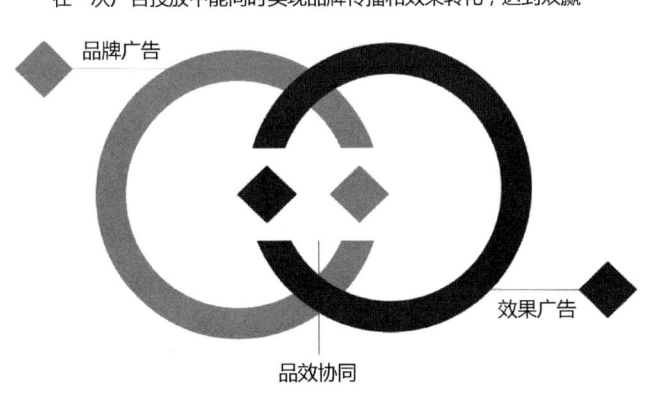

图 2-3

（1）从交易模式上讲，在 To C 和 To B 的企业中品牌对业务的重要性也存在着差异。

对 C 端的消费者来说，买东西首要看重的是品牌，品牌意味着口碑、面子，是价值体系。对 B 端的客户来说，产品用于其生产过程，首要满足的是其对产品质量和服务的需求，从客户和供应商的关系来看，品牌相对来说没有那么重要，当然也不是说不重要，只是相比于 C 端消费者的需求来说重要性没有那么显著。

（2）从产生价值的时间周期看，品牌资产的增长在很长时间内才得以体现，而效果营销则立竿见影。

品牌资产的增长是秉承长期主义后的必然结果，而效果营销能够在短期内产生流量和用户的增长，虽因其持续时间较短，无法享受效果带来的复利，但它可以在短期内完成关键绩效指标。

（3）从可追踪效果上讲，树品牌获得的成绩难以量化，而效果取决于项目目标，有众多维度可以去衡量，如网站流量、千人/单人点击成本、停留时长、网页跳出率、收集线索的成本、线索质量、线索转化率、新客成交成本、复购频率、用户生命周期价值等，在营销漏斗转化的每一步都可以有清晰的定义和衡量标准，可以和你过往活动的历史数据对比，也可以跟行业平均值对比。

通过以上内容我们可以得出两个简单的等式，不绝对，但也不互相排斥，大家可根据其倾向性加以参考：

$$品牌 = B2C + 长期 + 不确定性$$

$$效果 = B2B + 短期 + 确定性$$

在以做品牌为主的市场活动和以效果驱动的营销策略上企业到底该如何做出选择？绝对没有一条黄金铁律可以满足所有企业的需求，但是企业可以遵循以下方法进行品效协同策略的发展和实践。

1. 衡量品牌所处的市场地位

我们一般把品牌所处的市场地位以金字塔式分成三个层级，从上往下依次是头部品牌、腰部品牌和底部品牌，根据二八法则，下面两层占据80%以上的数量。

对于头部品牌来说，其品牌资产对品牌市场权威的建立和溢价能力的影响是不言而喻的，要维持其领导地位，并考虑可持续发展，品牌投入必须不能放松，但也不用投入过多。对于腰部品牌或底部品牌来说，根据特劳特的"定位理论"，如果不另辟蹊径、找到在 Niche 小众市场的特殊定位，很难胜过头部品牌。同时，由于心理上的先入为主效应，腰部品牌和底部品牌要树立其品牌地位所付出的代价要大得多，可能性也要小得多。基于此来看，对于腰部品牌或底部品牌来说做效果是个不错的选择。

> 定位理论，由美国著名营销专家艾·里斯（AL Ries）与杰克·特劳特（Jack Trout）于 20 世纪 70 年代提出。里斯和特劳特认为，定位要从一个产品开始，那产品可能是一种商品、一项服务、一个机构甚至是一个人，也许就是你自己。但是定位不是你对产品要做的事，定位是你对预期客户要做的事。换句话说，你要在预期客户的头脑里给产品定位，确保产品在预期客户头脑里占据一个真正有价值的地位。
>
> 定位理论的核心原理"第一法则"，要求企业必须在顾客心智中区隔于竞争，成为某领域的第一，以此引领企业经营，赢得更好发展。

腰部企业或尾部企业由于其客户群体、资源整合能力、收入规模等方面的劣势，大规模做品牌曝光对产生企业增益只有非常微弱的效果。战术上应以效果为主，但品牌建设也不能放弃，可以以更加聪明的方式去做，比如和一些小型的但有相同价值观的品牌进行跨界合作，定期推出一些回馈消费者的活动。

2. 评估品类业务模式和用户购买行为动机

品牌在驱动消费者购买决策方面到底有多大的影响？我们以购买汽车为例，人们在购买汽车的时候，除考虑质量、安全和操控这些普遍的购买因素外，品牌也占据着很重要的地位，因为品牌意味着面子、意味着品味、意味着生活方式。

我们再以购买日用品为例，你去购买牙刷、卫生纸这些产品的时候会非常关注品牌吗？这些产品的品牌通常在渠道中会占据较大的比重，因为用户图的是性价比和便利性。

在B2B业务中，客户购买生产性辅料的动机几乎全部来自对功能诉求的满足，以及后期可以获得的服务、批量采购的折扣、客户关系、账期、企业提供的金融方案和采购流程等这些成本因素。

对经营腰部品牌和底部品牌的企业来说，做服务、做效果和铺渠道比单纯做品牌（不管是短期的还是长期的）更容易获得投资回报。

3. 分析市场投放竞争环境

如果面临激烈的媒体投放环境，媒体成本升高，单做效果营销如关键词竞价、关键字优化等，其结果就不能总尽如人意了。这就意味着为了获得更多的点击和曝光，你需要付出更高的成本。ROMI（Return On Media Investment，媒体投资回报率）= 销售收入/媒体投放成本，这时付出一元钱的成本未必可以获得一元钱的收入。在这种情况下，通过长期打磨品牌，如维持产品质量的稳定性、打造服务和用户口碑、敢于进行渠道和市场活动的创新等，更容易出奇制胜。

有研究数据表明，获取一个新客户的成本平均是留住一个老客户成本的3倍。所以，无论你的目标是积极树立品牌形象，还是想要获得立竿见影的效果，关注细节，让消费者能触达你的每一个触点，在用户体验和服务上做到极致，提升用户黏性，长期打造为大众所喜爱的品牌口碑才是上上策。

我接触过的一些医药企业其品牌营销和效果营销投入的配比有一些是4∶6，也有一些是2∶8，还有一些B2B的高科技企业完全不看效果，只做品牌，这取决于管理层的不同看法和业务目标需求。由于阶段性的业务增长目标不同和品牌所处的市场环境差异，品牌营销和效果营销的投入配比是非常动态化的。动态化的调整过程取决于一次次的数字营销活动和广告投放实践，其最终目的是达到"品效协同"。

4. 在营销手段上，始终牢记品牌基因传承的重要性

这个是关于营销内容的传播。在广告关键信息的传递上，效果营销的广告在突出产品本身的卖点及用促销打折等手段吸引用户关注时，也时刻不能忘记品牌的定位和品牌鲜明的特色，要和品牌信息的传递保持一致。品牌精神是底层逻辑，这个不能忘。

我们以奥利奥为例，看看他们是如何做到品牌和效果协同的。

奥利奥的品牌初心是始终致力于建立品牌与消费者之间的深度连接，无论营销主题如何变化，不管是阐释亲子关系，还是"奇思妙想"，或是"玩在一起"，它的本质从来没有变过。亲子关系很显然是一种非常深度的情感关系；"奇思妙想"鼓励人的好奇心（好奇心是人与人之间共有的东西）；而"玩在一起"则是抓住Z世代当道的心理，拉近彼此之间的距离。所以，从十年前到今天，奥利奥的营销始终紧紧抓住品牌基因这条准绳，从来未变过。

那么，在打造品牌调性一致的同时，奥利奥又是如何做到和效果的无缝衔接的呢？

从营销手法上看，奥利奥邀请周杰伦作为全新的品牌代言人。他除了是一个非常好的艺人，还是两个孩子的爸爸，有非常美满的家庭，同时也有一群玩在一起时间非常久的朋友，这与奥利奥品牌的契合度非常高。但是邀请名人代言也从来不新鲜，其创新的手法是在上海徐家汇地铁站做的"奥利奥×周杰伦的时光艺术影像展"，用五万块奥利奥小饼干重塑周杰伦经典的专辑封面，两周内触达500多万人。这就通过触碰消费者回忆，在品牌与消费者之间产生了强烈的情感共鸣。与"80后"讲情怀，与"95后"玩创意，最后的结果是，大家都很喜欢这种创意营销形式。这也是基于深刻的消费者洞察。

在这个创意背后，奥利奥用了很多数据驱动手段，让品牌营销达到最高效。例如，通过LBS位置服务系统收集徐家汇线下展参与者的数据，再把它上传到天猫旗舰店进行二次沟通，为店铺转化新粉丝。在此期间针对不同的人群提供不同的货品，有面向周杰伦粉丝的奥利奥典藏版和周杰伦黑金音乐盒，有针对周杰伦奶茶梗的奥利奥奶茶桶产品组合，还有年轻人想要的奥利奥时尚穿搭，很多年轻消费者因此成为奥利奥品牌和店铺的粉丝。

通过全域营销打通天猫、饿了么、零售通等众多媒体，对大量媒体端数据进行二次转化，以及利用社交裂变配合独家货品的发布和种草，包括在话题发酵一段时间之后推出"奥利奥×周杰伦"无与伦比线上演唱会，把话题一度推到最高峰。这既是讲故事，也是促转化。

同时，基于对中国消费者的口味调查，奥利奥还进行了产品革新，在饼干中添加了更多的进口可可粉。这是品牌力在产品层面的体现。

在奥利奥的案例中，我们看到了品牌、用户、效果三位一体的铁三角组合：品牌赋能效果，效果促进品牌力；品牌真诚为用户服务，用户自愿为品牌代言。在这个品效协同的案例里面，我们看到了品牌的诚意，也看到了消费者的忠诚，这是最良性的品牌发展方式和生存之道。

2.1.6　长期主义：打造品牌力

无论是何种商业模式的企业，最终让企业基业长青的核心能力之一是品牌力，而不是什么短期广告投放带来的业务增长。无论对于B2C的企业还是对于B2B的企业，品牌都很重要，不同点在于B2B企业的品牌力建设不光取决于广告曝光和传播，很大程度上取决于渠道的渗透、多年累积下来的行业口碑、同行的推荐和试用的真实体验等。而对于B2C的企业而言，产品品牌力的建设除依靠产品质量外，很大程度上其影响力还要依靠广告营销。

到底什么是品牌力？品牌力由用户意愿三大指标和品牌建设五大基石组成（见图2-4）。

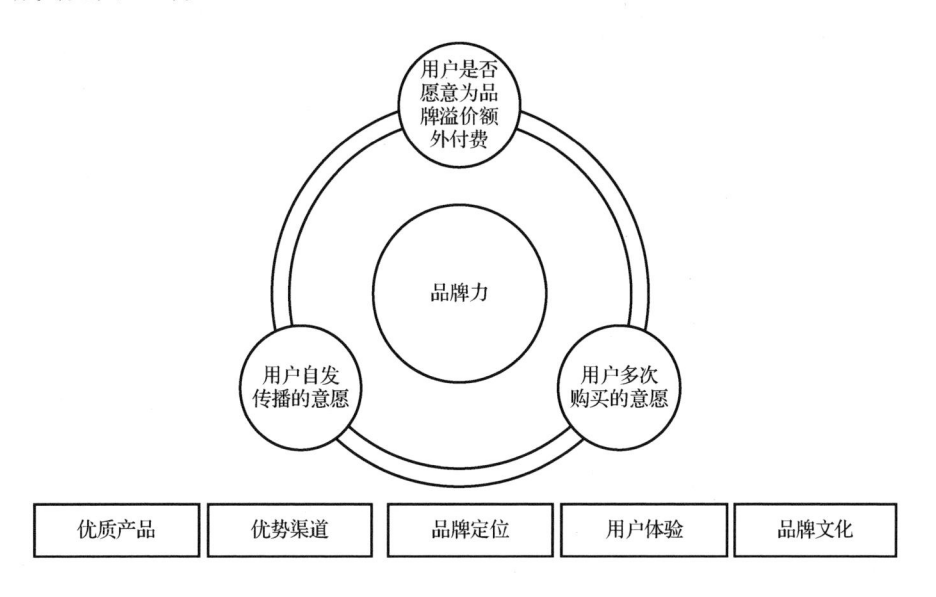

图 2-4

以下是对用户意愿三大指标的介绍。

第一是用户是否愿意为品牌溢价额外付费。用户是否愿意为某个品牌额外付费是这个品牌溢价能力的体现。奢侈品之所以卖那么贵，是因为产品本身的价值还是因为品牌价值？豪华汽车和普通汽车相比，前者价格要贵很多，是因为豪华汽车本身性能、配置的差别还是因为品牌的差别？愿意为品牌额外付费这件事代表了用户的情感需求，或者是因为用户喜欢这个品牌，或者是因为用这个品牌让用户觉得自豪、有面子。这是满足了用户高层次的情感需求。

第二是自发传播的意愿。用户买了某个品牌的产品是否感到很自豪？是否愿意晒朋友圈跟朋友们分享产品体验？人人都有抒发情感分享他认可东西的需求，社交媒体就提供了很好的平台让用户在这方面的需求得以满足，所以在网络平台会产生大量的UGC（User Generated Content，用户生成内容），他们是品牌最好的支持者、代言人。愿意为品牌发声的人越多，品牌力就越强，它带来的扩散效应是巨大的。

第三是用户多次购买的意愿。用户是否愿意购买这个品牌其他品类的产品或下一次继续购买这个产品，这是衡量品牌是否持续有能力为用户解决问题并给用户带来满足感的指标。所以，持续性很重要。"世界品牌"享誉世界，它们的一个共同特点就是历史悠久，有的有几十年的历史，有的甚至有上百年的历史，长盛不衰，其源头来自客户对这些品牌的持续认可。

站在品牌的用户角度，品牌力由以上三个方面组成。那么如何打造品牌力呢？站在企业层面，塑造品牌力的关键因素主要有以下五个方面，又称为构成品牌力的五大基石：优质产品、优势渠道、品牌定位、用户体验和品牌文化。

（1）优质产品。企业有没有质量过硬的产品，和竞品对比自己产品的优势在哪里，是否有独特的卖点。吸引用户注意力是首要条件。

（2）优势渠道。产品研发和生产出来后，企业有没有强有力的渠道可以将产品传递给有需要的人，这是考验渠道构建的优势。

（3）品牌定位。在广告宣传层面，产品的价格应该定在市场中的什么位置，是高端产品、中端产品还是低端产品，主要切入的是市场的哪一个领域。

（4）用户体验。应以什么样的触点、什么样的方式和什么样的内容同用户进行有效沟通。

（5）品牌文化。品牌文化的建设非常重要。你的品牌要传递什么样的故事，它的来源是什么，品牌精神是什么，这是产品文化是否可以长期影响用户心智的重要因素。

以上每一点都有着大学问，可以独立构成一个研究领域。

品牌营销岗是市场营销的基础岗位，很多企业在裁撤了一些品牌营销岗位后，过了一段时间，又把这些岗位恢复了。品牌营销人员承担着帮助企业梳理和构建品牌体系的职能，不管是品牌的定位、品牌策略的制定、品牌形象的设计还是品牌体系的管理，都需要专业的从业人员为之构建一套行之有效的品牌体系。

2.2 全球化和本土化

2.2.1 中美数字营销对比

在世界上，中国的数字营销具有鲜明的中国特色，这得益于本国的互联网平台异军突起，而国外的一些互联网平台由于防火墙的原因在中国都是行不通的，但这依然不妨碍我们去了解中国以外其他国家的互联网发展程度，以及数字营销的先进程度。从图 2-5 中我们可以看出，国外媒体和中国媒体几乎在每个领域，包括实时通信、社交、视频、娱乐和生活服务类平台都存在着显著的差异。（图 2-5 中左边是西方国家常用的互联网平台或应用，右边是中国常用的互联网平台或应用。）

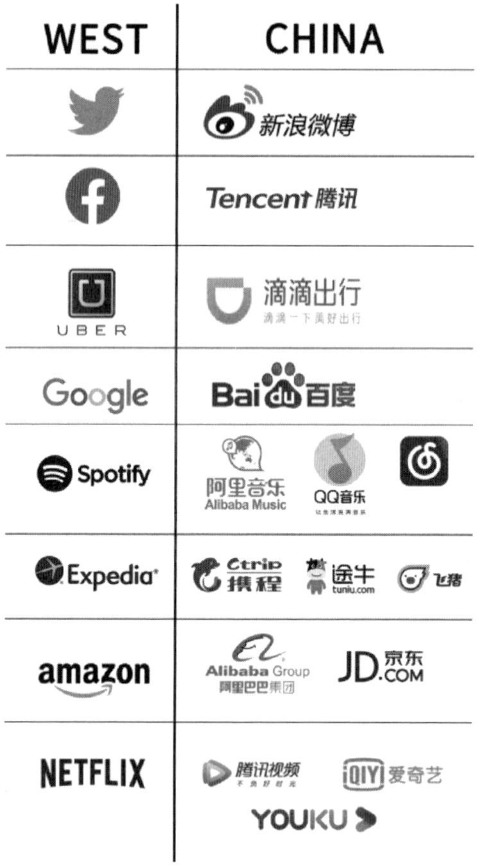

WEST	CHINA
Twitter	新浪微博
Facebook	Tencent 腾讯
UBER	滴滴出行
Google	Baidu 百度
Spotify	阿里音乐 / QQ音乐 / 网易云音乐
Expedia	携程 / 途牛 / 飞猪
amazon	Alibaba Group / JD京东
NETFLIX	腾讯视频 / 爱奇艺 / YOUKU

图 2-5

在国外，占据社交媒体头把交椅的是 Facebook（以前叫脸谱网，现在更名为 Metaverse，翻译为元宇宙），它相当于中国的腾讯；WhatsApp（瓦次普）好比中国的微信，其作为实时聊天、通信的工具，有上传照片、视频等基本功能，唯一的区别是它没有朋友圈，也不会像微信那样外挂很多的生活服务功能。

亚马逊（Amazon）是世界知名的互联网交易平台，相当于中国的阿里巴巴和京东。早在中国互联网交易平台兴起的最初几年，亚马逊试图进入中国市场，但都不是很成功。目前，亚马逊在中国的业务以跨境电商为主，吸引中国卖家在亚马逊开店，将产品销售到世界各地。亚马逊还有很大的一块业务是它的云科技服务，它是占全球市场份额最大的云计算厂商。

在搜索方面，Google（谷歌）是全世界知名的搜索服务商，相当于中国的百度，其95%的业务利润来自搜索广告。

国外的视频类媒体被YouTube和奈飞（Netflix）所垄断，前者是纯粹基于互联网UGC内容结构的视频网站。事实上，国内的视频网站都源于YouTube模式。而奈飞是以自制剧和付费会员为盈利模式的视频媒体。可以看出，奈飞和YouTube都有各自清晰的商业模式和显著特色。

从图2-6中可以看到，国外的广告预算60%都投放在Facebook和Google上，作为后链路的亚马逊只拿到10%。这和国内的广告业态迥异，国内的广告预算投放在百度、腾讯和字节跳动这三家公司的只占35%，而投放在阿里巴巴、京东和拼多多这几家电商巨头的占40%。如果说国外是以品牌导流向后链路展开，循序渐进的转化模式的话，那么国内就是以效果为导向，以效带品的模式。国内营销学术界对品牌和效果的讨论也就见怪不怪了。

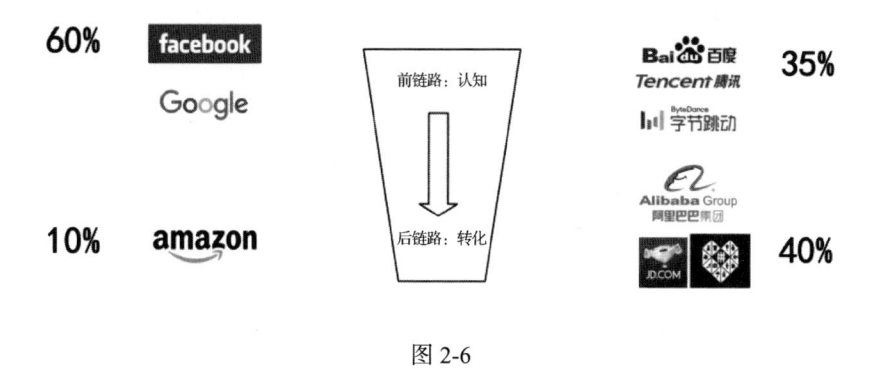

图2-6

以中美网民为例，用户对数字类媒体的消费和使用习惯上也存在着很大差异。中国网民在移动社交、移动视频上所花时长高于美国网民，而在移动音频上所花时长显著低于美国网民（见图2-7）。

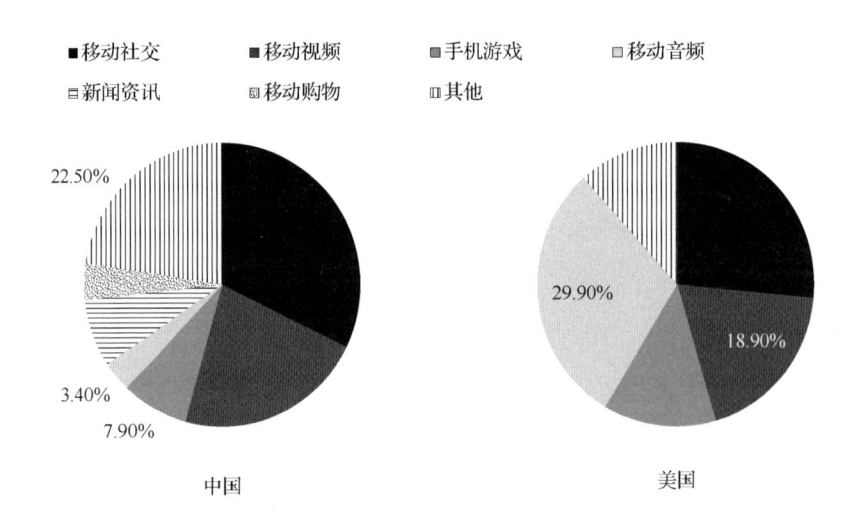

图例：移动社交　移动视频　手机游戏　移动音频　新闻资讯　移动购物　其他

中国：22.50%、3.40%、7.90%

美国：29.90%、18.90%

图 2-7

除美国等发达国家外，其他国家的数字经济发展程度显著落后于中国。由于跨国公司将很多 IT 业务外包给印度，再加上美国 Google 的扶持，作为世界第二人口大国的印度是数字化发展程度较高的发展中国家。2020 年 7 月《纽约时报》报道，Google 宣布启动 100 亿美元的谷歌印度数字化基金，以帮助印度加快其数字经济的发展。Google 将在未来五到七年内向印度进行投资，投资将集中在为印度民众提供价格可负担的本地化信息服务，开发与印度独特需求密切相关的新产品和服务，帮助企业开始或继续进行数字化转型，通过科技和人工智能在卫生、教育和农业等领域造福社会。

在西方发达国家，由于其各行各业传统商业模式已经相当成熟，所以数字化对商业的增值空间就没有那么大；而在中国，很多传统企业的商业模式还有着很大的发展空间，所以互联网的机会很大。

比较中美两国的互联网发展差异不难发现，中国的互联网主要在广度上发展，将互联网渗透到各个领域，如智慧新零售、工业 4.0、数字化政务服务、数字化生产、数字化生活服务等，而美国的互联网主要深耕技术。

在很多情况下，中国的互联网注重商业模式的创新，而美国则强调技术层面的创新，而在近几年，我们也看到中国的互联网大厂在技术上也在不断创新。

这告诉我们什么？首先我们要了解国外先进的数字化技术和数字营销方式，然后再思考其是否有值得借鉴的地方，创新点在哪里，国内创新的地方是否又可以形成一种方法论反向回馈到全球其他市场。我认为这是全球化视野。

在许多发达国家，获客成本和媒体投放成本非常高，竞争激烈，而且由于其高度成熟的传统商业体系，通过数字化方式进行营销顶多只是对其商业模式的部分修正，如通过 SEO 优化搜索端流量、在领英上投放广告获得曝光和线索收集等，要想通过数字营销去创造全新的商业模式几乎是不可能的。数字营销只是对传统商业体系的一种补充，而非取代。

随着 21 世纪全球化进程的不断加速，营销人员在具备全球化视野的同时，也需扎根本土市场实践，首先考虑全球化视野和本土化实践的平衡问题。许多跨国公司的市场战略都是自上而下的，从全球总部下达到区域市场，然后再由区域市场营销人员指导当地营销人员完成执行。其对目标客户的定义、营销的目标、聚焦的市场群体及营销物料都在总部已经有了一套成熟的体系，当地市场只要根据这些已有的东西进行本土化的调整和实施即可。然而，跨国公司沿用了上百年的流程随时有可能在数字化经济高度发展的今天被颠覆。

在中国数字营销飞速变革的今天，这种对于传统营销适用的流程已经不再适用了。比如网站监测，国外常用的监测工具是 GA（Google Analytics，谷歌分析），而在国内由于防火墙和数据准确性的考量，GA 行不通，每一次全球总部将某些工具传达到本土市场时，本土市场的工作都会面临很大的挑战。

很多本土营销人员的困惑是，全球总部的营销方法论是没有问题的，但是到了落地层面，就很不接地气。无论是在对消费者行为的理解上，还是在数字化的工具和触点上，一到实操层面就不一样了。

而从下至上，让本土营销人员说服全球总部放开管控、批准本土化的行为时往往需要层层审批，需要说服很多利益相关者，这对流程严谨的跨国公司而言是一件非常痛苦的事。

我们在实际执行的过程中会发现，由于面临的市场环境和营销竞争环境的差异，各个国家采用的营销策略也可能是完全不一样的，加上数字化的发展程度各地不一，所以更加需要了解当地市场的本土营销人员将项目落地。跨国公司总部应该尽可能放开限制，通过让本土营销人员充分发挥其优势来管理目标，而非过程。

历来对营销该标准化还是该本土化这个问题有较多的理论流派。结合实战，我认为未来营销人员需拥有全球本土化思维：在视野和战略上全球化，拓宽格局；在执行上本土化，使行动方案立足本地市场，聚焦当下。

曾遇到过很多在中国做数字营销的跨国公司的人员，谈到和总部沟通时他们说总部总是不能快速理解中国数字营销的变化。总部的人员可能对小程序、短视频、微信私域等有着基本的概念，但对于这些不同的微信触点如何在用户体验构建时承担不同的作用、如何整合触点形成统一的私域流量阵地等问题是不太能理解的，因为国外的 WhatsApp 只是个聊天工具，他们很难想象微信在中国的数字营销上可以起到怎样的作用。

所以，全球化视野要求本土营销人员在充分了解国外数字营销现状的基础上，以最简单的方式跟总部及其他市场营销人员解释清楚本土特有的问题和思路。例如，"私域流量"是近两年在中国数字营销界大火的一个概念，国外是没有的。那有没有什么通俗易懂的方式让国外的同事可以快速理解这个概念呢？充分的沟通当然是非常必要的，关键是找准沟通的切入点。如数字化决策购买旅程这个概念，即从认知到考虑到购买再到复购，世界各地的消费者做出购买决策时都要经历这几步，世界各地的营销人员在制定营销方案、做营销设计时也会遵循这个路径。那么我首先会告诉他，"私域流量运营"可以在"从认知到考虑到购买再到复购"这个环节起到关键作用。然后，我再深入分析，从考虑到购买环节，可以通过朋友圈广告的再触达，或者微信群的影响力等各种方式去影响客户决策。接着我再分析通过微信的某个触点完成购买这件事情。最后，我再介绍如何衡量转化的有效性，也就是相比较国外通常衡量营销活动的指标，微信流量的衡量指标有什么差异。这样就比较好理解了。

中国是世界上网民最多的国家，再加上高度发达的数字化媒体和数字化消费习惯，其已成为跨国公司最愿意在商业模式上去做创新颠覆的试点领域。与发达国家不同的是，在中国真的可以通过打造端对端的数字营销闭环，创造完全不同于传统营销模式的思路，我们称之为"颠覆式营销"。

同时，我们欣喜地看到，有别于通常跨国公司从全球总部向海外市场的拓展和集中管控，数字营销正成为中国市场可以先行，并将其形成的模式推广到其他类似的发展中国家市场，甚至给发达国家市场带来启示的重点营销领域。

中国的数字营销越来越受到全社会的重视，很多跨国公司将亚太地区营销总部设在中国，由中国的数字营销人员去指导其他亚太国家的数字营销策略和行动方案。这一方面是因为这么多年来中国成熟的数字生态和营销体系，另一方面是因为中国的数字营销已成为绝对的主流，形成了一套自己的方法论和独有的特点，并且能在业务赋能上起到实质性的作用。

随着"新冠肺炎疫情"在全球范围内爆发，以前在其他国家并不被重视的数字营销也成了香饽饽，传统的营销方式受到了挑战，变得不可行，而数字营销成了新的突破口。未来，我觉得中国的数字营销人才也可以走出去，借助在中国市场获得的这么多年的经验，打造数字化营销体系，利用在中国市场已经形成的数字化营销方法论，辐射更多海外市场，真正将数字营销做到全球化。如果是这样，只了解本土市场的数字化打法显然是不够的，我们需要具备全球化视野，触类旁通。

全球化视野在落地层面体现在跨国沟通能力上，而沟通能力又基于对业务的了解，对数字营销东西方差异的深刻理解。本土营销人员需要具备数字营销实战的能力，具备了这种能力，无论是向总部争取资源支持，还是争取更多市场的职责范围，都很受益。

全球化视野对中国数字营销的启示：以中美为代表的东西方的互联网在媒介上属于完全两种不同的数字生态，在商业意义上又存在显著差别，所以，很多跨国公司在进行数字营销时，必须首先具有全球化的视野，同时又要基于中国市场特殊的数字化环境，在了解本土用户实际需求的基础上打出一套有别于其他市场的数字营销组合拳。

2.2.2　奈飞传奇

我们前面提到长尾理论，数字营销的本质和长尾理论也是不谋而合的，奈飞就是长尾理论的一个经典案例。奈飞从 0 到 1 打败传统的商业模式，成功成为过去十几年市值增长最快的公司之一。奈飞不仅在满足长尾用户需求上获得了巨大的成功，同时也在商业模式的创新和突破及内容营销方面给了我们很多的启示。

到 2021 年，奈飞已成立 24 年，市值约 2296 亿美元，全世界约有 2 亿名付费会员。

1. 奈飞是谁

- 奈飞成立于 1997 年，原本是一家在线 DVD 租赁提供商，经过数次战略调整和组织变革，目前已经成为全球最大的线上流媒体供应商。
- 奈飞在 190 多个国家运营，2020 年奈飞的会员收入达到 250 亿美元，同比增长 24%。
- "新冠肺炎疫情"后，奈飞的付费用户数和股价飞涨，市值超越迪士尼，成为世界上最大的媒体公司之一。
- 奈飞与 Facebook，Google，Amazon（亚马逊）被称为"FANG"，相当于中国的 BAT[中国三大互联网公司 Baidu（百度）、Alibaba（阿里巴巴）、Tencent（腾讯）的首字母]。
- 奈飞带宽占据北美的 1/3，远超 YouTube 和亚马逊。
- 奈飞的股票一直是市场上增长最快的股票之一。FactSet 筛选出了过去十年中标普 500 指数中表现最佳的股票，流媒体巨头奈飞以 3726% 的回报率称雄（见图 2-8）。

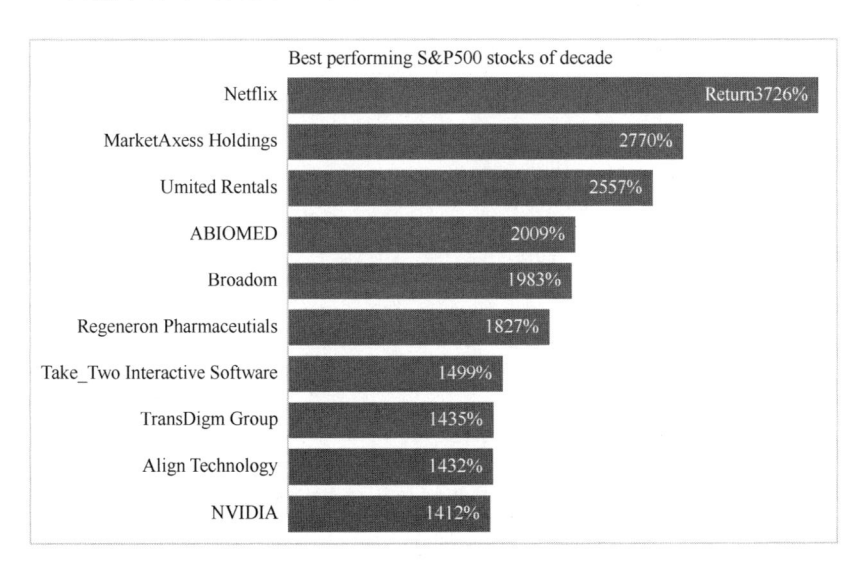

Best performing S&P500 stocks of decade	
Netflix	Return 3726%
MarketAxess Holdings	2770%
Umited Rentals	2557%
ABIOMED	2009%
Broadom	1983%
Regeneron Pharmaceutials	1827%
Take_Two Interactive Software	1499%
TransDigm Group	1435%
Align Technology	1432%
NVIDIA	1412%

图 2-8

2. 奈飞的建立（奈飞发展第一阶段）

奈飞的创始人为里德·哈斯廷斯（Reed Hastings），他有数学与计算机科学学术背景，1997年，因忘记及时将《阿波罗13号》的录像带还给影片租赁公司百视达支付了40美元的滞纳金而被惹怒了，随后他在健身房的跑步机上构思出了全新的商业模式，奈飞由此诞生。

百视达是当时全球最大的影音租售连锁店，其商业模式主要是靠垄断大片片源，与电影制作公司分享DVD租金，当时拥有60亿美元的资产。奈飞出现后，百视达的股价暴跌，最终在2010年以破产告终。究竟发生了什么？

对于当时租赁DVD的消费者而言，传统电影DVD租赁流程有着很大的局限性：购前有时间和空间的限制；购中选择困难，受店内陈列限制，还要排队等候，好的片源通常会被一抢而空；购后还要归还，如果不及时归还，还会产生滞纳金。

但是当时的百视达拥有遍布全国的实体店，片源丰富、齐全，垄断大片市场，也拥有成千上万的会员和各式上下游合作伙伴。在这样的巨头之下，奈飞开始了艰难的改革之旅。

1998年，奈飞开始提供DVD邮寄服务，并取消了滞纳金，解决了购前空间限制和滞纳金的问题。1999年，奈飞升级了新的订阅模式，改变为无限制租赁，用户可以一次性订购三部影片，还了才可以再借，费用包月。2000年，奈飞坚持"客户至上、用户满意度第一"的理念，发展出专有推荐系统，根据电影评分、用户影评为用户精选内容。

同一时间，奈飞在原创内容上所做的尝试是通过帮助高品质电影推向市场，提高其作为最高质量的小众电影来源的声誉。

2002年，奈飞上市时已拥有30万名用户，其中80%为极客；而百视达拥有5000万名用户。2004年，测试版百视达上线，网站几乎是奈飞的翻版。而亚马逊计划推出一款在线DVD租赁服务的消息令奈飞的股价跌至谷底。

2005年，百视达也推出无滞纳金政策，用户也可以线上订片、邮寄、线下归还，这一度让奈飞的订阅用户数增长停滞。在此之后，奈飞对百视达抛出橄榄枝，希望能被对方收购，而当时百视达的线上业务增长旺盛，拒绝了奈飞的求和和价格。

百视达的转折出现在2007年其CEO的离职，新任CEO上任后将重心转回实体店面，并希望业务组合多元化，向娱乐市场发展——除租片外，贩卖电子产品。

在这种情况下，奈飞在2007年订阅数短暂放缓后，再次重拾增长，百视达则持续恶化，最终宣告破产。

3. 奈飞发展第一阶段总结

奈飞能充分从消费者痛点出发，从创业到打败当时的行业巨头，是基于对客户消费旅程痛点的彻底解析，解决了售前、售中、售后的问题。客户痛点体现在：借与还的租赁成本、滞纳金、借不到的痛苦。针对这些痛点，奈飞就用邮递到家服务、取消滞纳金和专有推荐系统来解决，不仅为客户节省了时间和金钱，同时也解决了客户对大片需求量集中但又无法满足的痛苦。

以上运营手段带来的结果是，从1999年到2010年，客户月费在降，但奈飞的整体获利在不断攀升。它以高性价比的方式快速抢占市场份额，并通过有效运营和成本控制获得了飞速发展，同时抓住竞争对手犯错的机会，巩固了自己的市场地位。

4．奈飞 VOD 业务发展（奈飞发展第二阶段）

视频点播被视为付费节目与网络下载相结合的产物，VOD（视频点播）流式传输指的是用户选择视频节目并立即在设备上播放，或下载到 PC 上以备将来观看。

决定未来的关键时刻来了。

在当时的环境下，单品选择有限，宽带技术尚未成熟，仅有不到 50%的美国家庭接入了宽带，而且下载一部电影需要长达几个小时。然而，后来移动技术慢慢发展，渗透率逐渐提高。放眼未来，数字产品和数字媒介是必然趋势，在未来 DVD 必然是夕阳产业，百视达就是前车之鉴。

从 DVD 到流媒体，奈飞转型这一步走得很坚决。

奈飞高增长的核心策略就是第二曲线，第二曲线必须在第一曲线到达巅峰之前就开始增长。

如果说奈飞第一阶段的成功是靠客户至上的理念和有效运营获得的话，那么第二阶段的成功便是一种以全新的商业模式驱动的增长"圣经"。

当时的奈飞在 VOD 业务上也并非没有竞争对手。美国有 58%的家庭订购了基础的有线电视服务，可以通过机顶盒租看电影、转播 ABC 电视节目。同时五大制片厂合资成立 Movielink，提供 1400 部租赁电影，并出售 1000 部可供下载和 DVD 刻录的电影。

2010 年以后，奈飞面临的竞争环境再次发生变化。

虽然百视达宣告破产，有线电视市场占有率在 38%的基础上进一步下降，但新的 VOD 竞争者出现了，那就是 Hulu 和亚马逊视频。

Hulu 成立于 2007 年，2008 年向全美用户开放。Hulu.com 拥有超过 90 家企业（包括 FOX、米高梅、Sony Pictures、华纳兄弟影业等）提供的内容，这些内容可以在 Hulu.com 和提供者的网站同时播放和使用。

亚马逊视频由亚马逊开发，拥有互联网视频点播服务，也提供电视节目和电影的出租或出售。

面对 Hulu 和亚马逊这两家超强竞争对手的双面夹击，奈飞并不惧怕竞争对手，依然看到了流媒体的发展前景和未来，在技术和内容的双涡轮加持下，将在线观看和 DVD 租赁业务同时运行，并在 2011 年买下了《纸牌屋》的版权。以上这些都让奈飞在激烈的竞争环境中脱颖而出。但在 2011 年对会员费进行涨价，宣布每个月会员费增长 60%，这个举措却带来了新的问题，比如因为涨价带来了用户的流失。

5. 奈飞发展第二阶段总结

这个阶段是传统商业模式 DVD 业务和创新商业模式 VOD 业务并行的阶段。我们看到了奈飞进行的自我革命，看到了它主动冒险、为推动市场所做出的努力，但另一方面由于 2011 年的"涨价"风波让用户的满意度直线下降，最终导致订阅用户大量流失。

将 VOD 和 DVD 业务进行拆分是正确的选择，毕竟各有优势，前者方便快捷，后者片源更多。但是在涨价问题上奈飞没有考虑到消费者的心理感受，在营销层面和客户沟通上，也缺乏合理的解释，致使消费者的品牌认同感受到影响，客户满意度下降。

6. 今日的奈飞

2011 年以后，美国的 DVD 用户数开始下降（见图 2-9），而 VOD 用户数直线攀升。2011 年，DVD 付费用户 1380 万人，2019 年降至 241 万人，而 VOD 用户数则一路飙升至 2020 年的 2.5 亿人。

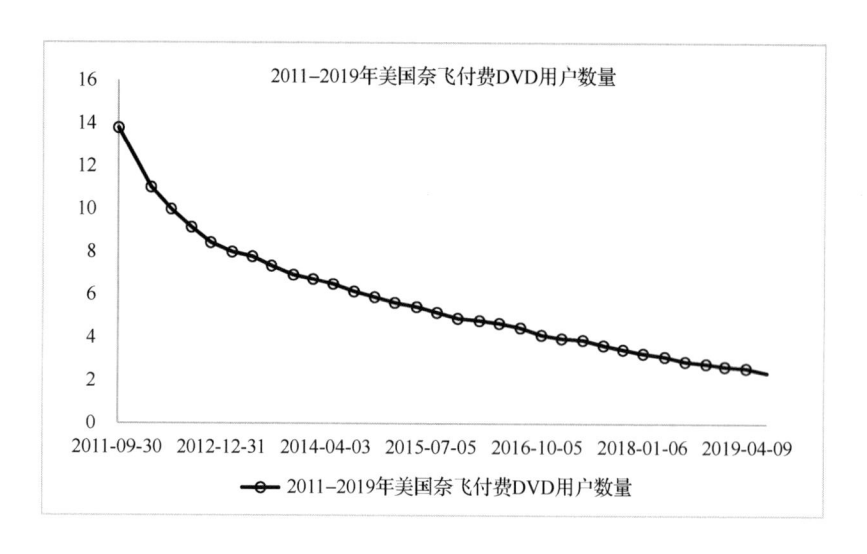

图 2-9

消费者行为和数字技术的发展无疑将 VOD 业务定位成奈飞的主流业务，DVD 业务被彻底剥离，沿用奈飞品牌。

这个阶段，奈飞思考的主要问题有以下几点：

- 要不要继续大力投入原创内容。
- 要不要进行广告投放。
- 要不要发展用户原创内容。
- 要不要进行海外业务扩张。
- 要不要像亚马逊 Kindle 和硬件服务商的合作一样拓展硬件业务。

2013 年，奈飞开启了原创美剧新思路，一次一季，颠覆了传统连续剧一周一集的节奏，直击消费者痛点。而在营销层面，其越发鲜明的品牌形象积聚起大量的人气，客户好感度大幅度提升。

奈飞发展出商业新模式，其自制内容红遍全球，发行的《纸牌屋》等自制原创剧红遍海外，用户黏性较强，海外用户数不断增加。

在 2018 年的艾美奖提名中,奈飞作为远超 Hulu 和亚马逊 Prime Video 的数字流媒体平台,因为拥有最佳原创内容,获得最高的观众支持率。

2018 年,奈飞通过第三方调研公司对 1612 个客户进行调研,试验植入广告的盈利模式,结果显示:

- 如果植入广告,23%的客户会停止订阅,41%的客户会继续订阅,剩下的不确定。
- 如果植入广告,但月费降低 3 美元,16%的客户仍然会离开,50%的客户会继续订阅,剩下的不确定。
- 如果没有广告植入,但月费涨 2 美元,8%的客户会离开,涨 5 美元,23%的客户会离开。

与 2011 年的涨价风波不同,这次奈飞在决策前进行了充分的消费者调研,这是它在战略调整上充分尊重消费者、考虑消费者感受上迈出的重大一步。

奈飞最终没有选择广告投放业务,它做了三次测试,用大数据分析出了答案,而非拍板决定。奈飞始终坚持为用户提供最好的内容,给用户最好的体验,愿意投入高成本做出好内容。高盛预测,2022 年奈飞在内容方面的投资将高达 225 亿美元。

7. 奈飞案例总结

- 始终将解决客户痛点和提升客户体验放在首位。
- 利用大数据分析,优化运营,做出审慎决策。
- 一往无前的勇气。在从传统 DVD 业务向 VOD 新业务转型时,抓住关键时期,剥离传统业务,全力聚焦新业务。

- 意识到内容的重要性，原创内容成为奈飞的核心竞争力。
- 投资意愿，每年在核心竞争力——内容创作上肯花血本。
- 在美国付费用户开始饱和时，通过《纸牌屋》等优质内容开拓海外市场，进行全球版图的扩张。
- 奈飞以付费用户为主的盈利模式略显单一，未来可以尝试不同的盈利模式，整合上下游产业链资源，构建数字化娱乐生态。

2.2.3　中国特色的DTC模式崛起

随着国产新锐品牌完美日记的上市，DTC（Direct to Consumer，直接面向消费者）这种营销模式的热度持续上升。通过DTC模式可以从一种独特的视角看到全球化（以美国为代表）与本土化（中国）数字营销的差异。

在数字世界，我们以用户为中心，DTC是必经之路。

下面我们先来看一下DTC的定义：

DTC的核心是以用户为中心的互动关系，让用户成为品牌的代言人。

"我们希望直接面对消费者，给他们提供更多产品和服务，同时也希望通过大量的数据和反馈，能够把他们的需求融进品牌共创里面，这是我们当时思考设计的整个链路。"逸仙电商COO陈宇文介绍。

美国的DTC市场已十分成熟，融资增长迅猛，2018年上半年已达12亿美元，全美拥有超500家DTC的品牌。在美国，DTC的产业已经形成相对成熟的生态圈。DTC品牌崛起的背后是大量的营销技术公司在提供服务，如Shopify平台为品牌提供品牌建设、渠道管理、数据服务等。美国的DTC模式为什么产生那么早？因为他们都是独立建站，互联网普及得非常早，数据意识和品牌意识非常好，所以无论是 PC 还是移动互联网选择的都是 DTC 模式，因为这样节约营销成本。

DTC 模式在中国的迅猛发展得益于中国的移动互联网红利，中国比国外更快地缩短了 PC 互联网时期，进入到移动互联网时代。

而我们国内移动互联的普及率高，数据都产生在平台方，所以，大多数数据的渠道属性较强。小程序就是我们的微创新，通过小程序企业可以建立属于自己的流量池，所以才有了像完美日记、钟薛高这种品牌的诞生。DTC 是品牌在初创阶段，通过去经销商，借助社交媒体获客，利用私域流量有效运营等方式进行低成本迅速扩张的模式。

中美两国的营销发展环境决定了其在 DTC 模式上存在着共同点又存在着较大的差异，中国的 DTC 模式更重效果，而美国 DTC 模式滋生的土壤一开始就是品效协同这个方向。我们可以大胆展望下，未来的数字营销是围绕 DTC 模式展开的整合营销，数字营销不仅仅局限于线上，更强调线上与线下的整合。

随着中国流量红利的消失，获客成本居高不下，新的渠道优势和技术红利只是敲门砖。在实现从 0 到 1 之后，DTC 的品牌如何持续创新、建立渠道、扩大规模和打造成本优势是必须解决的挑战，所以这些 DTC 的初创公司最终还是要回到如何打造品牌的问题上来。如何做到"品效协同"是下一步。

DTC 模式在中国的践行以完美日记为突出代表。2021 年 3 月 11 号，完美日记的母公司逸仙电商发布了首份财报，财报显示：2020 年全年实现总营收 52.3 亿元，同比增长 72.65%。完美日记一直以来都利用大量的 KOL（Key Opinion Leader，核心意见领袖）、跨界联名、持续快速地上新产品来最大限度地获取流量和用户关注，这确实帮它在初期建立行业地位起到了非常重要的作用。2020 年也是完美日记的重点战略投入期，在布局线下、产品研发及品牌升级等方面均进行了重点投入,收购了小奥汀和国际高端护肤品牌Galénic,并邀请周迅、特洛耶·希文、罗云熙、朱正廷等人代言,力推品牌高端化。

根据定位理论,新的品牌要在一个竞争激烈的红海市场获得一席之地、占领用户心智是要付出更多的营销代价、承受更大的阻力的。无论从"声量"还是销量上看,到目前为止,完美日记在规模的扩张上无疑是成功的,接下来它的DTC模式将往什么方向发展,我们拭目以待。但是有一点是肯定的,中美两国未来DTC模式的方向是趋同的,那就是品效协同。

对中国的DTC的公司来说,从线上走到线下,实现多渠道的成功,打造品牌精神,保证品牌升级和持续性发展,实现品效协同成为下一阶段的主要任务。

品牌要有DNA,营销要有立足点,产品要有差异性,不管在任何时代,营销的本质从来没有变过。从DTC的商业模式上我们看到了中国市场数字营销的新现象,如果方法正确,采用这种模式可以带来巨大的红利,但是,让DTC模式成为长效赋能增长的利器还有很长的路要走。数字化技术是底层壁垒,线上线下需要整合,品牌文化需要建设并传承。营销的魅力除了让用户尖叫,更要让品牌守得住。

我们将在2.3.2节中重点阐述DTC这种商业模式的本质、优势,以及未来的发展。

2.2.4　中美网红经济对比差异

新营销原则和营销现象在全球范围内都是具有普适性的。直播带货的兴起催生了网红经济,用户从传统的社交平台逐渐向短视频平台转移(见图2-10)。

2017—2021年中国短视频用户规模及预测（单位：亿人）

年份	用户规模	增长率
2017	2.42	
2018	5.01	107%
2019	6.27	25.10%
2020	7.22	15.20%
2021	8.09	12.00%

图 2-10

网红经济不是国内特有的现象，在国外也很发达。国外的网红经济由来已久，早于中国，但是它的发展速度在近几年远落后于中国。

网红的背后推手叫 MCN，我们先来看下 MCN 的定义。

MCN（Multi-Channel Network）是一种多频道网络的产品形态，它将产出的内容联合起来，在资本的有力支持下，保障内容的持续输出，从而最终实现商业的稳定变现。

也就是说，中国网红背后有一套成熟的运作机制，这个操盘体系—叫作 MCN。MCN 是连接网红和广告主的桥梁，有完善的商业运营体系，它是被资本化的。支撑网红经济的绝不是网红意见领袖一个人，而是一群人，就和运营明星一样，通过包装、事件营销、内容产出等方式把网红捧红；也有一种情况是素人自己产生了大量的 UGC 于是成了网红，然后进化为一个公司来运营，最终实现商业变现。

在中国还可以看到的一个现象便是在传统广告时代通过代言、拍广告等方式实现商业变现的许多明星也进入了网红带货这个赛道，亲力亲为，和用户零距离接触，通过直播的方式向用户推荐高性价比的产品，同时取得了不小的收益。这其实是顺应时代发展、拉近和用户距离、始终保持人气的一种明智选择。

一般来讲，网红经济也符合二八法则，即20%的网红占据80%的流量。但也会有比较极端的情况出现，有时候少数几个网红也可能垄断大部分的用户，从而备受市场和广告主的青睐。

在中国，MCN运用打赏、直播带货、电商、品牌代言等方式运作网红来实现变现，双方获利的方式已经驾轻就熟。国外在商业模式上更多地采用和品牌方合作，以内容产出的方式进行变现，直播带货、打赏等方式运用较少，商业模式相对单一。

下面我们以表2-1简单地对比一下中美网红经济的差异。

表2-1 中美网红经济对比

	中　　国	美　　国
商业模式	变现方式多样化	变现方式单一
供应链	有优势，覆盖电商、品牌代言、直播带货，产业链完善	在直播带货和电商上有短板
网红经济规模	7965亿元人民币	173亿美元（约合1212亿元人民币）
MCN的作用	对产业链掌控度大	话语权和议价权较小
内容产出	较单一	丰富

随着消费者对网络社交需求的提升及消费行为习惯的改变，网红经济在两国的发展空间巨大。但从表2-1中我们还可以看出，在网红经济规模体量上中美两国有好几倍的差异，这得益于中国这几年社交媒体的迅猛发展和Z世代消费代际创造的增量空间。Z世代更倾向于参与网红经济，他们愿意倾听网红的推荐，并对此深信不疑，同时Z世代消费意愿和消费能力极强，这些都是滋生国内发达网红经济的土壤。

国内的 MCN 业态因为运作体系成熟，所以不管对于上游广告商、电商和内容输出的平台方，还是对于中游网红来说，KOL、下游用户、MCN 都具有较强的掌控权和议价权，他们作为产业链的中枢环节依托并主导整个产业的未来发展。

而美国的 MCN 对接的平台较为单一，同时网红盈利的商业模式也较为单一，所以 MCN 的话语权也受到限制，不可能引领产业的发展。

中国网红经济的蓬勃发展也在一定程度上了影响到了传统明星代言的商业模式，所以涌现出明星下海参与到网红经济大潮中的现象，而这种现象在未来的几年可能会变得越来越普遍，这也意味着娱乐业商业模式即将迎来全面转型。依托于社交和电商平台，以更加数字化的方式连接广告主和用户，为双方创造更高的商业价值，这是大势所趋。

2.3 全民营销

2.3.1 全民营销时代已来

全民营销时代刚刚开始，但是它已经来到每个人的身边。

从几年前流行的 KOL（Key Opinion Leader，核心意见领袖）营销到 KOC（Key Opinion Customer，核心意见消费者）营销，品牌从寻找核心意见领袖转到寻找核心意见消费者上来，可见用户本身在营销成功中所占的比重越来越大。

全民营销时代强调用户参与营销的重要性和必要性。

传统的营销理论讲究 4P，即 Product（产品）、Price（价格）、Place（渠道）和 Promotion（传播）。但是现在，"用户"作为核心元素加入到了营销理论和实践中，未来所有的营销活动都将围绕用户展开。B2B 模式下，用户是客户，是所有的利益相关者；B2C 模式下，用户就是直接购买产品的消费者。

消费者/客户成了营销中心和营销新引擎，越来越多的成功品牌从研究竞品、研究市场动向转向了研究和了解消费者、洞察消费者的需求上，核心体现在以下几个方面。

首先，以用户为中心的新营销模式正全面流行。

突出表现是对 DTC 品牌的成功打造，如完美日记、哔哩哔哩，以及电商平台 C2M 模式的大量践行，通过消费者口碑、需求、数据洞察反哺生产商和品牌输出，品牌和消费者的互动和联系更为直接、紧密。

其次，营销社交化。

社交媒体百花齐放，让用户有更多机会参与到营销活动中，为品牌发声。这是一把双刃剑，用户的正面口碑对品牌营销有着正面的促进作用，同时，负面的声音也让品牌在维系社交营销上变得愈加困难。而用户的直接参与度又决定着营销成功的可能性，所以，"有技巧但又不失真实性和温度"的口碑营销成了社交媒体营销的主要发力点。

最后，存量用户时代，挖掘用户的全生命周期价值对业务增长起着根本作用。

什么意思呢？以前如果一个客户丢了，你可能没有那么在意，因为你可以通过媒体投放、内容营销等各种方式去获得新的客户，而且获客成本不会很高，投入一元钱可能有两元钱的产出，减去各种成本，这样品牌还是有利润的。随着流量红利的消失，获客成本不断增加，越来越多的品牌将重心放在维系老客户、渗透老客户、发掘存量用户的增量需求上。这就让营销者的重心从获得新用户转移到关注已有客户身上。已经产生过需求，并且有潜质进一步产生已有产品需求和新产品需求的客户成为营销传播的主要对象。

新营销时代，新技术、新现象、新媒体、新思维让营销行业围绕"用户"对营销模型进行重新定义，从而构建数字营销新生态。

品牌方需要研究的是如何对已有客户做进一步激活，以及如何和现有客户产生长效、更深层次的互动关系。传统生意模式下，销售人员通过线下渠道建立和客户的深层关系，现在仍然是建立"关系"的时代，只不过不同的是数字化技术赋予了品牌方和客户以更高效、更高频、多层次建立彼此之间关系的能力。

任何一种营销创新或新现象都有窗口期，过了这个窗口期，它的红利就会消失，大部分的红利会被少数的寡头垄断，如果你不能抓住这个窗口期，那么就会被别人替代或超越。

全民营销时代，品牌必须紧紧抓住消费者和客户的心。全民营销时代，每个消费者都要被重视，每个消费者都可以参与到品牌建设活动中来，他们值得被认真对待，他们是品牌最忠实的粉丝，具有最真实的带动效应。

2.3.2　DTC 商业模式和实践

前面我们在讲全球化和本土化时，简要提到了 DTC 商业模式对未来中国营销发展的影响，也从 DTC 模式的不同分析了数字营销在国外和国内的差异。

DTC 指什么？为什么它在快速迭代的当今商业世界显得尤为重要？DTC 既是"道"，也是"术"，既是营销思维新思路，也是新战场、新打法。

DTC 这个概念起源于美国。"DTC（Direct to Consumer）营销是指直接面对消费者的营销模式，它包括任何以终端消费者为目标而进行的传播活动，与传统媒体如电视广告等的传播方式相比，优势主要体现在更接近消费者，更关注对消费行为的研究，更重视对消费者生活形态的把握。"

如果说上篇的网红经济的一个重要原因是让网红和用户更加贴近的话，DTC 营销模式的崛起无疑也是以接近消费者、切实解决消费者问题，建立品牌和消费者强有力的联系为中心的。

上述对 DTC 的定义更像是针对 B2C 业务模式下的概念阐述，而在 B2B 商业模式下，DTC 也可以是直接面对终端客户。这里的"终端客户"可能是一家公司、一个组织或一个实体，而这个组织、实体下有很多的 Stakeholder（利益相关者），他们共同构成你的目标客户。

大胆预测未来 5 年，随着人工智能、大数据算法和 5G 时代的到来，商业局面将不断更新迭代，营销方式也将迎来根本性的创新，突出表现之一就是 DTC 模式的流行和践行。

在 B2C 领域，有很多因践行 B2C 模式而带来巨大商业收益的小众品牌，如完美日记、每日黑巧。在今天竞争残酷的商业领域，从默默无闻的国内小品牌通过有效运营做到可以和该品类国际大品牌展开强有力竞争的局面，各自成为该领域内的顶尖，不得不说，DTC 模式在今天不只是理论，更具有巨大的实践意义。

B2B 和 B2C 的数字化营销发展具有完全不同的成熟度，后面在数字营销方法论章节我会具体展开讲。尤其值得一提的是，在 B2B 领域，营销人对 DTC 的商业模式没有清晰的概念。

为什么 B2B 营销人也应具备 DTC 思维呢？

1. B2B 和 B2C 的营销边界越来越模糊

B2B 和 B2C 的营销边界越来越模糊，具体体现在：B2B 的客户行为越来越消费者化，即 End-Customer as a Consumer。

以客户为中心的思维模式是营销界老生常谈的话题，也可以说是 B2B 领域的基本商业策略和原则。在 B2C 领域，你的消费者即决策者，也是你的目标传播对象；但是在 B2B 领域，你要传播的对象是公司，同时在所有平台出现时，他又有了个人的身份。

例如，某人的职业是工程师，这是他的 B 端身份，同时他又是父亲，男性，来自上海，是汽车控，这些就是他带有个人标签的 C 端身份了。

中国的数字化环境现在被社交媒体和电商平台主导着，如快手、抖音、哔哩哔哩、腾讯游戏、小红书、微信等，这也是在数字营销领域过去十年发生的重大变化。以前是以新闻聚合类媒体、门户网站和垂直论坛为主要沟通方式和广告投放平台，而现在已经发生了翻天覆地的变化。B 端的客户也越来越倾向于通过移动社交网站或 App 去和同行进行职业交流，通过搜索引擎搜索和了解产品，甚至接受网络化的服务如直播讲堂，在线查看产品手册等。

在这种情况下，如何通过这些不同的主流社交平台精准地抓到客户成了营销很关键的第一步。不管是 B2B 的客户还是 B2C 的客户，他们的追求本质上是一致的——更高性价比的产品和更好的服务，而社交平台往往聚集了比较精准的用户口碑，互动的及时性更强，体验也比传统渠道更好，这也为 B2B 营销人的留存提供了必要的理由。

2. 随着电商平台的出现，行业壁垒逐渐被打破，信息变得透明，这给予了 DTC 模式滋生的土壤

电商平台可以提供清晰的产品对比和透明的价格体系，以前被渠道控制

价格和终端客户的局面随着 B2B 电商平台的崛起而逐渐被打破。电商平台可以提供一站式的服务，如产品搜索、功能查询、报价、售前咨询、购买和售后服务等，它能够更快承接终端客户的需求，第一时间收集用户反馈，在产品、价格、技术、服务等层面及时做出调整。同时品牌方也能获得所有的数据资产，包括用户行为数据、媒体转化数据及客户交易数据，并对这些数据进行留存、沉淀并加以利用。在大数据驱动商业决策的时代，这简直太重要了。

3. 长期主义思维的重要性

什么是长期主义？

可持续的成功一定依赖于和终端客户、消费群体建立的长期关系，主要包括以下几个方面：

- 如何更好地了解他们的需求？
- 如何触达他们？
- 如何真正地服务好他们？

长期主义是近年来新出现的一个词，它是看待世界、看待事态发展的一个角度。

现在的营销人都是非常注重短期投资回报率的，即短期内一定的投入能够带来什么样的回报。这个回报指的是销售和利润层面。所以长期品牌建设和短期效果平衡一直以来都是争论的热点话题。

但是同时，任何一家基业长青、拥有百年历史的企业，无一不是从"长期主义"的角度看待问题的，而"直面客户"的思维，我认为正是"长期主义"的体现。这种思维不会为了短期的利润回报牺牲客户体验，它始终以维护客户利益、提升客户体验作为营销的基本出发点。

4．传统 B2B 销售模式的困局限制（见图 2-11）

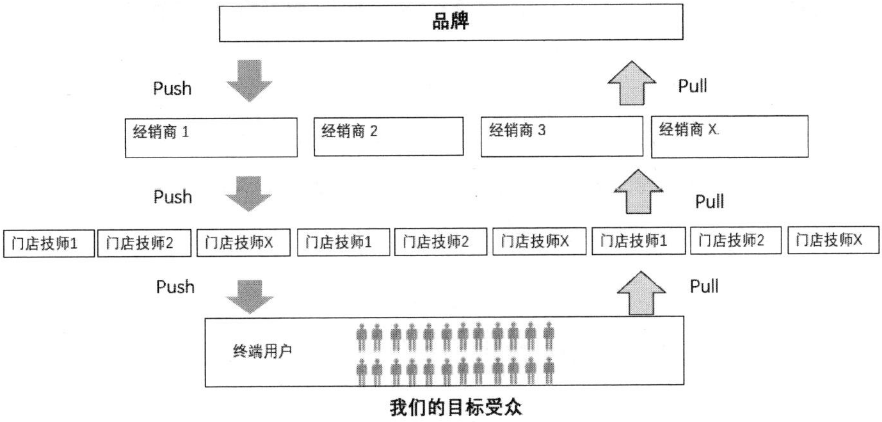

图 2-11

以汽车后市场为例,汽车后市场是一种非常复杂的业态,B2B 模式和 B2C 模式都有。假如你去进行汽车保养,要用到机油机滤或更换刹车片,那么你是看重品牌还是相信维修小工的推荐？那么问题就来了,在营销层面,我是要提升品牌的知名度去影响车主,还是直接去影响小工让他给客户传递信息？如果是去影响车主,就要以提升品牌在终端的知名度为主,即以 B2C 营销为主；如果是去影响汽配店的小工或店长,就要以 B2B 营销为主。

通常来讲,汽车后市场的 B2B 传统业务是靠渠道驱动的,品牌给一级经销商压货,从一级经销商到二级分销商,然后通过三级促销商将产品卖给终端市场。在这个过程中,渠道占有很大的掌控权,可以反过来向品牌方争取更多权益和更好的合作条件。所以,很多汽车后市场的经销商是一个联盟,遍布全国各地,他们拥有和各大品牌供应商很强的议价权。

如果采取直面客户的 DTC 营销策略,那么品牌方就可以建立起直接和终端市场沟通的桥梁。一方面可以在终端用户中提升其品牌形象和溢价能力,从根本上提升终端客户对该品牌产品的需求（这是上面"长期主义"的另一层体现）；另一方面，品牌方最终和终端客户建立了长期持久的联系，渠道商变成了服务提供商，在这个生态下，品牌方在根本上获得了更大的话语权，也成了这个商业生态的主导者。

再以汽车整车行业为例，以前，4S 店是汽车商家的核心渠道，随着电商行业的崛起和汽车直销模式的盛行，4S 店渐渐变成了服务提供商。这也进一步挤压了 4S 店的利润和生存空间，其利润及价值来源将更多来自售后服务而非销售。而汽车独立后市场，线上线下一体化的汽修连锁品牌的快速发展又进一步挤压了 4S 店的售后利润。这将使传统 4S 店模式面临重大挑战。

随着新能源汽车的出现，营销流程也被完全颠覆。传统的营销流程是品牌方通过广告将客户引流到 4S 店完成体验和交易，而现在以 Tesla（特斯拉）、蔚来、小鹏为代表的新能源品牌的营销流程已经取代了传统的 4S 店盈利模式，消费者可以直接在品牌直营店进行体验，看中产品后直接在网上下单，由品牌方送货上门，售后服务也由品牌方指定的服务店完成。在整个过程中，交易链路更短，用户和品牌的连接也更加紧密。品牌方也可以根据消费者的一线反馈，迅速调整营销方式，更好地为消费者创造价值（见图 2-12）。

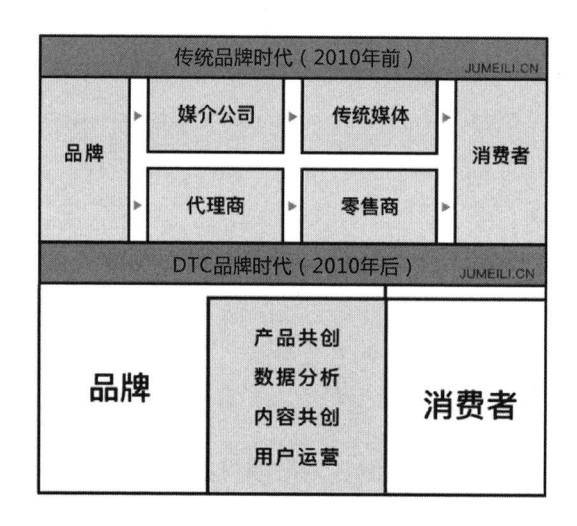

图 2-12

DTC 思维模式和策略实践是一个过程，那么，在实践过程中 DTC 模式可能会面临哪些挑战呢？

- 挑战一，新思路和传统思维的碰撞。
- 挑战二，人员架构和知识能力体系的调整。
- 挑战三，B2B 的 DTC 营销格局尚未形成。

以上这些挑战应该如何去破解？制定并执行有效的 DTC 营销策略应该注意哪些问题，遵循什么步骤？

下面我们先以 B2B 工业品营销为例，阐述几个传统的观点。

- 传统观点一：工业品营销的目的以为企业销售和渠道赋能为主，是否直面终端客户不重要。
- 传统观点二：B2B 的功能性诉求远超精神需求，品牌不重要，直面客户也不重要。
- 传统观点三：B2B 的客户从被品牌触达到最后的转化，需要大量的人力沟通，无法形成即时的商业机会转化，所以还是渠道更重要些，品牌无须直面客户。

真的是这样吗？针对以上观点，我们如何去看待 B2B 领域的 DTC 模式的重要程度和可行性？说通俗点，DTC 就是去中间商，不赚差价。DTC 模式可以缩短中间环节，无须依赖传统的批发商和中间渠道，直接与消费者互动，及时掌握消费者的购物行为和用户画像。

那么，除了对终端客户的利好外，对于品牌方来说，DTC 模式的优势又体现在哪里呢？

DTC 模式的优势主要体现在以下几个方面：

- 新观点一：通过拉动终端客户需求，反向推动渠道需求，避免被渠道压价、垄断，大大提高品牌方对产品流向的可控性。

- 新观点二：未来是数据驱动的时代，掌握终端客户数据资产、建立数据科学体系，可大大提升营销效率，预测营销结果。
- 新观点三：精准掌握供应链需求预测，提升客户服务效率，进而提升利润空间。

由于 B2B 领域的 DTC 概念还处在非常初期的阶段，我们再以"完美日记"品牌为例，具体说明 DTC 营销模式如何助力商业成功，供所有营销人借鉴，包括 B2B 和 B2C 市场人员。

完美日记，一个成立不超过几个年头的美妆品牌，销量力压国牌同行，甚至赶超国际大牌。它的成功到底是得益于产品还是营销？营销毫无疑问取得了巨大成功。它是近几年采用 DTC 模式践行增长的一个绝好案例。

一是在宣传上摒弃传统电视广告和平面广告，转战以社交媒体平台小红书、微信个人号为主导的营销方式，品牌认知直达社交用户，实现了最直接的双向互动。

保守估计，完美日记有上百个微信个人号，统一标识为"小完子"这个人设。按照 5000 人/号的标准来计算，处于"私域"的粉丝量应该在近百万级别。

二是私域流量的全盘运营，其核心在于精细化运营用户。

这上百个个人微信号不仅具有关键词回复、拉群等自动化流程，其背后还有真实的客服在手动回复。二者结合，不仅能保证效率，还能保证服务质量。

我也见到过很多在私域方面做得很不错的创业者，有的是做战略咨询的，有的是开发 SaaS 软件的。在未来的两年，私域的前景依旧被看好，其根本原因在于"私域流量"是品牌资产的一部分，自有平台的用户 ID、品牌客户信息、客户与品牌在各触点的交互行为信息、购买行为信息等全部都储存在品牌私域流量池里面。无论数字营销环境如何变化，社交平台的玩法如何快速迭代，品牌的根在，竞争力就在。

首先是微信群。

第一步，添加"小完子"后，用户就会收到加群的邀请，微信群统一命名为"小完子玩美研究所"——这样就生成了数千个微信群。

第二步是运营，其微信群的运营实际上是围绕多个小程序来进行的。通过"小完子"这个人设，打造出高质量的美妆内容，每天发布到小程序上，然后再转发到群里，引发用户持续关注和讨论。直播、抽奖等活动也会不断发到群里。

近几年，营销界发生的一个重大变化就是营销运营化，这也是未来的发展方向。以前的营销以做品牌定位和广告投放为主，但是这几年强调了运营的重要性。运营是持续性的营销工作，费时费力地将流量池中的静态"流量"看作鲜活的人，通过不断的沟通和交互，将这些鲜活的人转变成你忠实的客户和品牌拥护者。

其次是朋友圈。

大家一定很好奇，为什么完美日记要用"小完子"这个人设来统一所有的微信号？原因很简单，就是通过打造人设，让用户产生信任感。不论是在小程序里还是在朋友圈里，"小完子"都是真人出镜，这样就让大家看到了一个有血有肉的妹子，看到了自己的"私人美妆顾问"。

"小完子"不是一个普通的客服，"小完子"是一个 IP，而且是一个由真人形象担当的 IP，是最贴合普通女生日常生活的这么一个人设。看到了这个人设，用户就好像看到了自己。这种做法是为了让品牌最大可能地贴近用户的需求，和用户产生情感上的共鸣，进而满足用户的精神需求，也是用户比较高级的需求。

再次，完美日记具备了在私域流量内进行用户分群的能力，即根据用户兴趣建立标签体系，差异化展示内容。

这种精细化运营的方式，将在以下几个方面全方位产生增益。

（1）基于用户分群的标签体系可以帮助品牌做更精准的相似画像的人群拓展，即Lookalike，进而进行全域触达。

（2）基于用户分群的标签体系可以帮助品牌在一次触达未转化后做再次触达，即Retargeting，利用差异化的内容有效转化处在不同决策链路漏斗阶段的用户。

（3）基于用户分群的标签体系可以帮助品牌对销售线索进行分类，设定线索处理和跟进的优先级，进而制定差异化的跟进策略。

（4）基于用户分群的标签体系可以帮助品牌对已转化、已成交的客户进行分类，制定忠诚度计划，增强用户黏性，提升复购率，最大化客户生命周期价值。

最后，对用户进行社群运营后，剩下的最后一步就是成交了，其主要的转化方式有三种：朋友圈秒杀广告、微信群推送和个人号私聊推送。

所以，我们在"完美日记"的例子中看到的是直面客户的销售模式，这种销售模式综合利用KOL、社交裂变、差异化内容、数据分层、洞察等各种方式，共同达到提升转化和客户留存的目的。

在DTC模式下，你已经看不到"营销"和"销售"的差别了，设定的"人设"在销售，运营人员在影响用户心智，间接带货，用户在微信群的互动也在影响着其他用户的购买决策，所有这些因素都在向电商平台引流，最终实现了完美日记销售的爆发式增长（见图2-13）。

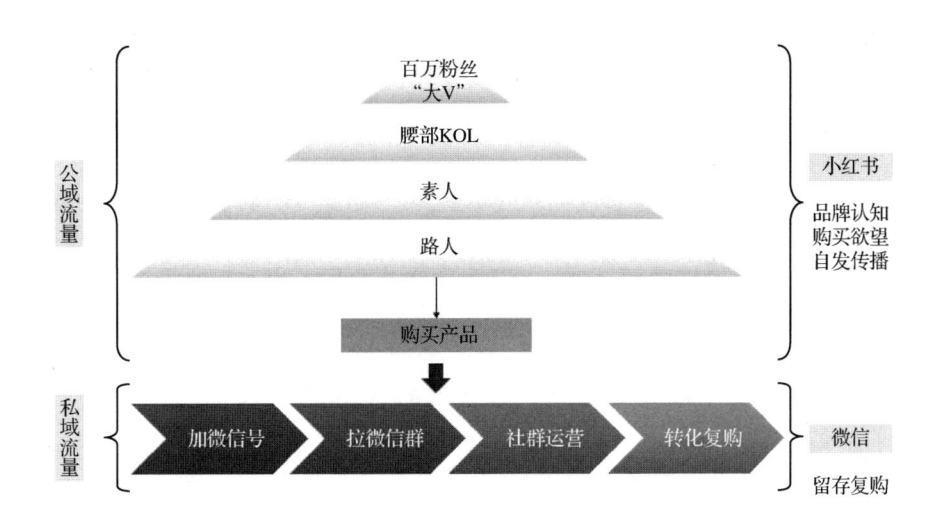

```
公域流量 {  百万粉丝"大V"
              腰部KOL
              素人
              路人          }  小红书
                                品牌认知
                                购买欲望
                                自发传播
              ↓
            购买产品

私域流量 { 加微信号 → 拉微信群 → 社群运营 → 转化复购 }  微信
                                                        留存复购
```

图 2-13

"与传统的竞争对手联合利华或宝洁等公司相比,那些与消费者缔结了密切联系的 DTC 小公司带来的威胁更大。"

——某药妆 500 强品牌总监

目前,DTC 的品牌已在内地化妆品市场掀起了巨浪,并威胁到了传统品牌的发展。不过,相对美国 DTC 市场的发展历程来看,中国的 DTC 品牌仍然有较长的路要走。这样的逻辑和原理,应用到 B2B 商业领域也没问题,不过,B2B 的品牌相较于美妆等 B2C 的品牌,其应用场景、产品认知、技术壁垒、客户群体、决策因素和体系更加复杂。

如果决定采用直面终端的业务模式,那么品牌方需要发展自己制定 DTC 商业模式的能力,那么如何制定有效的 DTC 策略呢?以下几种方法可供参考:

(1)多渠道引流,建立私域流量池,将公司网站、品牌网站、电商平台等的流量引入私域流量池。

(2)通过内容营销、SEO 等方式建立品牌权威,提升口碑。

（3）利用营销自动化、电邮、短信等和用户建立持续、精准的连接，保持一定的频率，将具有高度相关性的内容及时传达给客户，直击其痛点。

（4）建立 CRM 会员管理体系并提供客户支持，从而提升客户忠诚度。

（5）全链路追踪客户行为，分析并了解盈利因素，为持续不断的营销互动提供指导。

术业有专攻，DTC 模式需要一个专业的团队去运营，只有舍得投入，组建专业的人才队伍，把正确的人才放在正确的位置上，DTC 模式的践行才可以体系化、标准化，才可复制。有了专业的队伍，接下来更为重要的事是建立私域流量池，积累用户并获得反馈。用户积累是一个长期的过程，考验的是营销人员的耐心和持之以恒的毅力。

DTC 绝对不是一个简单的营销策略，它更多的是战略层面的一种创新，要成功地开展 DTC 模式必须有来自技术、销售、市场、数据、运营等各方面的投入，缺一不可。但是在中国，DTC 模式为中国品牌带来机遇的背后还有不小的挑战，要想成功突围，必须在品牌战略的每一环节上竭尽全力，内外兼修。

2.3.3　C2M 商业模式

2019—2020 年是互联网从消费互联网向产业互联网转移的关键年。

马化腾说，互联网正在从提供资讯、搜索、电商、购物、社交等服务逐渐转变到与各行各业深度融合。

"产业互联网是互联网的下半场，是未来全新的大领域，有很多想象的空间。互联网将全面渗透到产业价值链中，并对其生产、交易、融资、流通等环节进行改造升级，可以形成全新的极其丰富的场景，极大地提高资源配置效率。"

产业互联网虽然是个比较新颖的概念,但已经有不少工业企业开始探索与此相关的一些实践,并做出了不少创新,比如 C2M。

C2M 是英文 Customer-to-Manufacturer(用户直连制造)的缩写,是一种新型的工业互联网电子商务的商业模式,又被称为"短路经济"。

C2M 是一种比较复杂的商业模式,因其涉及整个产业的上下游,所以通常情况下 B2B 的企业和 B2C 的企业及终端用户都是此模式中的重要组成部分。

以阿里巴巴工业品站为代表,C2M 是阿里巴巴工业品站推出并联合产业上下游各大厂家、网红、MCN、天猫、淘宝平台极力践行的营销创新举措。

因为"新冠肺炎疫情"的到来,C2M 再次受到强烈关注,这被认为是很多企业为进行自救做出的努力。

C2M 即消费者直达工厂,强调的是制造业与消费者的衔接(见图 2-14)。事实上,它是一种"聪明"的模式:在 C2M 模式下,消费者可以直接通过平台下单,工厂接受消费者的个性化需求订单后根据其需求进行设计、采购、生产、发货。

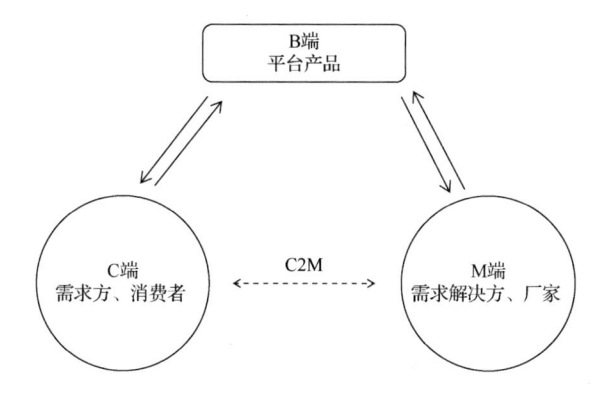

图 2-14

C2M 的商业模式在很多 B2B 的工业品企业受到极大的欢迎,这和工业品的行业特点是分不开的。对于 B2B 的工业品企业来说，市场营销受到了极大的挑战，而且发挥空间极其有限。

市场人常见的痛点有以下几个方面：

（1）预算捉襟见肘，想做没钱做。

（2）由于其群体决策的复杂性，目标客户极其难以被定义和触达。

（3）销售人员不重视市场部给到的项目。

（4）线索的转化和成交受到诸多人为因素和决策流程的影响，其结果无法被准确预测和评估，无法和市场活动直接挂钩。

（5）市场部做出的对需求的挖掘的努力无法在销售层面产生实质性的贡献，无法受到真正的认可，无法进入公司的主流业务部门。

工业品市场人之殇真的是列都列不完的，它不同于消费品行业，消费品行业的品牌部和市场部都是企业绝对的主导部门，其品牌溢价能力对产品是否有销路、是否能出量、消费者是否愿意为此买单起了决定性的作用。另外，消费品行业每年的投放预算也是几亿元，网综赞助、直播带货、影视剧植入、TVC 广告大片宣传、互联网各大媒体硬广投放等，可谓是全面开花。

反观工业品行业，第一是没钱做这么多的市场活动；第二是就算有预算，这么多手段砸下去，也是无法见效的。市场体量有限、用户画像垂直、决策流程复杂等决定了工业品人必须另辟蹊径才能为业务发展提供更有效的支持。

C2M 无疑为工业品市场人带来了福音，而且也已经陆续有越来越多的工业品品牌方成功地和终端消费品品牌联合践行了此模式。

对于 B2B 工业品企业来说，C2M 模式相比较传统的营销方式到底有什么优势呢？

（1）商业效益。吸引同类的小B买家（终端消费品生产商）购买制造商（原材料制造商）的产品。

例如，某化工原材料品牌和某化妆品品牌在阿里巴巴推广的C2M销售案例，刷新了工业品市场人的视角。

它不仅是上游原材料制造商和下游化妆品品牌的联合推广，同时也是阿里巴巴工业品牌站和天猫的联手。通过此次活动生产商的知名度显著提升，并借助产品卖点吸引了同类化妆品买家，同时对下游化妆品的销量和美誉度也起到了极大的促进作用，可谓是一举两得。

（2）组织效益。由消费者直接将需求实时反馈给制造商，省掉了中间环节，提升了从生产环节到交付环节的效率。

不管是消费互联网，还是产业互联网，数字化创新举措带来的显著优势就是内外效率的提升。利用最一线的市场和消费者的反馈，以用户为中心，对新品进行打造，进行产品升级，对交付体验进行敏捷性调整是未来所有企业活动的重心，也是可大大改善其组织运营效率的机会点。

可以说，C2M对组织运营效率的提升在概念层面应该是跨出了很大的一步。

例如，某鞋履企业库存积压严重，为了打破其库存积压的局面，这个企业把品牌直播间搬到了企业的智能生产线上，消费者可以在看到鞋子后下单。企业后台的数据智能系统支持企业小批量、定制化的柔性生产。利用"C2M+产线直播"的新制造模式，企业可以尝试从病根上解决"高库存"这个难题。

（3）营销效益。C2M模式可以突破B端传统营销方式，利用大数据进行消费者洞察，并借助C端消费品知名度借力打力、借势建势。

数字化经济时代，大数据赋能客户洞察和商业情报。平台方海量的用户数据可以帮助上游生产商快速建立精准用户细分需求，找到目标群体。而消费品 C 端的营销模式也赋予了上游 B 端广阔的营销空间，通过打造爆品、网红直播、KOL 扩散、小红书、抖音等社交平台导流电商平台，形成营销闭环。

终端消费品在消费者心目中的品牌力和渗透度可以反向拉升生产商在同类小 B 买家中的影响力。

C2M 模式对于 B 端来说，是营销层面的创新，同时它也是互联网在 2B 和 2C 两种截然不同商业模式下产业融合的实质性体现，对商业世界有着重要的意义。

虽然有数家工业品品牌方在过去的一年对 C2M 模式做了试水，并取得了初步的成功，但笔者更希望品牌方可以将 C2M 模式提升到营销战略层面，作为一种长效的营销创新机制在促进增长、帮助品牌建立行业领军地位方面做出持续性的贡献。

2.3.4　营销社交化

在社交网络技术和服务的发展支持下，社交成为无处不在的事实。

当今社会强调人与人的连接，强调对资源的整合。同样，在数字营销领域，用户与品牌的连接、用户与用户的连接、友商与品牌的连接、友商与用户的连接也变得愈加重要。

"友商，一般是指在互联网或电商行业，互相之间的竞争者对他所处行业的竞争者的一种称呼。"

社交化的广泛存在让消费者更深入、更有力、更积极地参与到了营销中来，与品牌方、代理商和媒体合作伙伴一起进行"品牌共建"。

为什么现在是营销最好的年代？因为成本低。大规模获取新用户的时代已经过去了，现在是存量市场经济，品牌方应注重的是发展与存量用户持久的关系。

第 2 章　新营销 新现象

"营销社交化"的时代也是一个"关系"的时代，品牌方应与用户建立信任，发展长久持续的关系。

有相当多的品牌在流量的获取上花费了大量功夫和预算，让潜在客户成功转化成了品牌客户，但随之而来的问题是由于没有进行有效的客户群体的运营和客户关系的维护，导致客户流失，甚至带来负面的口碑。

"营销社交化"要求品牌在与用户建立牢固关系上下狠功夫，无论是通过持续不断的高质量内容的输出，如通过短视频、直播等方式拉近与用户的距离，还是通过会员营销、定期发送福利。

社交是人性的需求，品牌广告不是单向向用户推送它想传输的内容，而是创造一种方式、一个平台，让用户的情感需求在品牌创造的环境中得以满足。社交元素主要体现为内容社交和商品社交（见图2-15），品牌方、用户方、网红和KOL都可以产生内容，而围绕商品的社交基于用户对商品的需求和喜好。用户可以围绕商品本身展开讨论、进行口碑评测，然后基于对商品或品牌的共同喜欢形成一个社交圈，这是"营销社交"的本质。

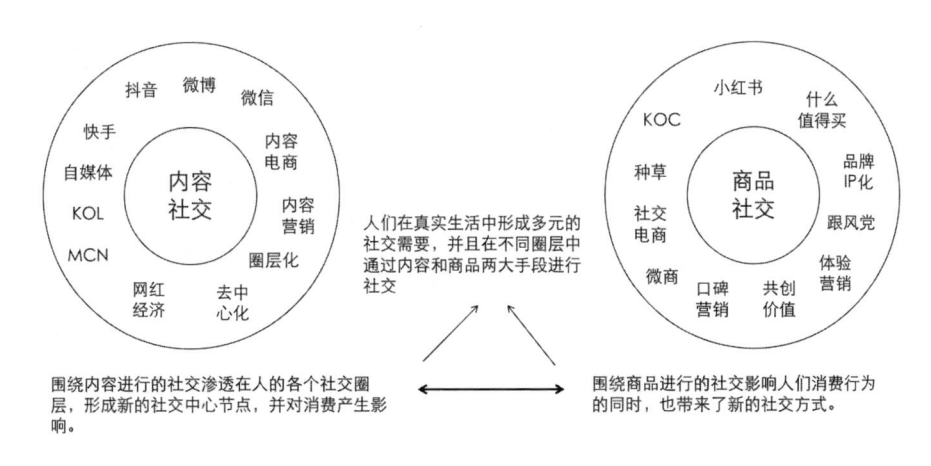

图 2-15

随着营销社交化需求的发展，短视频应运而生，它是营销社交化最直观的表达形式。以前大家通过微信公众号或品牌方自己建立的社群进行书面的沟通和表达，短视频的出现赋予了有共同利益的用户们以一种更加生动、形象、及时的方式探索品牌、引发探讨、巩固更深层次社交利益的可能性。

2020年，哔哩哔哩因为"后浪"营销事件爆火，这个以二次元动漫视频走红的互联网公司，因为成功策划了两次营销事件，成功跻身于"2020胡润中国500强民营企业"第96位，公司价值1020亿元，同比增长168%，比2019年排名上升了84位，取得了巨大的成功。B站的火爆是当下中国互联网现象的缩影，与其类似的还有短视频平台如抖音、快手，内容导购平台小红书，以及最近火起来的微信视频号，所有这些平台构成了"中国特色"的互联网文化。

这带给营销人的思考是什么？为什么大家都热衷于视频平台？其中不乏本身就是大号的互联网平台如知乎和网红等。很多消费品品牌甚至是B2B的品牌都热火朝天地搞起了营销创新，如以品牌的名义在快手、抖音、B站、微信等平台开设视频号。

各种类型的社交平台、短视频平台实在令人眼花缭乱，企业在以传播和线索转化为目的的营销活动中，如何选择正确的平台切入？

我最近几年做营销最大的感受是，各种理论名词很多，也很有道理，能做的事情也很多，战术打法也是层出不穷，但是，最大的挑战是如何设定优先级。

外人看热闹，鞋子是否合脚，只有自己知道。市场人的头脑得清醒，你的目的是什么？你是想搞形象工程壮声势，还是真的想做价值营销以推动业务增长？这几年严峻的经济形势，加上"新冠肺炎疫情"的影响，相信还有预算搞形象建设的品牌已经越来越少了。

所以，第一步你要想明白的问题有以下几个：

- 是否要将社交平台作为市场营销的主阵地？

- 值得花多少精力和预算去维护这些社交平台的运营？
- 如何选择适合品牌激活的社交和短视频平台进行有效传播，赋能销售？

没有固定的标准，答案也不是绝对的"是"或"否"。

第二步，如果你做出了选择，决定分配一部分预算进行创新性的营销活动，你还要进一步问自己以下几个问题：

- 如何留住流量？如何将流量转化成存量？流量是过程，存量是目的，也是结果。
- 如何建立高效的转化链路？
- 如何操盘社群？

要回答以上几个问题，我建议从以下几个方面入手，这几方面同时也是影响市场人决策的关键要素。

（1）营销目标。

营销的本质是讲故事。这个故事就是Why，What，How，即为什么要这么做？这么做要达成的目的是什么？怎么做以及怎么衡量成功？

很多人花费很多时间在思考怎么做上面，但是最根本的为什么要这么做的问题却没有考虑清楚，这就是思路的问题，方向的问题。一盘错，全盘错。

你是为了做短期激活，通过一波推广刺激销售，还是为了通过长期的"种草"进行品牌建设？

你的品牌在消费者和客户的决策过程中是否重要？客单价高不高？

一段时间内，客户销售贡献=流量*转化*客单价*复购率。

品牌决定了流量和转化，决定了拉新能力。

客单价和复购率决定了产生的实际客户价值。

我们很难通过社交平台的一波爆款视频就能促进该产品的大量销售。品牌调性的宣传与即时的销售转化是营销的两个极端，前者的根本目的是赋能后者，但是从"种草""长草"到"收割"，中间存在一定的时间差，也受营销以外其他因素如客户服务能力、产品的持续增值能力、客户体验等的影响。可持续性是关键。

（2）客户群体。

你的客户传播对象是否是决策者？属于哪一决策年龄层？

通常来讲，目标客户年龄层次偏低的品牌相对更适合做社交平台，这是一种情况。

另外一种情况是针对未来的潜在消费群。很多领导品牌比较有前瞻性，他们的营销目标之一是满足 Z 世代，因为这一代消费者处在成长过程中，虽然他们目前还不是品牌的粉丝和消费者，但是他们的需求会慢慢升级，所以社交平台在传播的时候就可以将其作为长期投资的目标。

例如，某运动品牌价格较高，是该品类定位较高的品牌，其面向的是较有身份地位，并有消费能力的群体，但是他们通常也会关注目前还在消费比他们品牌低一档的在校高中生，这就是看中了未来高中生步入社会后的消费升级需求。

（3）品牌允许内容创造的可能性空间。

不可否认，内容营销是数字营销的关键一环，其无论对哪个品牌来说都至关重要，但是某些产品的内容传播率却很低，尤其在 B2B 行业，很多品牌要传播的内容以产品纯利益和功能传播为导向，在社交平台进行差异化内容营销的可能性比较小，也很难去契合很多视频号以娱乐、有趣为调性的方式。所以，所创造的内容是否能够协同平台属性是需要考虑的关键问题。

（4）衡量成功的因素。

如果你够幸运，一条短视频推出去，市场反馈会很好。但是，我们谁都不想做了一波，造了势了却结束了，我们要的是可持续的成功。

回到品牌和效果协同的问题上，品牌资产的打造一定是一个长期积累和打磨的过程。如何衡量社交平台内容的打造和运营对品牌资产的影响至关重要。社交平台的内容可以社交化，以前长达1分钟的商业广告可以被短视频等鲜活的内容形式所代替，但是内容还是要能体现品牌的内涵，而不是为了满足观众的口味，哗众取宠。在结果层面需要注意以下几个问题：

首先要考虑对结果进行衡量的可行性。

很多平台方的数据透明性不高，到底有多少是真实、有效、精准的曝光？线索是否能够转化成客户？将线索转化成客户需要多长时间？

社交平台根本上是靠KOL行业带动流量的，但这些KOL的行业影响力到底有多强很难去衡量，除非他们能够直接带货，而在B2B行业，是否能靠网红主播直接带货还有待验证。

其次是计算投入产出比。

社群的维护需要花费大量的精力，在社群里面，因为充斥着各种各样的人群，有你的合伙伙伴，有客户，也有普通吃瓜群众，大家可以随意发表自己的观点而不用受到任何约束，这就必然涉及舆论的实时监测、危机处理、正向舆论引导、口碑维系等工作。品牌方需要花费精力去维护社群的讨论内容，做出积极正面的引导，从而让社群为品牌营销工作服务。

如果这些平台的用户仅仅是来看热闹的，你是否还愿意长时间投入精力和资源？

在社群创建后，如果可以用有效的内容引导有实际需求的客户，让用户转移到电商平台购买你的产品，那么，这实际上就形成了一个完整的社交场景转化链路，即从短视频的曝光到形成流量，再从流量变成存量，成为品牌的忠实粉丝，最后形成实际购买。在满足客户需求的同时，将所有数据建立端对端的连接，确保可追踪，可衡量。

同时，所有的用户行为数据和交易数据可以作为品牌资产存储在品牌数据库中，作为流量大盘的一部分，帮助品牌建立用户画像和标签体系，以便进行相似用户再触达。这便是大数据商业洞察的增值部分。

在B2B领域，如果你去运营这些社交平台账号，有可能会被认为是一种创新，也有可能会被诟病为"不务正业"。我的建议是，既然运营社交平台账号是权衡下的理智选择，那就坚持走下去，用心运营，说不定哪一天因为一条短视频的某一个爆点突然就燃了。

为什么这是一个最好的时代？因为这是一个"没有不可能"的时代。一个人要想成功，要想充分发挥其潜能，就必须选择最具优势的领域并发挥到极致，不要选择处在弱势的领域，这样不占上风。

品牌也一样，应该选择最适合自己的阵地，持续不断地输出影响力，找到最适合自己的营销平台和手段作为差异化的核心要素，持之以恒地优化用户体验，做口碑建设和线索培育，从而实现突围。

总的来讲，营销社交化是一把双刃剑，用得好，成功入围；用得不好，费钱费力还没效果。营销人切忌盲目跟风，在做任何一个决策前都要想清楚自己业务的本质和营销的目的。

总结一下，营销社交化是现在的营销新现象，并且这种现象还会持续一段时间，手段也会不断翻新。品牌方在投入之前要在不忘品牌根基的同时充分权衡投入产出比，在保有品牌根基的基础上进行社交营销手段的创新。

第 3 章

数字营销增长全新方法论

3.1 消费者旅程

3.1.1 数字化时代的消费者旅程

作为营销人我们不仅需要了解当下的消费者,也同样需要了解未来的消费者。现实中,我们对消费者的了解是远远不够的,面对市场和消费者需求的迅猛变化,以消费者为中心的营销理念仍然存在诸多痛点。

在数字时代，我们发现消费者被数字化了，我们与消费者的关系也被数字化了，分成了 AIPL 四个阶段，分别是认知（Awareness）、兴趣（Interest）、购买（Purchase）和忠诚（Loyalty），这是一个非常经典的消费者旅程的底层理论模型。消费者旅程是一切营销活动的基础，我们以用户需求为中心、基于消费者旅程展开的营销策略需要以"更好的客户体验"为衡量指标。用户体验好了，转化率自然就能提升，所以转化率的提升应该是一个结果，而不应该是一个目标，目标始终应该是"基于消费者旅程为用户创造更好的数字化体验"。

第一阶段是认知阶段，然后是因产生兴趣而考虑的第二阶段，接着是购买阶段，最后是忠诚阶段，在获得一个新客户时一般需要经历这么几个阶段。用通俗的话来讲，一开始用户可能对你的品牌或产品是全然不知的，不清楚你的产品或服务能帮他解决什么样的问题，这个是"认知"阶段，是消费者整个旅程的第一阶段。第二阶段是"兴趣"阶段，在这个阶段，消费者对你的产品有了兴趣，尝试建立与你的产品的相关性，也就是说消费者清楚他想要的是什么，以及他的痛点是什么，开始思考你的产品或提供的服务是否能解决他的"痛点"。第三阶段是"购买"阶段，更多的消费者对你的产品产生了信心，确信你的产品可以帮到他们，在这个过程中他可能经历了很多品牌提供的试用机会，比如试用小样，这在化妆品行业非常常见，汽车行业有试乘试驾。因为身临其境，进行了产品的体验，所以对产品产生了较强的信心。最后进入到第四阶段，"忠诚"阶段，也叫作"建立信任"阶段，"信任"和"信心"就差一个字，看起来很像，但是两者是截然不同的概念。"信任"是更深层次的"信心"，这意味着你的产品成了消费者心目中不可或缺的一部分，消费者建立了持续购买意识，品牌和消费者之间有了情感纽带，品牌黏性大幅度增强，这是所有品牌梦寐以求并希望所有消费者都能达到的阶段，当然也是最难的地方。

消费者旅程如图 3-1 所示。

```
认知          兴趣          购买          忠诚
 ↓            ↓            ↓            ↓
全然不知  →  产生兴趣  →  建立信心  →  建立信任

不清楚你的产品或服   对你的产品有了兴趣，   更多的消费者对你的   你的产品成了消费者
务能帮他解决什么样   尝试建立与你产品的相   产品产生了信心，确   心中不可或缺的一部
的问题              关性                  信你的产品可以帮到   分，消费者建立了持
                                         他们              续购买意识
```

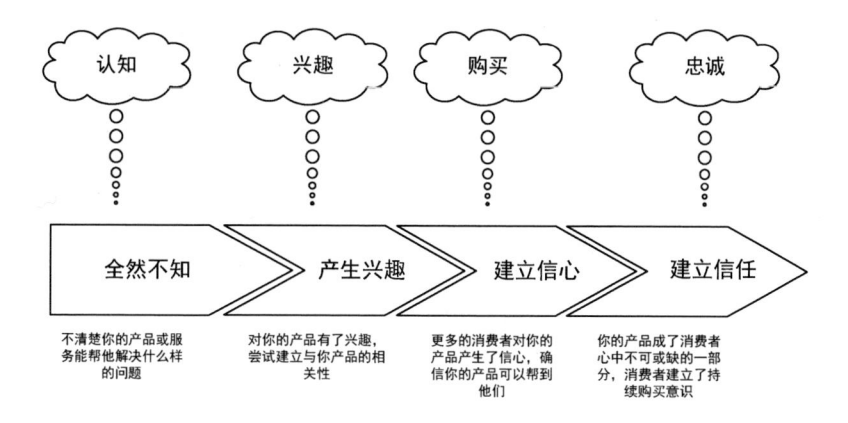

图 3-1

在现实世界里，由于信息的碎片化、多样化，用户接触品牌的渠道非常丰富，同时受朋友推荐或广告的影响，其做出的决策不一定是非常客观的，比如用户可能受某个商家诱人广告的影响当场就决定下单，直接省去了考察、试用这些步骤。这在现实生活中太普遍了。

在建立信任后，整个决策闭环也远还没有结束，用户可能会给朋友推荐这些产品，他们就像品牌的免费传播媒介一样，进行着社交裂变。这其中有些是自发的，有些是因为品牌方给予某些激励而产生的，但是这仍然不影响品牌方在制定营销策略上遵循消费者购买决策旅程去设计营销方案。

5G 时代的到来大大缩短了消费者旅程，而营销社交化时代的到来也让消费者旅程变得更加个性化。

图 3-2 是麦肯锡对消费者旧旅程和新旅程所做的对比。

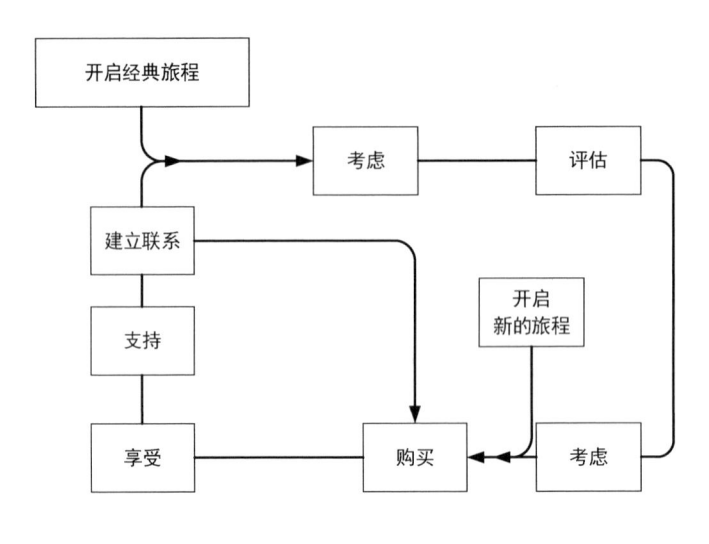

```
┌─────────────┐
│ 开启经典旅程 │
└──────┬──────┘
       │      ┌──────┐    ┌──────┐
       ├─────→│ 考虑 │───→│ 评估 │
       │      └──────┘    └──────┘
┌──────┴──┐                   │
│ 建立联系 │                   │
└────┬────┘         ┌────────┐ │
     │              │  开启  │ │
┌────┴────┐         │ 新的旅程│ │
│  支持   │         └────┬───┘ │
└────┬────┘              │     │
     │                   ↓     │
┌────┴────┐         ┌──────┐   │
│  享受   │────────→│ 购买 │←──┘
└─────────┘         └──────┘←─┐
                              │
                         ┌──────┐
                         │ 考虑 │
                         └──────┘
```

图 3-2

从图中可以看出，在传统的消费者旅程中，做出购买决策经历的时间较长，对此品牌方需要将更多的精力放在影响用户前期的考虑和评估阶段，也就是营销前链路，直至用户最终形成购买决策。

而在新的消费者旅程中，用户直接跳过评估阶段，从开启旅程到购买所花时间更短，这样的话，品牌方就可以将大量的精力放在让用户享受产品或服务体验上，形成品牌和用户之间强有力的纽带，也就是营销后链路。

新的消费者旅程所展现的消费者决策旅程的本质没有变，还是基于AIPL，只不过在营销漏斗的前半部分从认知到兴趣阶段所用的时间缩短，更强调客户忠诚度这个闭环的构建和巩固。这个模型和现在我们最流行的强调以"私域流量"的运营和转化为营销重点的观点不谋而合。

传统的消费者旅程是线性的（见图 3-1），而新型的消费者旅程是一个闭环，从考虑到购买，到形成情感纽带，再到反复购买。这是营销思维模式的

第 3 章 数字营销增长全新方法论

创新，在这种新的思维模式下，企业不是仅根据消费者的行为习惯被动地设计消费者旅程，或者说对消费者自发的决策行为做出调整和回应，而是需要塑造和引领消费者需求，主动引导消费者去完成这个决策闭环。

我们来看看今天中国消费者的实际决策旅程是什么样的（见图 3-3）。

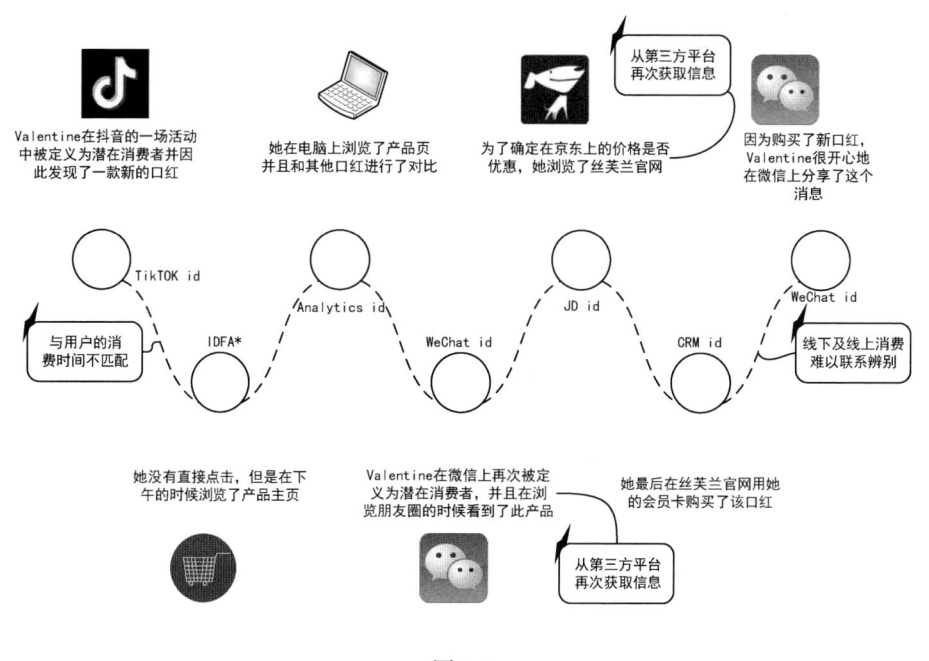

图 3-3

如今的消费者旅程图就像迷宫一样，触点很多，平台很多，选择也很多，甚至还有更多。

正是由于这些不同触点的存在和品牌信息的碎片化，使消费者行为及决策旅程变得越来越不可预测。

很多企业在制定数字营销策略时会从企业增长目标出发，如 FAST 模型（见图 3-4）和 GROW 模型（见图 3-6）。

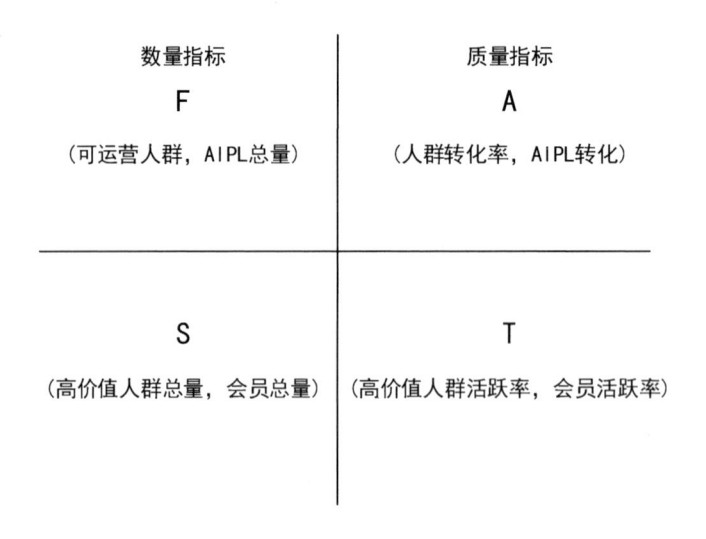

数量指标 F （可运营人群，AIPL总量）	质量指标 A （人群转化率，AIPL转化）
S （高价值人群总量，会员总量）	T （高价值人群活跃率，会员活跃率）

图 3-4

FAST 模型是通过对受众群体总量和质量的评估，来测算通过数字营销方式转化目标客群及增长目标客群的可能性。

FAST 模型本质还是流量思维，站在品牌方业务增长的角度推算未来的销售收入。具体测算思路如图 3-5 所示。

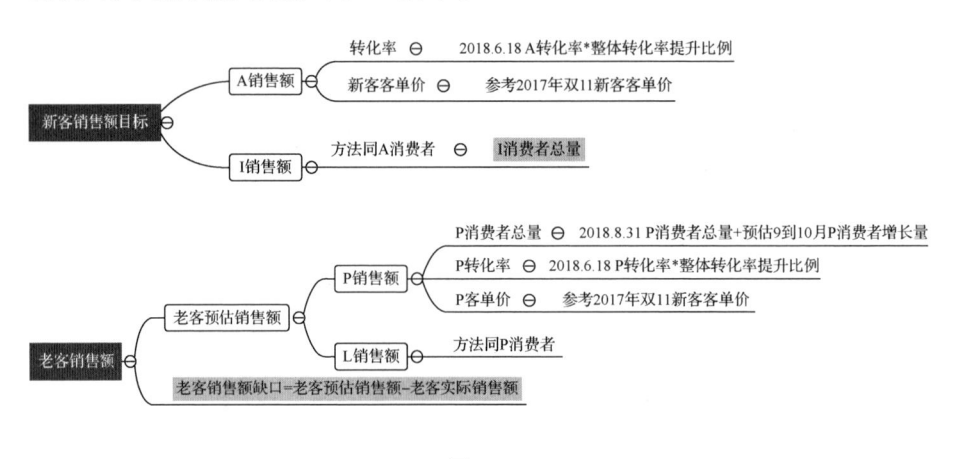

```
新客销售额目标
├── A销售额
│   ├── 转化率 ⊖ 2018.6.18 A转化率*整体转化率提升比例
│   ├── 新客客单价 ⊖ 参考2017年双11新客客单价
└── I销售额
    └── 方法同A消费者   I消费者总量

老客销售额
└── 老客预估销售额
    ├── P销售额
    │   ├── P消费者总量 ⊖ 2018.8.31 P消费者总量+预估9到10月P消费者增长量
    │   ├── P转化率 ⊖ 2018.6.18 P转化率*整体转化率提升比例
    │   └── P客单价 ⊖ 参考2017年双11新客客单价
    └── L销售额  方法同P消费者
老客销售额缺口=老客预估销售额-老客实际销售额
```

图 3-5

我们再来看看 GROW 模型（见图 3-6）。

第3章 数字营销增长全新方法论

品牌GROW模型

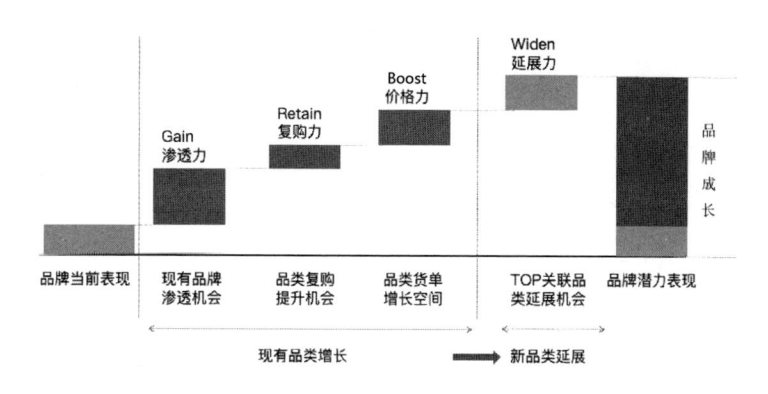

```
                                              Widen
                                              延展力
                                    Boost
                                    价格力
                          Retain
                          复购力
                Gain
                渗透力                                              品牌
                                                                    成长


品牌当前表现   现有品牌    品类复购   品类货单   TOP关联品    品牌潜力表现
               渗透机会    提升机会   增长空间    类延展机会

          ←——— 现有品类增长 ———→  ←— 新品类延展 —→
```

图 3-6

GROW 模型和 FAST 模型本质上是一样的，都是通过一些增长维度来测算未来的 GMV（Gross Merchandise Volume，总商品价值量）。GROW 模型基于品类角度来预测未来的品牌成长机会，而 FAST 模型基于客户群体的大小及转化来测算未来的增长。它们预测增长的底层逻辑是一致的，只是维度不同。

今天随着数字化技术的飞速发展，以及消费者行为的多变性，消费者决策行为及品牌成长变得越来越不可预测，通过流量转化或以产品为角度进行增长预估的方法已经快不适用了。

每个消费者都是一个独立的个体，独立的个体强调个性化的需求，营销模型按照用户群体的总量，或者站在品牌方的产品角度出发设计营销战略，显然已无法满足目标受众的具体需求了。

消费者旅程不管如何演变，它都应该是制定数字化营销战略的起点和底层逻辑。在践行以客户为中心的数字营销新模式下，必须以客户的决策行为作为基础，再在这个基础上开展消费者调研和洞察研究，最后，基于消费者旅程的每一环节做出相应的市场活动设计。

3.1.2 客户体验流程设计和管理

我们来看下客户体验的定义：客户体验是用户在使用产品或接受服务时产生的主观感受，它来自客户与企业在各个触点上的交互过程，是企业给客户提供的产品或服务对客户造成的各种影响，包含信息的沟通，感官的刺激及情感的交流。

一般，好的客户体验有哪些特点呢？

第一，设计的体验要与品牌及产品服务形象保持一致。

第二，体验必须具有差异性。

第三，通常要有出乎意外的设计，时不时能给到客户惊喜。

第四，内部要能够复制管理，比如一个事业部设计出来的体验旅程要能够复制到其他拥有相同业务模式的事业部当中去，但效仿又不易。

第五，整个体验的设计一定要让用户能够参与进来。

第六，体验设计最后展现的效果可扩充、可延展。

听上去，客户体验很多是基于客户的感受，那么，客户体验由哪些看得见的元素组成呢？

首先是公司提供的所有产品及服务，还有公司在运营业务时呈现的外在特征；其次是客户在兴趣阶段对你产品的了解、评估、购买和尝试使用，甚至是遇到问题时所产生的思考；再次是客户与公司互动时的感受，如激动、高兴、安心、紧张、失望、沮丧等；最后一点是产品所传达给客户的品牌的内涵和形象，还有品牌与客户沟通、打交道的方式。所以，客户体验不完全来自客户服务，也不仅仅指客户满意度，好的客户体验一定会使客户对产品产生忠诚度。

我们前面提到过数字营销的概念，在消费者注意力碎片化的时代，它关注的是用户的"长尾"需求，反映的是一个企业精细化运营流量的能力，要实现这方面的突破，首先要做的就是围绕消费者旅程进行消费者体验设计并对其进行管理。

我们站在市场战略制定者的角度审视整个消费者旅程，所面临的核心课题也是如何进行从"吸引客户""发展和培育客户"到"留存客户"的客户体验的设计，如何提升品牌、产品和服务的吸引力，提升用户的满意度、忠诚度和推荐度。

市场营销的本质从来不会变，数字营销最终需要解决的本质问题是如何利用数字化的工具、技术和新时代的媒体触点去赋予市场部加速客户决策并提升客户忠诚度的能力。

在做客户体验设计时，我们可以总结出以下几点：

第一，关注客户体验人员的生态系统。你的客户群体都包含哪些人，他们具有什么不同的身份，他们关心什么，遇到的问题有哪些，哪些人是决策者，需要高度参与到体验中来，哪些人在转化过程中仅仅起到影响作用。除客户外，哪些是在客户决策过程中会接触并影响到客户的人，如快递人员传递样品、线索管理团队跟进并挖掘客户意向、经销商提供拜访和订单服务等。

第二，明确好定义。在进行客户体验设计时应明确各个阶段的衡量指标，比如从广告印象度到网站点击的转化率，这是衡量在认知阶段用户体验的有效性；在兴趣阶段，衡量指标会发生改变，这个时候衡量指标可能是线索收集的数量、质量及线索收集成本等。除了这些定量的指标，定期开展用户满意度调研，对取消和暂停的项目挖掘背后的原因等也会进一步帮助改善用户体验。

第三，采用 Pilot（试点）+Scale（复制）的形式，先从某一地区开始，逐渐向外辐射。广告投放的精准度、内容的吸引力、经销商参与的积极性、数字化系统流程的设计都需要反复测试、调整和快速迭代，在向全国甚至多个国家开始复制客户体验模式前，先选择一个地区做试点，成功后再进一步扩大。

第四，关注哪些是共性需求，哪些是个性化需求。用户体验设计是做减法，而不是做加法。对于共性需求，我们可以通过统一的广告内容进行集体传递，如在认知阶段客户对品牌了解的需求。对于个性化需求我们需要注意，并不是每一个个性需求都需要去满足，也不可能全部满足，我们可以根据大数据模型去判定哪些个性化需求对业务影响比较大，值得被满足，比如，某一个行业的客户有可能成为大客户，那么我们就可以针对特定的行业需要做定制化的体验设计；有些客户虽然购买金额小，但是有多次购买的需求，那么我们也需要采取密集的互动体验方式去不断提醒他反复购买。

3.2 不同商业模式下的数字营销

3.2.1 B2B 数字营销难在哪里

商业世界的业务模式多种多样，整体可以分为两大类：B2B 和 B2C。我在商业模式完全不同的这两种企业都工作过，对两者之间的差异了然于胸。

总体来讲，B2B 商业模式下的数字营销比 B2C 的发挥空间要狭窄得多，也不容易监测效果，所以 B2B 模式下的数字营销是很难的。以下是 B2B 和 B2C 模式下数字营销的区别（见图 3-7）。

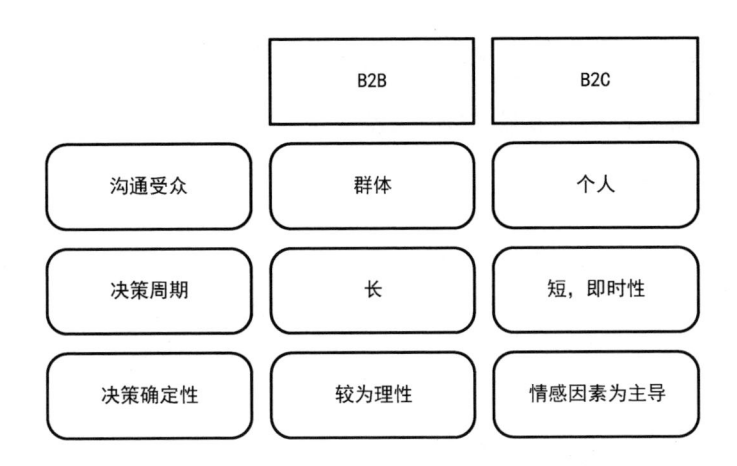

	B2B	B2C
沟通受众	群体	个人
决策周期	长	短，即时性
决策确定性	较为理性	情感因素为主导

图 3-7

1. 群体决策性质决定其目标受众构成复杂

B2B 的传播对象不是一个人，而是一群人，而产品的使用者也未必是你主要的沟通对象。

这一群人里面有决策者，有影响者，有产品使用者，而不同角色的人所关注的痛点又不一样，这就对营销人的个性化沟通能力提出了很高的要求。

比如，我们推出免费样品申领活动，会发现很多来领样品的客户最终并不能决定产品的购买，我们要辗转找到他的上级领导或项目负责人才有突破的可能性。这和消费品的决策机制是完全不一样的。

产品使用者关注产品本身是否好用，决策者关注的则是引入该新产品后是否能节省企业运营成本，而采购者（影响者）则更关注产品的性价比及是否能帮助他达成集采指标。

很显然，针对不同的人群，你需要了解他们各自的需求和主张，推送不同的内容给到组织结构中处于不同角色的客户，这样才能打动他们。

2. 决策周期长

在 B2C 模式下，通常都是即时决策，这也就解释了为什么现在的短视频、网红直播带货这么火。网民看到某个喜欢的主播，加上场景氛围一渲染，直接加购、付款，购买环节几乎是瞬时发生的。

那么，在 B2B 模式下是否也能这么做？请个网红，做个直播，推出个爆款产品，是否就能热卖一空？

B2B 的网络直播也不少，但目前都是以行业教育、传授知识、新品上市直播、树立品牌形象为主，以直接带货为目的的 B2B 营销案例是少之又少，也很难成功。为什么？根本原因在于其决策周期长。

要采购一款产品，从产线调研、客户需求调查到产品选型、匹配、测试，最终到小组讨论决定采购绝对不是一两天的功夫。

当然，客户在电商平台的购买可以说是实时的，但这些通常都以存量客户为主，或在电商平台采购之前，多半已经通过各种其他线上线下渠道对产品做了充分调研，了解了产品的特性，确认了其适合无误。

在 B2B 类业务模式中，经常会碰到一些客户，他们通过某种渠道和品牌方接触，之后又以自己公司暂时没有需求为由拒绝，导致转化失败。这种客户也并不一定是无效的，需要我们去等待，去盘活，也许过一段时间，那些曾经转化失败的客户就有了采购需求，这时你再去触达他们，就能成功了，现实中不乏这种"漏网之鱼"。

3. 理性决策

在 B2C 的优秀营销案例里面，最后大奖花落谁家？一般都是给有温度、讲人性、讲情怀的大品牌。大数据时代，无论科技如何发达，能超脱于科技的始终是"人情"。是的，品牌是鲜活的，产品是为人服务的，"以人为本"是一切营销活动的出发点。

但这不一定适用 B2B 营销方式。你见过多少 B2B 的品牌在传播主张里会去渲染情怀，强调人性？这也可以理解，因为在 B2B 业务模式下，任何一个采购决策代表的都是所在企业，而非个人。

所以，影响决策的不是品牌赋予的情感，当然也不只是产品本身，还有"解决方案""付款账期"等。基于提供的产品帮助目标企业客户解决什么问题，自然所有的决策都是理性的，围绕产品利益本身展开的所有内容营销、渠道营销、大数据营销、场景营销都是为效果服务的。

是的，少了情感的导入，多了冰冷的数字。踏实可靠的"解决方案"加上各种机构验证的数字支撑构成了 B2B 数字营销中打动客户的关键要素。这也自然让品牌建设、营销立意、创意产生、传播实施和内容创新少了诸多发挥的可能性。

4. 媒体渠道和数据量差异

B2B 现在也讲精准营销，但是渠道是有很大变化的，如 B 端的线上渠道领英、脉脉和专门的 B 端采购平台。同时，收集到用户线索后，因为后端还是依赖线下销售和经销商团队的跟进，所以一方面数据量没那么大，另一方面数据链路容易出现断层现象，收集不完整。

5. B 端品牌创始人的 IP 影响力越来越大

很多 B 端的创业企业都是靠品牌创始人的影响力做起来的，如润米咨询，它的创始人刘润本身就是一个大 IP，其运营的公众号、线下讲座、得到 5 分钟商学院一年可以带领团队创收几千万元。这种模式非常适合小微 To B 企业，只需投入领导人的时间精力，用户黏性强，变现方式多，复利持续收益高。当然，前提是要有深厚的专业度和内容生产的毅力。

B2B营销人有三大痛点：没钱，没权，没产出。

B2B数字营销还处在发展初期，并没有太多过往的成功案例，但这也意味着巨大的可探索和成长空间，意味着巨大的发展机遇。

所有的B2B营销人都羡慕数字营销对B2C企业所起到的作用，在以B2C商业模式为中心的消费品企业，成绩斐然的市场部门的地位是无法撼动的，他们每年都拿着几亿元的市场预算，是当之无愧的金主。

B2C的数字化营销模式已经非常成熟，但大部分B2B数字化营销还处在非常初级的阶段，不过，已经有大量B2B品牌在模仿B2C数字营销的打法了，如直播带货、拍短视频做品牌深度交互、以社交裂变的方式提升品牌的增长能力等。

我一直坚持的一点是，在数字化时代，只要市场部建立起数字化的营销能力，B2B企业市场部也能改变自己的地位，终将从支持部门成为核心价值创造部门和利润中心。

为什么这么说呢？我们给市场部的定位不再是花钱部门，而成了赚钱部门。营销界这几年从以"创意"为核心转变为以"效果"为核心，所有高管对市场部的期待及公司对市场部的考核方式都发生了变化。以前是以品牌为主，市场渗透，现在是更为严苛的KPI（Key Performance Indicator，关键绩效指标）考核，如有效线索的数量、获得新客的成本，以及单个客户产生的生命周期价值，这些都落地到真正的"增长"意义上。

3.2.2 B2C数字营销观察

我担任过几次营销奖项的评委，翻看过大量的成功案例，这些案例几乎全部来自B2C的大品牌。2020年我浏览了几百个当年的顶尖营销案例，能获奖的 B2C 品牌大致都有着以下几个"套路"：

（1）用户痛点抓得准。

（2）立意有高度。

（3）有温度，讲情怀。

（4）创新的传播实施方式。

当然，仅满足以上几点还不够，项目再眼花缭乱，最终还是看结果。所以，现在在各大奖项的评分细则中，效果一般要占据 20%～30%的权重。我认为，满足了以上几点，效果便不用作为必然标准，因为这是必然结果。

在 B2C 领域，随着这几年数字营销方式的不断进化和数字技术的不断进步，单一的营销模式已经跟不上时代的变化，也无法满足广告主的需求。虽然我们难以通过一个章节讲清楚所有 B2C 业务模式下数字营销的手段和技巧，但是我们可以通过介绍一些好的数字营销案例来帮助读者挖掘成功的 B2C 数字营销的共性。

以国际上享誉盛名的艾菲奖为例，其评判标准有以下几个：

（1）参赛作品是在什么样背景下产生的，目标是什么，挑战性如何。

（2）洞察、策略和创意是如何产生的。

（3）创意是如何实施的，传播策略又是怎样的。

（4）是否达成了既定的目标。

目前的 B2C 数字营销带给我们很多的思考，以下几点值得关注：

（1）让人耳目一新的案例少之又少。

（2）不管时代如何变化，从创意到效果也好，从美学到科技也好，效果都不是最终目的，效果是完美执行好创意后的必然结果。

（3）许多作品通常都是大品牌、大手笔，乏善可陈。

（4）好的创意需要好的团队去实现，所有创意普通但执行完美的案例都让人印象深刻。

（5）在营销创作的过程中，容易因为强调技巧而忽略品牌DNA。

（6）好的作品会跳出单一品牌本身，探索更大的格局，如作为领导品牌为行业代言，替消费者发声。

> 好的作品到底有什么共性？
>
> 三流作品买流量，重转化。
>
> 二流作品卖情怀。
>
> 一流作品通人性。

当然，在实际的营销活动中，管理层都是看数字的，如取得了什么样的转化率，和同行比怎么样，和历史数据比怎么样等，我们汇报的时候也习惯了这个格式和模板。

一个好的营销作品的诞生，始于客户洞察，终于客户洞察。

消费者需要什么？什么能够打动他们？什么能够给他们带来美好的体验？回答了这几个问题，我们才是真的回答了Why的问题。然后才是基于这些Why的洞察，回答品牌能给什么？我需要做什么样的营销创新来解决这些问题？我能做哪些不一样的事情来打动原来购买其他品牌的消费者？我们平常所说的"场景营销"，其本质也是基于消费者洞察，打造以客户为中心的接地气的营销方式。这部分内容后面会详细展开。

做营销也是需要"共情"的，体验消费者之体验，感受消费者所感受。

最后才是 HOW，技巧+执行。

我在担任评委的过程中看到许多应用各种技巧想要脱颖而出的参赛案例，如奇葩说蹭热点植入，跨次元双星代言，网红李佳琦传奇走红之路引共鸣，传统文化与人工智能技术的跨界大作等，这些都令人耳目一新，但是如果没有消费者洞察作为创作的起点，没有对品牌 DNA 的传承，任何技巧和创意都是空洞无力的。

2020 年是网红直播大火的一年，因此大赛也特意设置了新的类别和评审专场，"意见领袖类"本意是嘉奖那些通过兴起的意见领袖帮助提升品牌影响力的作品，嘉奖对象可以是品牌方，可以是 MCN 机构，也可以是代理公司，但是也很遗憾，提交的很多作品并没有将"意见领袖"和"流量明星"分得很清楚，看到的作品很多是关于明星代言的，不免落入俗套。

虽然我们处在一个快速变化，强调个性化的时代，但人性最深处的本质不变，对优秀营销作品的核心定义标准就不会变。

B2C 数字营销也一样，营销基于消费者，为消费者服务，抱着这种心态做营销，企业才走得远。

3.2.3 B2B 和 B2C 数字营销共性

B2B 和 B2C 的数字营销，有差异点也有共同点。

回到我对数字营销的定义：

数字营销是企业在消费者注意力碎片化的时代，通过"内容"抓住用户的"长尾"需求，以数字化工具为底盘，精细化运营"留量"以达到品效协同营销效果的一种营销方式。

如果是在 B2B 的商业模式下，那么这里的"消费者"代表的就是"企业客户"。企业客户的属性不一样，如企业客户所属行业、规模不同，对产品的需求也存在差异，但数量足够庞大的企业用户就组成了这里的"长尾用户"，我们同样需要对这些企业用户进行精细化运营，而这个精细化运营的对象也是个人，只不过这个人代表的是他的职业需求，而非个人需求。

同样在 B2C 商业模式下，虽然品牌对消费者购买决策起着决定性的作用，但是现在的 B2C 企业对效果的重视程度一点都不比 B2B 企业低，很多企业取消 CMO（Chief Marketing Officer，首席营销官）岗位，新增 CGO（Chief Growth Officer，首席增长官）岗位，在某种程度上就反映了企业对效果的重视。

内容营销不管对于 B2B 还是 B2C 来说都非常重要。B 端对内容的深度要求高，专业性强，较少掺杂用户心理和情感因素，但是很多 B 端的商业模式本身都是靠内容做起来的，如刘润微信公众号，吴晓波频道微信公众号，罗振宇的得到 App 等。

所以，我们在商业模式截然不同的情况下，仍然能够发现数字营销的共性，这便是数字营销的底层逻辑。B2C 很多的新鲜玩法不重要，B2B 营销难也不重要，重要的是以人为本、以消费者或客户为中心、以数字化的方式展开设计、以满足他们个性化的需求为目的。

在两者的营销模式上，业界有两种截然不同的观点，一种是 B2B 就是 B2B，是和 B2C 完全不同的商业模式，B2C 就是 B2C，B2C 的营销方式虽然先进，玩法众多，但是对 B2B 没有什么参考意义，B2B 有它自己的客户属性和渠道属性，认为品质为先，营销是锦上添花。第二种观点是 B2C 中比较先进的营销方式可以给 B2B 提供很好的参考。

我相信两者是有共性的，B2C 成功的营销方式仍然可以给 B2B 的营销探索提供宝贵的参考。营销人如果有 B2C 的背景,那么对他 B2B 的营销工作也会非常有帮助。如果营销人能针对特别的业务场景进行思考,借鉴 B2C 的营销打法来进行 B2B 营销模式的定制,那么一定会有出其不意的突破和创新,而创新正是取得营销成功的关键。

很多品牌是有品牌红利的,在过去的几十年,很多品牌通过大量的广告打出了名气,然后通过品牌影响力吃老本。但最近几年我们能看到的一个现象是,这些擅长做品牌的传统企业也开始拥抱数字化营销。在很多企业中,我相信 B2B 和 B2C 这两种商业模式都是同时存在的,无论是对接渠道,还是对终端消费者,B2B 和 B2C 数字营销必须双管齐下。

3.3 大数据驱动数字营销新增长引擎

过去两年数字化取得了史无前例的发展。无论是政策层面的重视,还是社会形势的演变,这个数字化时代都赋予了企业通过"大数据营销"去优化营销投入产出,和竞争对手拉开差距的可能性。

在客户体验设计中,数据是核心,基于数据优化体验流程,基于数据做客户价值的判断,基于数据投放广告。

数据对数字营销转型的重要性比以往任何时候都显得重要,对数据的建设和利用将是未来数字化转型的核心。

3.3.1 什么是大数据营销

如果说只能用一个词来形容目前数字营销的核心优势,我认为是"大数据"。

大数据营销是依托于互联网海量数据，通过对数据进行采集、分析及预测，将大数据广泛应用于营销行业的一种营销方式。

大数据到底指哪些数据呢？我们通常会用第一方数据，第二方数据和第三方数据来概括数据范畴。

什么是第一方数据？

第一方数据是指企业直接从受众（包括客户、网站访问者和社交媒体关注者）那里收集的数据。它可以是通过自己的网站或者小程序获得的线索数据，也可以是微信公众号的粉丝数据，还可以是自己的电商网站获得的客户数据，等等。

什么是第二方数据？

第二方数据是对第一方数据的延展，是企业通过第三方工具获得的数据，如第三方网络广告、网站监测数据等。第二方数据仍然是和自己客户相关的数据，只是这个数据无法自己获得，需要靠第三方工具。

什么是第三方数据？

第三方数据是从外部购买或由第三方平台提供的电商数据。国内有一些数据购买工具，如企查查、天眼查等。通过这些平台不仅可以了解你客户的基本信息，还可以进一步得知和你客户相关的更多信息，如企业的经营范围、收入和利润等。

从数据的类型上，我们又可以将数据简单分为两大类。

第一类是聚合数据，这类数据用于衡量数字化营销活动的整体现状及投入产出比，如广告展现、广告点击和转化、CPC（Cost Per Click，每点击一次计费）、CPM（Cost Per Mille，千人印象成本）、网站浏览量、跳出率、停留时长、留资数量、CPL（Cost Per Leads，线索成本）、线索转化率、新客户数量、CPA、老客户占比、Retaining Rate（留存率）、GMV 电商平台销售额等。

第二类是基于个体的客户数据，又可以将其细分为以下几种数据类型（可总结为 BATP）：

① 客户行为数据（Behavior），比如他在你的网站上停留了多长时间，浏览路径是什么，感兴趣的产品是哪些，和你交互频率如何，微信上都留言什么内容，什么时候成了你的会员，等等。

② 媒体归因数据（Attribution），比如首次被广告触达是什么媒体，中间经历过哪些媒体的再次触达，最后一次触达导致他做出相关行为是由什么媒体所致的，以上都是基于个体的媒体归因数据。理想状态下，一个客户从第一次接触品牌广告，到最后完成购买转化甚至复购的每一个触点和外部因素都可以被监测到，但这在现实世界里很难做到，一方面是因为用户数据的隐私保护，另一方面是数据技术仍有难关需要克服。

③ 客户交易数据（Transaction），比如这个客户购买了什么产品，何时购买的，最近一次购买是在什么时候，一年销售额贡献度是多少，平均每笔交易金额是多少，是否有交叉购买或向上购买的情况，等等。

④ 360 度客户画像数据（Persona）（见图 3-8），比如他来自哪里，什么职业身份，性别、姓名、电话、邮箱地址、兴趣爱好是什么，平时有哪些媒体浏览习惯，甚至身高、体型、偏好品牌，等等。

客户画像是客户本身自带的数据，即使没有和你的品牌产生任何关联，也会有这些数据。而客户的行为数据、交易数据和媒体归因数据都是在客户和你的品牌产生关联后产生的数据，更加具有针对性，但是获取这些数据的首要条件是必须让客户对你的品牌产生兴趣。

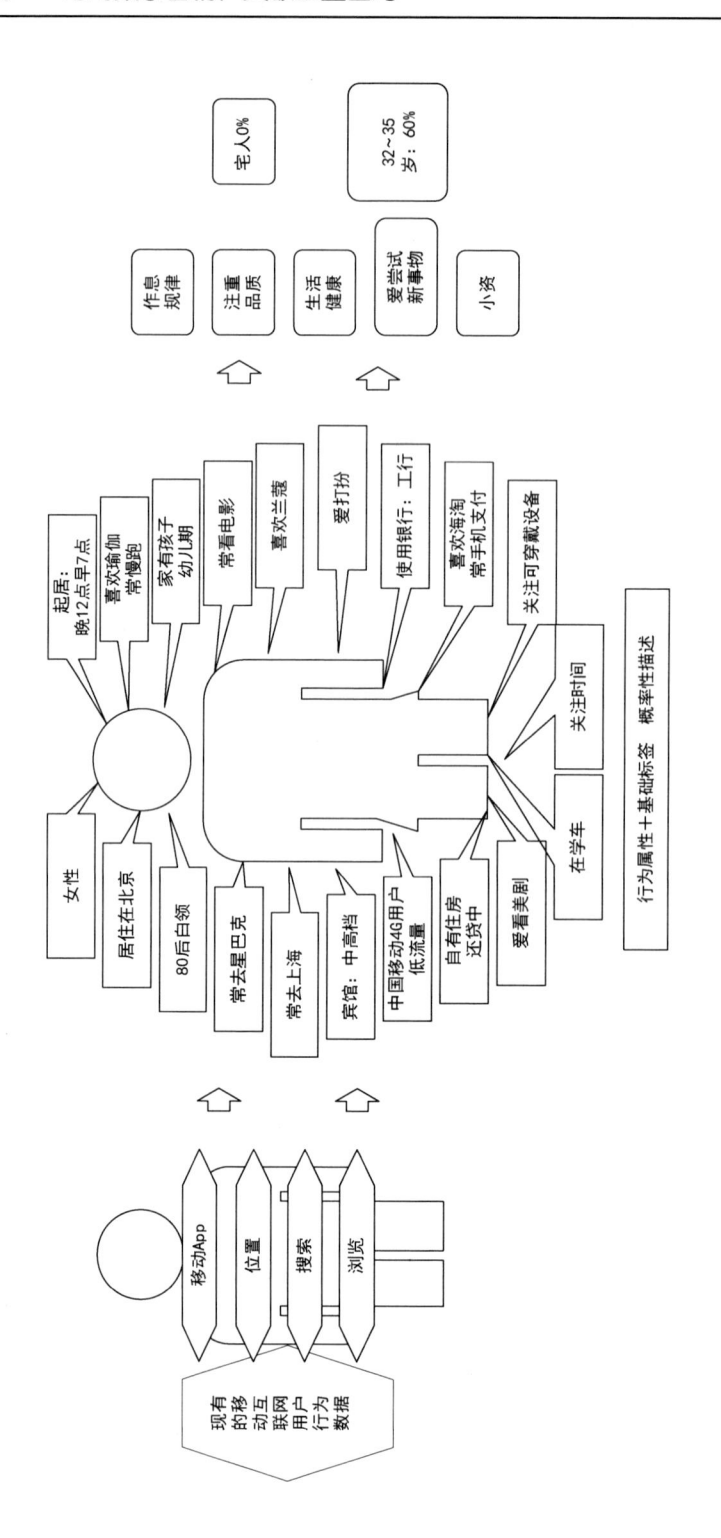

图 3-8

3.3.2 大数据营销的意义

数据之于数字营销如同水之于鱼。大数据营销的意义到底体现在哪里呢？

第一，数据赋予了数字化团队提升数字营销效率的可能性。

通过对各个数据维度的分析和精准推送，我们可以达到将正确的消息在正确的场景下传达给正确的目标受众的目的。

企业首先定义好想要触达的目标人群特征。现在的各大媒体平台都有自己的标签体系，可以通过将想要触达的人群特征和媒体平台的标签体系进行匹配，来精准触达想要投放的人群。精准的标签体系可以有不同的维度，如年龄、职业、性别、兴趣关键词、地域等，如果是在 B2B 业务模式下，还会有一些特别的标签，如所属行业、企业经营范围、担任职务等。这些都可以帮助企业筛选出与目标客群无关的人群，精准定位自己的目标受众。

相似用户群放大就是企业可以通过已有成交或留资的用户，圈选出具有相似特征的人群，通常的做法是通过加密的方式将第一方数据上传至第三方平台，以进一步圈选出跟实际业务更加接近的客户群体，改善人群触达的有效性。

还有一种是再触达/再营销，这种方式也被广为使用，主要是对已经点击过广告或浏览过网页，但没有留资的用户进行再触达。这个客群相当广泛，一般从广告点击到留资的比例不足 1%，也就是说 99%的人都有被再营销的空间。消费者从了解产品到做出购买决策，也会经历一定的时间和过程，所以再营销就显得非常有必要了。第一次触达时客户点击了广告，说明客户还是产生兴趣了，但还没有到让客户心动的地步，那么就可以对其进行再触达，直到客户愿意再往前一步，这是再营销要达到的目的。

第二，可以更好地应对个性化营销时代。

广告方的理念，已经开始从"品牌导向"向"客户导向"进行转变，品牌方也逐渐从专注于自己的产品中走出来，转而关注消费者和用户。现在是用户需要什么，企业就提供什么，而不是企业生产什么用户就买什么。

这是个彰显个性的时代，现如今消费者的需求千变万化，传统的通过大众媒体去触达所有受众的方式已经不那么受用，品牌需要建立与消费者进行1对1沟通的方式，以满足不同消费者个性化的需求，增强品牌和消费者之间的黏性。因为消费者身上带有不同的标签，大数据赋予了企业主切实了解消费者个性化需求、进行1对1营销的可能性。比如，麦当劳通过AI技术向客户自动推荐菜单，这样既达到了满足客户个人需求的目的，又可以清库存。

第三，大数据可以驱动营销决策。

大数据的意义不仅在于优化营销活动，带来更好的营销结果，帮助企业节省预算，实现降本增效，更重要的是大数据能够驱动关键决策。

以前市场部做营销活动时，什么创意好，以什么样的形式去实现，哪些方面值得投入，哪些方面不值得投入，钱应该花在什么地方等都是凭借市场总监的直觉和喜好决定的，但市场总监并不能代表用户，这样决定太主观。如果这只是市场部的事情还好处理，自己部门的事情自己部门负责，但数字化营销转型涉及几个部门，这个时候该谁做出决策、如何决策就是个比较头疼的问题。

比如，在上线某个工业新品的数字化推广活动时，销售、渠道和市场可能对将哪些行业客户作为重要触达终端会有不一样的理解。销售人员往往凭借市场开拓经验给出观点，但经验不是永远都可靠的；而渠道人员则根据经销商的反馈给出不同的观点。这时，我们可以用大数据分析目前通过数字化渠道触达并转化的终端客户主要集中在哪些行业，以及结合市场调研对每个行业的市场潜力做出综合判断来决策。

又如，某美妆品牌通过数据银行和天猫行业对人群进行交叉汇集，通过品牌方数据沉淀和平台方的数据匹配形成精准人群触达策略，展现的结果是投资回报率高于店铺相同标签人群的 2.5 倍。用户是什么样的标签和什么样的内容呈现形式是有效的，取决于投资回报率。

在大数据时代，数据帮助企业管理人员做出客观正确的决策，从而提升企业营销运营效率，这是大数据营销的显著特点。

第四，具有敏捷性价值。

加强敏捷性大概是现在所有跨国企业都想要改革的方向。根据实时的数据监测，挖掘出转化率高或低的原因，及时调整营销行为，这是数据敏捷性可以带来的显著利益点。数据看板可以做到实时展现营销的各类数据，以便协助快速决策和行动。而在今天，敏捷性、快速反应和行动几乎成了企业成败的关键。

第五，大数据技术和算法创造了营销预测的空间。

通过大数据我们还可以根据以往的媒体投放效果预测未来数字化营销活动的有效性，估算投资回报率，再结合下一阶段的营销目标，进行营销投入的计划，避免营销费用的浪费。

3.3.3　大数据营销的原则

虽然大数据营销是完全不一样的数字营销方式，但在制订大数据营销策略时仍然有一定的规律和原则可以遵循（见图 3-9）。

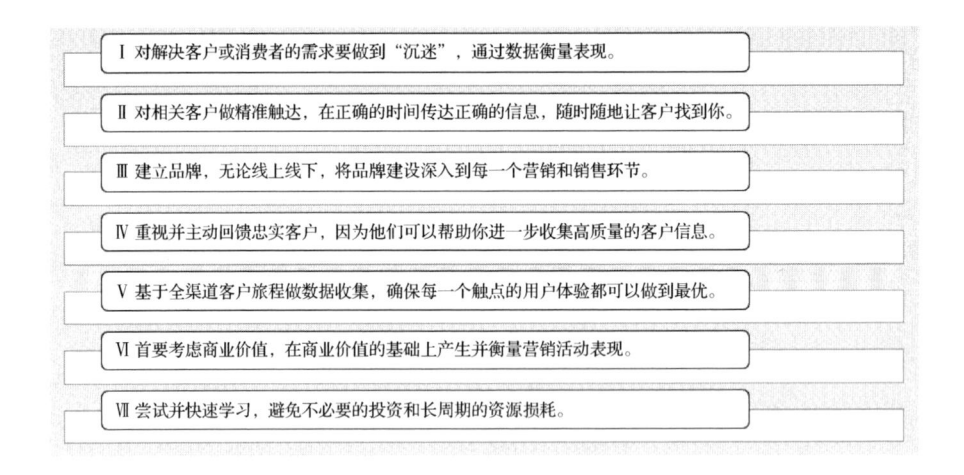

> Ⅰ 对解决客户或消费者的需求要做到"沉迷",通过数据衡量表现。
>
> Ⅱ 对相关客户做精准触达,在正确的时间传达正确的信息,随时随地让客户找到你。
>
> Ⅲ 建立品牌,无论线上线下,将品牌建设深入到每一个营销和销售环节。
>
> Ⅳ 重视并主动回馈忠实客户,因为他们可以帮助你进一步收集高质量的客户信息。
>
> Ⅴ 基于全渠道客户旅程做数据收集,确保每一个触点的用户体验都可以做到最优。
>
> Ⅵ 首要考虑商业价值,在商业价值的基础上产生并衡量营销活动表现。
>
> Ⅶ 尝试并快速学习,避免不必要的投资和长周期的资源损耗。

图 3-9

以上这些原则都是在实际工作中遇到使用大数据场景时,从碰到的真实问题中总结出来的,它基于实践经历。

(1)如果对客户或消费者的问题做不到深入了解,你收集到的数据就是没用的数据,即便有了数据也不能帮助解决实际问题,做出正确的营销决策。

(2)让客户随时可以找到你很重要,因为有一些行业的知名品牌是争相仿冒的对象。如果品牌方不好好做 SEO 和 SEM,那么你的客户输入关键词搜索出来的可能就是你的竞品或假货。所以,如果客户很喜欢通过搜索找到你的产品,那么就需要好好做 SEO 和 SEM,不然做了大量的品牌广告,用户到了搜索渠道可能找到的却是竞品,那么大量的品牌广告也就浪费了。

(3)品牌建设应该深入到营销的每一个环节。品牌是根基,大数据是工具,依托大数据洞察扎实做好品牌建设才是硬道理。不然,数据洞察和数据模型建设得再好,少了品牌作为支撑,数据的质量、客户的质量都会打折扣。

(4)在了解客户的基础上还要做出一些回馈行动,以表示你对他们的重视。你可以在你的数据库里对收集到的成千上万的客户进行分类。对客户分类有很多种方式,比如常见的 RFM(Recency, Frequency, Monetary),R

代表客户最近一次购买是什么时候，F 代表购买的频次，M 代表购买的金额。基于 RFM 这个维度可以将用户分成以下几类，如潜力用户、新用户、流失用户、重要价值用户、重要深耕用户等。我们拿流失用户来说，它的 R 值一定是非常高的，也就是说客户在很久以前购买过你的产品，已经许久都没有购买行为了，那么这种用户就非常容易流失。

完成客户分类后，对于一些非常重视且贡献很大的客户一定要做出一些福利回馈，因为他们是你最好的代言人。

（5）数据收集只是第一步，数据利用才是关键。数据的利用基础还是要回归消费者旅程。利用数据的目的是优化每一触点的客户体验，激活消费者，让消费者与品牌保持持久深入的互动。

（6）进行大数据营销的最终目的是什么？是做出决策进行正确的营销活动吗？这其实只是手段，进行大数据营销的首要目的是帮助企业创造商业价值。商业价值体现在销售收入、业务增长、利润的增加、品牌溢价能力的提升等方面，能够证明其价值，长期在这方面的投入才有的放矢。

（7）永远不要等到你觉得完全准备好了才开始进行大数据营销。有些企业比较保守，无论是对数据的隐私保护，还是对投资回报的考量都比较谨慎。战略框架搭好、人员配置好、供应商找好、有了详尽的规划才开始着手进行大数据营销的实践是不现实的也是没必要的。我们应该快速投入实践并不断学习，从某一个具体营销活动开始实践简单的数据营销，快速学习和迭代，直至整个数据营销体系越来越成熟。

3.3.4 大数据是把双刃剑

大数据营销的概念很新，大家似乎对"数据"总是有特殊的感情，觉得它很客观，能解决很多问题。它代表着一个营销时代的发展，颠覆了市场营销人员甚至这个行业对营销的期待，它蕴藏着巨大的潜力，刷新了营销人员的认知。

但是，美好的东西总是也存在着另外一面。大数据是把双刃剑，数据泄露、丢失、滥用等情况屡见不鲜。

你是不是经常也会受到一些莫名推销电话的骚扰？你今天帮孩子报了一门课外辅导课程，过几天你的个人信息可能就被共享了，你可能会接到保险公司的电话，也可能会接到售楼公司的电话。大数据隐私保护和每个人息息相关，数据隐私保护也成了公众最为关切的问题之一。

我国相关部门在过去几年先后出台了一些有关信息安全技术的法律法规，如2016年出台的《中华人民共和国网络安全法》、2017年发布的《信息安全技术个人信息安全规范》等，这些法律法规都对个人信息做了明确说明，并提出商家对个人信息的使用要符合法律法规的要求。

在个人信息的使用上，很重要的一点是一定要得到消费者的同意。所以你在网页上留下个人信息的时候，广告主经常会询问你是否同意个人信息被品牌方获得，并用于接收进一步的信息（见图3-10）。

图3-10

疫情之下，中央网络安全和信息化委员会办公室公开发布《关于做好个人信息保护利用大数据支撑联防联控工作的通知》（以下简称《通知》），明确为疫情防控、疾病防治收集的个人信息，不得用于其他用途。任何单位和个人未经被收集者同意，不得公开其姓名、年龄、身份证号码等个人信息。

这是一份关于个人数据隐私保护的规范性文件，这份文件在疫情防控下为相关决策部门对数据的利用提供了非常重要的参考。企业也一样，一方面大数据为企业提供了非常大的商业价值，释放了其营销潜能；但另一方面如果数据没有得到正确的利用，企业的宣传"广告"被消费者看作是"骚扰广告"，不但品牌的信誉会受损，品牌的声誉也会大打折扣。

2021年11月1日，《中华人民共和国个人信息保护法》（简称《个人信息保护法》）正式实施。《个人信息保护法》对过度收集个人信息、大数据杀熟、人脸信息等敏感个人信息的处理作出了明确规定。这部可以说是迄今为止最为严格的个人隐私保护条例，对企业的营销部门、互联网公司都将产生较大的影响，尤其会对收集用户个人敏感信息，应用终端客户数据进行精准营销的行为产生限制，比如你在打开百度搜索App时会出现"已进入无痕浏览"的提醒。数字营销行为也会因此产生重要的转变，营销的ROI也可能因此降低。

在全球范围内，最著名的关于数据保护的条款非GDPR莫属了。

欧盟议会于2016年4月14日通过的《通用数据保护条例》（General Data Protection Regulations，GDPR）于2018年5月25日在欧盟成员国内正式生效。该条例的适用范围极为广泛，任何收集、传输、保留或处理涉及欧盟成员国内个人信息的机构组织均受该条例的约束。

GDPR的地理适用范围随着条例的实施正在不断扩大，一些在中国境内开设业务的欧盟体系内跨国公司在向本国公民提供产品和服务时，涉及消费者数据采集和使用的暂时还没有受到 GDPR 的管辖。

随着公众对个人隐私保护意识的进一步增强，相信在数据保护方面的法律法规也会越来越严格。国内企业在本国范围内从事大数据营销活动时，一定要密切关注国家法律法规对数据保护的各项要求，和法务部门、IT 部门密切合作，严堵数据漏洞。对于在境外从事商业活动的国内企业，或是在中国本土范围内从事业务的跨国公司还必须留意所从事业务活动所在地及母公司所在地的法律法规。

3.3.5　大数据营销的发展和应用

市场变化之快超乎想象。大数据的出现及开始被各大企业重视并充分利用也就是这几年的时间，每家企业对大数据的处理情况都处在不同的阶段，有些才刚开始进行数据库的建设，有些已经搭建了数据中台，还有些走在比较前端的可能对数据模型的应用已经非常成熟了。

大数据营销不是一种选择，而是一种必然。如今数据对数字营销的重要性堪比鱼和水的关系，所以，相应的能够洞察大数据的演变趋势、充分抓住大数据营销机遇的企业一定会在未来激烈的商业竞争环境中拔得头筹。

那么，现在的大数据营销呈现出什么样的现象，面临着什么样的发展趋势呢？

- 日益上升的获客成本增加了品牌渴望将客户数据变现的紧迫性。
- "新冠肺炎疫情"使通过私域流量提升全漏斗转化效率的方法变成"新常态"。
- 由于消费者行为的多变性、复杂性、不确定性，数据散落在各个触点。

第 3 章　数字营销增长全新方法论

- 客户行为数据通常比统计学数据更有用。
- 未来是大数据和人工智能技术如算法、数据计算、机器学习的结合。
- 第一方数据和第三方数据必须基于品牌和用户交互场景整合使用。

媒体投放的价格越来越高，竞争环境激烈是导致企业获客成本不断上升的主要原因。对于获客成本上升这件事，除企业优化自身的营销行为降低运营成本外，激烈的竞争环境是客观原因，谁也无能为力。所以，呈现的首要现象是企业非常渴望将不断上升的大数据营销的商业价值充分体现到企业的商业行为中，并且需求迫切。

如果我们将客户的消费者旅程进一步简化，并与数据营销的目的和手段结合起来，就得到了如图 3-11 所示的模式。

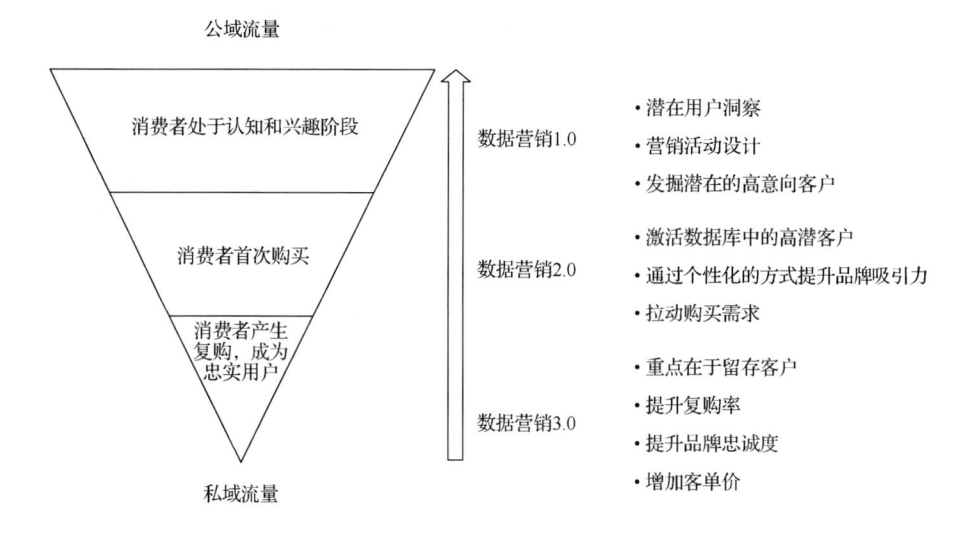

公域流量

漏斗层级	数据营销阶段	核心要点
消费者处于认知和兴趣阶段	数据营销1.0	・潜在用户洞察 ・营销活动设计 ・发掘潜在的高意向客户
消费者首次购买	数据营销2.0	・激活数据库中的高潜客户 ・通过个性化的方式提升品牌吸引力 ・拉动购买需求
消费者产生复购，成为忠实用户	数据营销3.0	・重点在于留存客户 ・提升复购率 ・提升品牌忠诚度 ・增加客单价

私域流量

图 3-11

随着"新冠肺炎疫情"的爆发，企业充分利用营销漏斗下半段私域流量的数据提升整个营销漏斗的转化率成为一种全新的常态化的趋势。

"新冠肺炎疫情"期间，居民的活动自由受到约束，企业的营销人员出去开拓新业务、获得新客户也变得更加困难，怎么办呢？那就是充分利用已有数据库中的客户资源，把已经取消或暂停的客户项目重新激活，通过再触达，做已有客户的增长。企业数据营销的重点从营销漏斗上半段向下半段转移，盘活私域数据，拉动高潜客户的需求，促进转化及提升已有客户的价值贡献成了数据营销的主流。

企业在数据的利用层面存在很大的挑战，除了多方数据外，获得数据的触点也是纷繁复杂。第一方数据获取平台主要有官网、微信公众号、小程序、App、微信的服务号，营销事件监测如H5活动页面和通过广告和网站监测工具获得的各类转化数据。第三方数据获取平台主要有各大品牌天猫旗舰店、京东旗舰店、经销商授权专营店、第三方数据提供商如天眼查及其他合作企业数据。

新时代的市场营销拥有比以往任何时候都多的与用户互动的渠道和触点。以前市场营销是以传播信息为主，主要渠道有户外广告牌、报纸杂志、电视、广播等，但是今天，沟通的介质和媒体发生了巨大的变化，现在所有的渠道和触点如行业网站、社交媒体、短视频媒体、微信公众号、门户网站、视频网站、App等都是数字化和移动化的。

同时，由于消费者行为的多变性、偶然性和不确定性（只要有品牌和产品出现的地方，就会留下数据）数据散落在不同的触点，这使数据的采集和整合成为巨大的挑战。

第一方数据是企业进行大数据营销的最好起点。据统计，大部分品牌只利用了其第一方数据库中5%的数据，95%的第一方数据潜藏在品牌方的数据库中并未被充分利用（见图3-12），而利用自己数据库中的第一方数据比利用第三方数据要快速且高效得多。

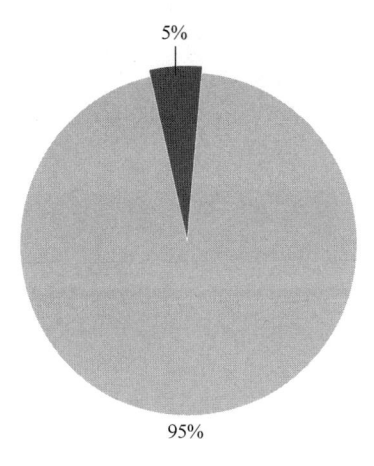

```
         5%



              95%
   ■ 已拥有但未应用的    ■ 已应用的
```

图 3-12

由于很多数据如行为数据、用户个性化数据、ID 数据都在第三方平台手里，要在这个基础上去扩展并丰富第三方数据是一件非常困难的事情，因为要扩展和丰富第三方数据我们必须将第三方和第一方数据打通，让散落在各个消费者旅程的各个触点串联起来才可以。

通过手机号去判断是否是同一客户成了主要的数据整合标记手段，但这个前提是用户已经到了营销漏斗的中段，已经在某个地方留下了信息成了你的潜在客户，如果是这种情况，整合他在不同触点留下的行为数据就容易实现了。

一般情况下，品牌商家需要为用户提供一些特别的福利来引导用户留资，例如，麦肯锡季刊（McKinsey Quarterly）网站会根据注册用户留下信息的完善程度给用户提供不同的福利，如果用户只留下了邮箱地址，那么用户可以定期收到文章推送；如果用户注册时留下了更多的个性化信息，那么平台会根据用户的兴趣爱好提供更多个性化的服务（见图 3-13）。那么，用户为了得到更好的免费服务，自然愿意提供更多信息了。

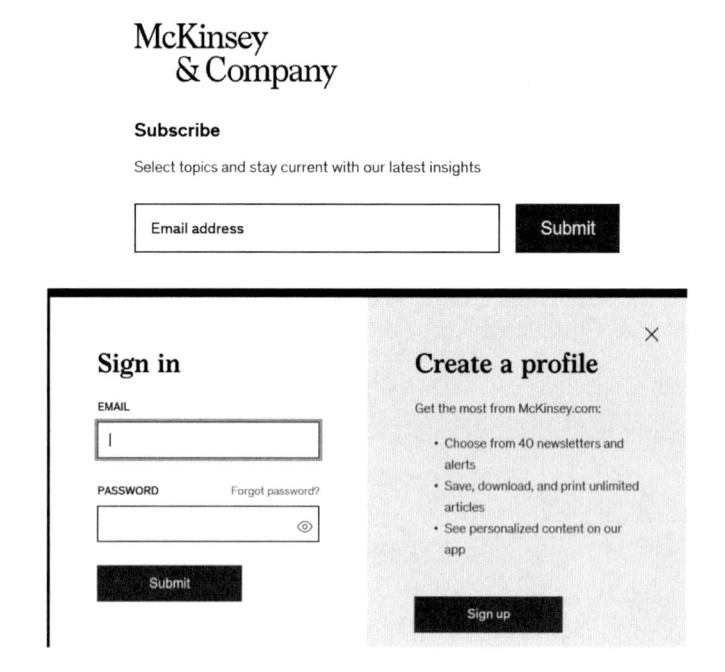

图 3-13

其他品牌商家惯用的手段还有很多，如样品免费试用、发放折扣券、免费注册会员获得积分等。

很多企业的数据库里存储着大量的潜在客户和成交客户的信息，可能有成千上百万，但是要知道，这其中留资的用户却只是它的冰山一角。每一次大型的广告投放都能产生上亿的曝光和上百万的网站浏览，这些在你网站上留下轨迹的用户如果没有留资，那么对这部分数据的利用就是基于 Cookie 的再触达为主，以达到用户在第一方平台留下信息的目的，而如果用户没有在平台留资，依旧无法对单个用户的具体行为做进一步分析。

同时，第一方数据和第三方数据也必须结合业务需求本身，与用户的需求场景相结合，交叉使用。

如果商家不能将第一方数据和第三方数据完全打通，那么每一项数据就像是一座孤岛，彼此产生不了联系，这将导致商家对用户行为的判断和用户需求的洞察失准，进而误导营销决策。所以，以客户为中心，结合业务场景将第一方数据和第三方数据交叉使用对驱动营销全链路转化尤为重要。

在数据维度层面，通常消费者的个性化行为数据比统计学数据更重要，个性化行为数据展示的是消费者对产品的喜好度、消费者与品牌互动的广度和深度、消费者购买的是哪种产品及未来复购和可能性等。而统计学数据展示的是消费者的姓名、性别、年龄、学历等信息。

消费者个性化行为数据能够预测未来类似的客户群体的购买行为及购买可能性，这是消费者个性化行为数据研究和利用的最大意义，也是更深层次的数据，有了这些数据，商家就可以立即制定和客户互动的内容和方案，进而获得更好的转化效果。

而统计学数据更像是整体数据，你可以获得，竞品同样可以获得，其提供的数据洞察非常有限，所以获得这些数据对营销活动的指导意义并不是很大。

上面说到获得并利用好这些客户个性化行为数据至关重要，同时，这些个性化行为数据也必须和营销漏斗后段的交易数据结合使用，从而形成一个更加完整的属于品牌自己的360度用户画像。

360度用户画像形成后，不仅可以帮助品牌方更好地服务现有客户，提升已有客户的价值，更重要的是可以对未来最有可能成交的客户群体进行预测，并进行相似客户群体分类（见图3-14），为未来制定个性化营销方式提供数据洞察。

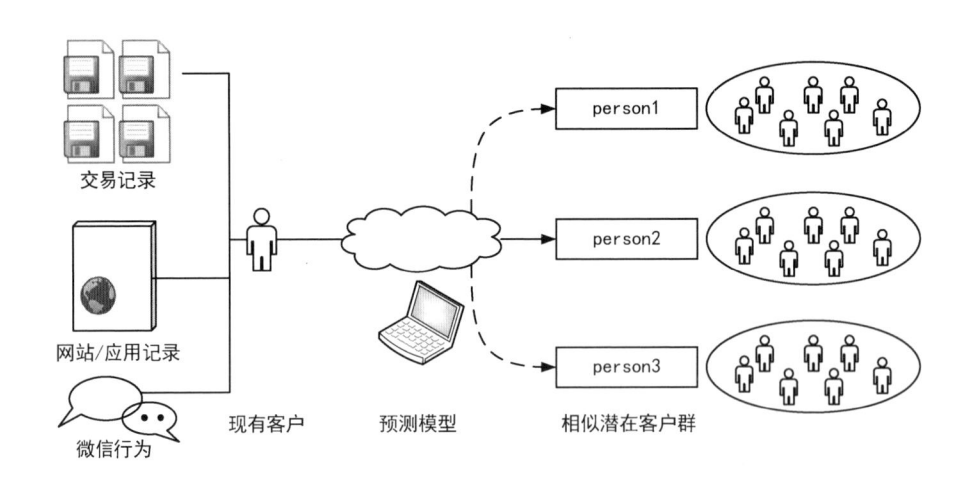

图 3-14

基于此我们可以展望一下大数据营销的未来：

更多的数据以帮助企业更好地理解用户

+

更多的可能性去建立强有力的客户关系纽带

+

更多的选择以监测每个触点的营销变现

=

更多的机会通过数据营销驱动企业营销关键决策

随着市场环境多变性的不断加剧，AI技术产生的学习曲线也将创造出更多的商业价值，突出体现在：更精准（减少"有可能""似乎是这样"的决策），更精细（对所有营销维度如活动、渠道、创意等进行全面差异化的追踪和优化），更可复制（大数据方法论的启示，洞察在商业模式中可复制）。

未来的大数据利用必须结合最新的数字化工具和技术手段，如算法和人工智能。算法可以不断迭代，优化数据模型；而人工智能可以帮助数据得到最优程度的利用，如自动化的 A/B Testing。快速测试的结果加上机器的自我学习，让创意测试不受时间和空间的限制，做到真正指导营销决策，并创造更高效率。

作为大数据营销的底层逻辑，AI 人工智能技术加强了数据在营销中的竞争优势，从而让数字化营销获得一种可以通过自动化的决策优化营销投资的天赋。

3.3.6　企业如何构建数据化能力

构建数字营销核心能力很重要的一方面就是构建数据化能力。

现在很多企业都设立了数据科学家、分析师、构建师这些新型的岗位，随着对大数据营销能力需求的不断提高，这些岗位会越来越热门，这方面的人才也会越来越难找。通常，企业在构建核心数据化能力的时候，要具备以下几项条件：

1. 对数据本质的认知能力

认知是思考和行动的基础。首先是建立起从上到下的认知，了解数据的核心价值，了解数据对企业构建新营销模式的重要性，然后才是怎么用数据。这个认知必须是由上到下建立起来的统一认知，如果只有高管意识到数据的重要性，那么目标和执行就会脱节。而如果只有项目执行层理解数据的本质，得不到上面的支持，也很难拿到资源推进项目。

2. 对数据进行收集、整合和治理的能力

数据的收集是一个艰难的过程，我们前面提到数据是散落在不同触点的，这些数据可能为不同的部门所有，所以数据的收集、整合、协同就是一个非常漫长的过程。

收集到数据之后还要去统一不同数据的定义，因为同一个数据在不同所有者手里其定义可能不一样，比如复购率，多久以内再次购买才算复购？在什么时间段内比？这个都是大企业会遇到的问题。

由于数据是源源不断流入的，所以在将这些数据收集、整合到位后，就涉及数据的统一管理问题，如应该建立什么样的规范流程对数据进行统一管理，什么数据场景下应该由谁来做什么，该怎么做等。这需要建立一套系统的架构，里面包含组织、工具、制度、流程等，其核心是提升数据的长期价值。

3. 大数据相关人才招募和培养的能力

数字化人才是新型紧缺人才，除了从人才市场上进行招聘外，企业也可以自己培养，这也是很多大企业采取的人才发展措施。

4. 掌握数据分析工具和数据应用工具的能力

企业需要具备从市场上寻找相应工具并利用这些工具解决实际业务问题的能力。

5. 将业务问题转化为数据问题的能力

业务上会有很多痛点，比如电商销售额不达标，当出现这种问题后，我们应该研究清楚到底是哪个环节出了问题，是数字营销转化率低的问题还是运营层面如发货慢、库存短缺的问题，这些问题其实都是可以通过将其拆解并分到每一个具体的数据指标上去的。所以，这方面的数据人才除了要懂数据本身以外，还要懂业务。

如果从外面聘请相关专业人员，其很难在短时间内完全理解企业内部的业务并给出实际建议，所以，很多大型企业都会选择自己培养这方面的人才。

6. 进行数据建模和数据洞察的能力

工具只是工具，是实现具体目的的手段。数据人才要能根据业务需求，将其转化为数据应用机会，构建数据模型，并在数据模型构建之后，搞清楚不同数据所指代的意思及对业务结果意味着什么，能从数据中读懂商业逻辑将故事讲出来。数据看上去是冷冰冰的东西，但是最终目的还是为了讲好商业故事。

3.3.7 大数据营销策略框架设计

我们还是基于营销漏斗模型，对用户转化流程进一步简化。

当消费者处于前链路即认知和兴趣阶段时，数据营销需要进行的是潜在用户的洞察和营销推广活动的设计，主要目的是为了发掘潜在高意向客户。

到了消费者首次购买阶段，第一阶段的部分高潜客户已经转化，但仍然有一部分还未激活，那么这个阶段的数据营销就是为了激活高潜客户，并针对高潜客户的需求进一步提升品牌吸引力，直至最后拉动更多购买需求。

而到了忠诚度阶段，这个阶段的典型特点是消费者会反复复购，大数据营销的设计就在于留存，提升复购率和忠实粉丝的数量，提高购买频率和客单价。

企业数据营销的重点应该从营销漏斗的上半段向下半段转移，盘活私域数据，拉动高潜客户的需求，促进转化及提升已有客户的价值。

那么，如何制定大数据驱动的营销策略呢？下面我分享一个简单的套路供大家参考。

第一步是设定目标和消费者洞察。目标一定要清晰，要分阶段地将目标进行拆解，可以按照 OKR（Objectives and Key Results，目标与关键成果法）

的思路，即关键要达到的具体目标是什么，为的是达成什么样的关键成果。

比如，目标可以定成这样：一年内加速客户拉新。将这个目标拆解成子项目，得到两个要达成的关键结果：第一，新客数量同比增长100%；第二，将客户转化时间缩短一半。

在这两个关键结果的支撑下，分别建立子项目帮助两个关键结果的达成。第一步中还有一个关键步骤就是进行消费者洞察，我们可以通过历史客户数据的收集和分析去挖掘数据库中客户的行为和特征。

第二步是大数据建模规划和 KPI 的制定，这也是最关键的一步，即建立什么样的数据模型去帮助你加速拉新，以及具体衡量指标有哪些。

第三步是制定市场激活计划和策略。我们需要思考，对于新客数量增长来说，什么样的媒体策略和内容策略是行之有效的；对于客户转化时间降低这个问题，有什么样的刺激可以引导消费者加速购买决策。

第四步是营销活动的执行。

最后是项目复盘，评估和迭代。

整个过程一定要以目标远大、小步快跑的方式进行，不断试错，调整优化，直至大数据营销成为新常态。

那么大数据营销的有效性又如何衡量呢？我们还是以消费者旅程为基点，进行每一阶段的衡量指标拆解和营销行为优化：在认知阶段，采取了什么数字营销措施使广告曝光率、点击率、网页浏览量和有效 Cookie 用户保持在较高的水平，网页跳出率保持在较低水平；在兴趣阶段则看从一个访客转化到市场合格的销售线索其获客成本和营销电子邮件的打开率；最后到了后链路购买阶段，这个阶段是衡量投入产出比的最佳时刻，这时候每个客户的获客成本、成交订单金额和订单金额都是关键 KPI。这样就形成了端对端的可以完全衡量营销效率的全链路监测。数字营销的全链路监测不仅仅是看有效线索的数量或最终销售额，更为关键的是在每一个阶段设定 KPI 并提供如何可以帮助改进的数据洞察和优化计划。

在大数据营销中我们看到了大量数据，数据就代表着流量，但无论数据如何纷繁复杂，如何多样化，如何强大，我们始终都要牢记客户体验设计的核心是"客户"，这个不会变。在新营销时代，构建端对端的营销闭环，形成从流量思维到客户思维的转变是企业建立护城河的唯一路径。

3.4 解决大型公司增长瓶颈：5S 模型

3.4.1 什么是 5S 模型

在商业环境竞争激烈的今天，很多企业多多少少都面临着增长瓶颈的问题，甚至是生存的问题。

数字化营销作为新经济增长引擎为什么能够缓解企业增长放缓的问题，驱动新的增长？本质上是因为它可以满足广大"长尾"用户个性化的需求。

安德森在他的长尾理论中提到，要使长尾理论更有效，应该尽量增大尾巴，也就是降低门槛，制造小额消费者。不同于传统商业的拿大单、传统互联网企业的会员费，互联网营销应该把注意力放在把蛋糕做大上，通过鼓励用户尝试，将众多可以忽略不计的零散流量，汇集成巨大的商业价值。

而基于长尾理论的数字营销定义在 B2B 和 B2C 商业模式下同样适用。

5S 到底是什么？由哪些元素组成？（见图 3-15）为什么说赋能 5S 模型就可以带来业务的持续增长？5S 本质上代表着品效协同。

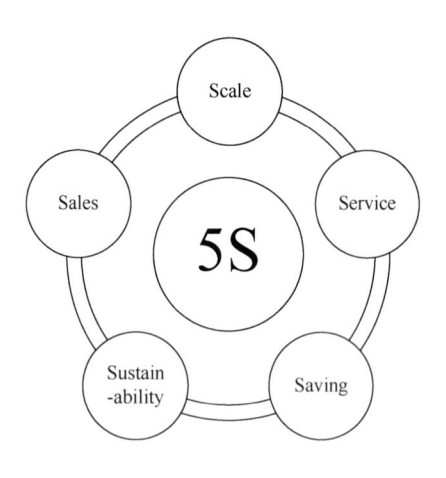

图 3-15

1. Scale,规模性

数字营销模式的本质在于其具有可复制性,数字营销必须具备规模效应,具体体现在以下两方面:

第一,数字营销模式在企业内部必须可复制到具有相同业务模式类型的不同业务单元。

第二,大规模、高频触达更广泛的用户群体,改变依赖销售和渠道拓展客户的局面。

要快速获得成果并赢得市场的反馈,大型企业通常做的数字化营销举措就是在某个事业部或某个地区进行试点,然后将获得阶段性成功的数字化营销模式和平台复制到具有相同业务模式的其他国家或地区。这样一来,首先业务有基础,其次风险较小,最后不同的业务单元或地区之间可以互相借鉴成功案例。所以数字化营销模式的可复制性是一个非常重要的衡量因素。

2. Sales,销售增长

管理层最关注的就是销售。投入一元钱能不能有两元钱的销售利润?只有持续不断的销售,销售增长才能让动不动就上千万的数字营销费用的投入变得可持续。如果数字化营销转型的举措不能在业务层面赋能销售，你很难获得内部销售部门的支持，尤其在 B2B 的公司，内部业务是由销售渠道推动的，不是一个部门的单打独斗。只有市场和销售紧密配合、合理分工，才能产生 1+1>2 的效果。在传统观念里面，市场部是花钱的部门，销售部是赚钱的部门，而数字营销转变了旧的观念，让市场部门也同样成了利润中心，并且，营销前后链路有效性的量化不仅是对市场部门的突破，也是对传统企业销售部门观念认知的突破。

3. Saving，效率

效率的本质是省钱、省时、省力。

第一点是省钱。上述 Scale 和 Sales 是对扩大覆盖面、增长销售引擎方面的阐述，而省钱是通过数字营销降低企业营运成本。销售方面的人力除了数量有限这个问题外，还有成本越来越高的问题，所以，通过与客户沟通效率的提升，可以帮助企业节省沟通成本和用人成本。比如现在很多客服由机器人代替，某种程度上缓解了人力成本急剧上升对企业带来的压力，同时还可以通过数字化精准触达你想要触达的用户，避免营销费用的浪费。

第二点是省时。通过数字营销可以实现信息的即时推送、用户的即时点击，在收集用户信息和获得企业反馈方面都不会受到时间的限制。

在今天媒体和卖场合二为一的情况下，用户从第一次触达广告到产生购买需求并转化为购买行动的营销链路已经大大缩短，用户所面临的娱乐社交场景和购买场景在今天的数字化技术背景下完全可以合二为一。企业有必要尝试这种超短链路的营销，结合场景营销的设计和使用，以最快的时间转化客户，因为这样可以省去大量的沟通时间。

如前面所说，即时购买、即时决策在 B2C 业务模式下比较常见，消费者可以非理性购买，尤其是在已经产生品牌认知的情况下，购买更加瞬时。

但在 B2B 商业模式下，通过娱乐社交场景吸引用户关注并了解产品，甚至线上体验、选品、价格查询和购买也完全可以实现了。

所以，在进行数字营销设计的时候，B2B 的更加复杂，因为需要根据用户的偏好提供不同的内容和购买选择。

无论是哪种商业模式，在进行数字营销策略设计时，节省用户时间、节省沟通时间都是需要考虑的重要因素。

第三点是省力。

在销售场景中经常会遇到的一个问题是，市场部提供过来的线索是无效的，销售人员要花很大的力气去跟消费者沟通，最终搞清楚对方的诉求。

在数字化营销时代，部分沟通可以由数字化方式代替，比如 AI 聊天机器人，其可以不受时空的限制解答用户的疑问，并且还可以自我学习，不断更新和扩充知识库。

这样企业就可以优化销售团队的人员配置，将人员放到更需要服务的大客户或未来有增长潜力的客户身上。省力不是节省人员，而是实现人力资源的优化配置。

4. Service，服务能力

企业的基因是销售和服务，其价值创造点在于为社会提供有价值的服务。服务能力几乎直接决定着客户是否要选择你。我们要考虑的是在未来我们如何通过数字化的工具、系统和解决方案高效地解决企业服务不到位及各种客诉的问题。

所以，数字营销也绝对不是只看线上，企业注重的是通过数字营销手段整合线下市场活动的能力，线上可以往线下引流，同时线下也可以反哺线上，线上线下可以同时服务形成统一势能，促进业务的共同增长。

5. Sustainability，可持续性

现在很多企业都在讲可持续发展，可持续发展成为企业发展的准绳。互联网红利时代已经过去了，企业更多的要关注自身的战略能力、服务能力和抗风险能力，其业务增量的爆发也需要长时间技术和经验的积累。

企业在设计数字营销策略的时候容易因为追求短期效果而忽略可持续发展的长期建设，网络直播带货就是一个很好的例子，网红效应确实可以带动一时销量的增长，但是否对品牌的长效提升和可持续的销量增长有所帮助就是个问题了。

我们前面提到"客户运营能力"这个概念，它是企业可持续发展应具备的重要能力之一。运营是一项长期的工作，它不光可以在短期内激发用户购买的意愿，还可以加深用户和企业之间的联系，所以，营销必须运营化。

另外还有一个在营销工作方面注重可持续发展的例子，就是现在很多企业都设有社会责任营销这个部门，其担负着教育和培养未来潜在用户的任务。通常，社会责任营销这个部门的沟通对象是未来有可能成为企业目标客户的群体，他们通过一些学校赞助、校企合作等方式影响潜在客户的心智，其本质是在早期就建立和用户的深度信任和联系。

这个因素通常在企业追求 KPI 的时候会被忽略，但它却是保证企业基业长青的重要因素。它追求对人价值的重视，也是在数字营销层面，品牌和效果获得长期好、短期均衡的考量因素。

3.4.2　如何应用 5S 模型

5S 在各品牌的实际落地层面，其重要程度和可应用程度并不都是一致的，我总结为以下内容供大家参考（见图 3-16）。

商业模式	客户类型	代表行业或品类	消费特点	数字化营销应用深度
Scale	B2B&B2C	长尾客户	互联网、工业品	低客单价，高频	深度，多渠道触达核心用户
Sales	B2B&B2C	—	—	—	深度
Saving	B2B&B2C	长尾客户	互联网、快消品、工业品	高频	深度
Service	以B2B为主	大中型客户	科技类产品、服务类产品、耐水品	低频，高客单价	较浅
Sustainability	B2B&B2C	大中型客户	化工、运动品牌等	不能产生即时消费需求	较浅，目前使用的客户较少，以线下为主

图 3-16

一般情况下，企业的营销预算是有限的，在市场条件不好、销量不好的情况下缩减营销预算是常见的控制运营成本的手段。在预算分配有限的情况下，企业要结合自身情况考虑每个维度需要多大程度的重视，以及投入多少资源去实现。

消费者做出购买决策时，大致要经历认知、兴趣、购买和忠诚几个阶段。当然，实际情况比这个要复杂得多，并且处在不同阶段的客户这五个要素所占的权重也是不一样的。

处在认知阶段的客户群体最为庞大，这个庞大的群体处在对品牌毫无感觉的状态，或许是你的品牌还没有触动到他。针对处在被认知阶段的客户品牌，其主要考虑的是规模经济，用通用性的内容去触达较为宽泛的人群，同时满足提升效率的需求。规模经济不需要耗费太多的其他资源，只需要一定的数字媒体预算就可以在同一时间点触达数量庞大的人群。数字化媒体的显著特点就是即时做出广告推送，消费者即时做出反应。当大部分消费者看到广告后无感、没有做出反应的时候，还可以无限次反复触达。

要达到规模性目的应该考虑以下几个问题：

- 广告想要触达的人群有什么样的特征？
- 广泛触达庞大用户群体的标签体系是什么样的？

- 需要选择哪些有效媒体？
- 如何设定 CPM 和 CTR（Click-through Rate，点击率）？
- 如何利用好已有客户数据库做相似人群的放大？

长期来看，可持续性也很重要。对消费者的品牌教育一定是一个长期的过程，在消费者没有建立品牌认知的初期就可以对消费者进行持续不断的品牌认知教育，以便消费者对你的品牌产生良好的印象。

要达到可持续性的目的应该考虑以下几个问题：

- 持续的教育是为了引起哪部分用户的关注？
- 什么样的教育内容是行之有效的？
- 不同触点的内容是否有一致性？
- 如何评估是否真的做到了可持续性？
- 可持续性教育体现企业核心价值了吗？

处在兴趣阶段的用户已经被广告触达过，对品牌和产品展现出了一定的兴趣，比如关注了微信公众号，转发了文章，浏览了网页，下载了产品手册，看了某些视频，在网站上停留了一段时间，等等，这些和品牌的交互行为都有量化的指标可以衡量。

针对这个阶段的用户制定数字营销增长策略时，需要考虑的是规模性和效率，因为这个阶段的用户已经被品牌圈选出来留下了 ID 号，已经是特定的一类用户，但是不知道这部分用户的信息，所以还是要做规模化的触达。因为已经基于不同 ID 号收集到了这部分用户的行为信息，所以这一阶段的触达方式比第一阶段更进了一步，可以去做千人千面更加精细化的推送。

同时，品牌方要做的是进一步加速客户向下一阶段的转化，以更高效的方式、更好的体验、更好的内容让用户迅速进入到消费者旅程的下一步，以获得客户线索。

在加速转化的同时也是对客户需求做进一步挖掘和对线索进行培育的过程，对于已经在网页上留下轨迹的用户，根据其ID可以做精准再触达；对于已经留下个人信息的用户，企业便拥有了客户更多的信息，接下来就可以做自动化营销线索培育和转化。

这个阶段应该考虑的问题是：如何更好地服务用户需求，以及在进行线索培育时有什么方法可以让线索培育的过程更高效，是采用数字化技术如营销自动化工具和手段，还是针对用户特点进行人工服务？品牌方要考虑服务和效率之间的平衡。

这个阶段的服务能力=运营能力，要提升服务能力需要考虑以下几个问题：

- 如何做好售前客户运营？
- 售前客户咨询的常见问题有哪些？有效解决了吗？
- 营销自动化工具如何结合应用场景进行使用？
- 有效听取用户需求了吗？
- 用户差异化的需求被满足了吗？
- 如何衡量用户运营的有效性？

经过对产品的各种了解、考虑、比较，终于到了消费者决定购买产品的阶段，这个阶段也是消费者真正被品牌说服，愿意为此付费的阶段。

这个阶段的数字营销首要解决的问题不再是规模，而是销售增长、服务能力和效率，关注的是在传统业务模式之上是否产生了销售增量。很多企业的数字营销目标是做线索获取，但是在5S理论下，如果线索获取没有被有效监测到后链路的转化，不能形成销售闭环，也是不可取的。

要解决销售增长的问题可以考虑以下几个问题：

- 已有需求的用户的画像是什么样的？

- 广告主投放的广告是否能让有购买意愿的用户看到？
- 广告的内容是否能让用户产生购买冲动？
- 提供的促销手段是否行之有效？
- 如何衡量数字营销活动带来的销售成果？
- 相比较传统销售模式，投资回报率有提升吗？

服务包括售前服务如咨询交期服务、库存服务等，售中服务如金融服务、交货服务等，要提升这个阶段的服务能力可以考虑以下几个问题：

- 线上产生的用户需求是否需要线下销售人力的配合？
- 是否有以数字化的方式提供对应服务的能力？
- 线上和线下的服务承接是否是无缝衔接？

最后，在客户产生首次购买后，企业还希望客户可以持续购买，为了让客户产生复购、交叉购买、向上购买的行为，企业会发展忠诚度计划。这时候的数字营销首要考虑的是可持续性、服务能力和效率。

要想达到可持续性的目的应该考虑以下几个问题：

- 客户在购买后如何让他持续购买？
- 什么样的忠诚度计划能让客户对除产品功能以外的其他要素感兴趣？
- 如何让已有客户进一步产生对其他产品的需求？
- 持续购买的诱惑点在哪里？
- 是否体现了品牌力？
- 如何衡量可持续性教育对提升客户忠诚度的有效性？

这个阶段的服务是售后服务，要做好售后服务，应该考虑以下几个问题：

- 客户在产生第一次购买行为后，还有哪些需求？
- 如何衡量售后服务的满意度？
- 如何在保证服务质量的同时节省服务成本？

在对以上围绕消费者旅程的每一个阶段的关键要素都定义清楚之后，效率的提升就是必然的结果。效率的提升应该贯穿用户生命周期的每一阶段，这也是数字营销所带来的核心价值。

- 在用户旅程的每一阶段，数字化广告的转化成本相比较传统纯线下的转化成本节省了多少？
- 在数字营销流程下，转化一个客户相比在传统商业模式下转化一个客户的流程是否缩短，节省了多少时间？

我们简单总结一下 5S 的应用场景（见图 3-17）：

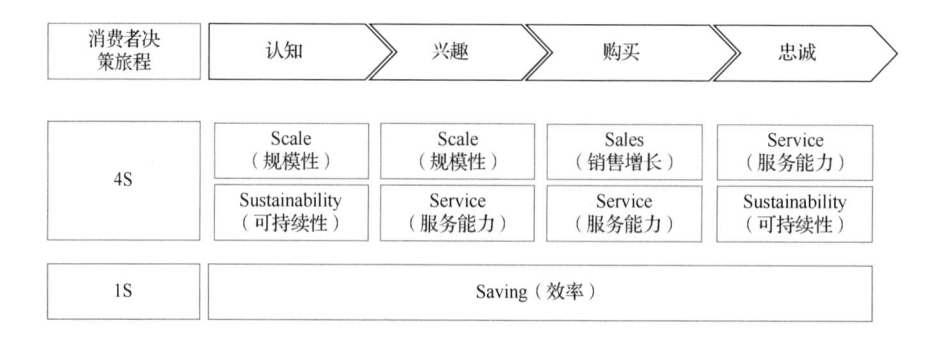

消费者决策旅程	认知	兴趣	购买	忠诚
4S	Scale（规模性）	Scale（规模性）	Sales（销售增长）	Service（服务能力）
	Sustainability（可持续性）	Service（服务能力）	Service（服务能力）	Sustainability（可持续性）
1S	Saving（效率）			

图 3-17

5S 应用场景由 4S 和 1S 构成，其中 4S 是在营销策略制定过程中需要遵循的原则和要考虑的重要因素，而 1S 是在做到了 4S 后产生的必然结果。

5S 模型本质是在新营销时代，通过数字化技术、工具及大数据驱动，并结合以用户为中心的精细化的运营能力最终提升商业效率的营销策略模型。

很多企业的业务模式可能是 B2B 和 B2C 兼具的，不同的 S 在不同的业务模式下或在不同的品类中会呈现不同的应用，这个要结合品牌自身的业务模式的形态特点、品类、所处市场地位、实施难度及阶段性的目标去做综合判断。

3.4.3 大型500强公司数字化营销成功案例

我们来看一个500强的B2B公司成功实现数字化营销转型的案例。这家公司围绕消费者旅程进行客户体验的设计，并遵循5S理论，进行数字化生态的建设和激活，初步获得了成功，短时间内达到了通过数字化手段进行业务落地的效果，解决了传统业务模式下面临的增长放缓问题。

这家公司的业务发展遇到了什么痛点呢？

该公司在中国的业务有二十几年的历史，在中国乃至全球市场上其品牌都是业内领导者之一。在传统的业务模式下，这家公司几乎所有的业务都是靠销售人员和中国几百家经销商业务人员跑出来的，但是在中国，还有几百万家长尾中小型企业也是它的客户，所以，其面临的第一大挑战便是：在传统业务模式下，仅靠为数不多的销售人员难以触达和转化数量庞大的长尾客户。

其面临的第二大挑战是：市场开拓方法均依靠线下活动，如展会和客户拜访，投资回报率低，如何创新市场拓展方法以提高投资回报率是难度所在。

第三大挑战是：传统营销和销售模式无法科学衡量传统营销活动端对端的营销效果和媒体投资在销售层面的回报率，这同时也是B2B行业的共同痛点。

同时，在传统商业模式下，客户从潜客转化为新客的时间较长。透过营销漏斗不难看出，从吸引一个客户，到建立联系，再到形成购买一般需要在好几个月中通过好几次的拜访才能实现，而且成功率低。

于是,从2019年开始,该品牌开始对传统的商业模式进行数字化改革,从零起步,开启从端到端的数字商业体系,并通过短短一年的时间取得了一定的成效,促进了业务的增长。这与其客户增长战略(以客户为中心的全渠道策略、数字和数据科学策略、电商策略)是分不开的。实现这一切的首要条件便是进行消费者旅程的设计。

在制定数字营销策略时,首先需要明确目标。该数字化项目的目标是将还在使用传统机械紧固方式的用户转化成使用胶水紧固的用户。要实现这个目标需要进行大量的市场教育,建立思想领导力。很显然,化学品解决方案优于传统解决方案,随着用户对产品解决方案的需求升级,公司决定抓住这一片潜力巨大的蓝海市场。

进行客户体验设计的第二步是明确你的目标客户是谁,也就是确定你的传播对象,你要邀请谁加入你的体验设计旅程。对于该品牌而言,目标受众群体主要分为三类,包括决策者、影响者和最终使用者。每一类用户群体关注的痛点是不一样的,比如工厂负责人关注的是产品如何帮助他降低生产和维修的成本,提升效率;采购经理关心的是采购的产品能否帮助他节省采购成本;而最终使用者关心的是产品好不好用和拆卸是否方便。解决这些客户的个性化需求成了数字化营销的难点问题。

在明确了目标和目标客户之后,公司就可以开始基于从认知、兴趣到信心、信任的数字化营销框架设计,构建端对端的数字营销生态体系和数字化组织架构,实现营销闭环和投资回报率全链路追踪。

对于还处于认知阶段的用户,公司通过全渠道、多触点的媒介如领英、微博、知乎、微信朋友圈广告、程序化购买等精准触达遍布在全国各地的客户,先从工业业务最发达的江苏地区开始,然后辐射到全国各个区域,在短时间内实现上亿次曝光。在传统模式的销售无法满足广大客户需求的情况下，可以通过数字化的方式规模触达上千万个潜在客户，使其对品牌产生认知，并产生行动。

贯穿整个消费者体验设计的是对各种数字化工具的应用，如运用第三方网站和广告监测工具监测用户行为，进行数据分析，运用 Salesforce（营销自动化工具）对线索进行打分，进行营销自动化和线索转化的管理。在这个过程中，网站后台、数据监测工具、小样派送的顺丰物流和 Salesforce 后台通过唯一的用户 ID 进行了 API 打通，实现了全流程的自动化，大幅度提升了用户转化效率，缩短了转化流程，其中潜在客户转化为新客户的时间缩短到原来的 50%，新客户数量与前一年同期对比上涨了 106%。销售增长主要来自两方面，一是新客的获取，二是老客的增长。这个案例在实现新客获取层面产生的效果是立竿见影的。

对于帮助客户在这个阶段建立品牌认知，除了采取多样化的媒体渠道外，还采用了多样化的内容策略，如主创意视频讲述了一个因一颗小螺钉松动导致工厂机器意外停机的场景。视频还对比了新型胶水紧固方式和传统的机械紧固方式，不仅让一般受众对产品的优越性一目了然，也回答了客户的价格顾虑。

还有一些非常有效的内容运用如客户证言视频，这些视频由客户现身说法，亲身讲述其改变固封习惯帮助工厂提升效率、节省成本的真实故事。此外，公司还成立了技术课堂，直播演示产品的使用方式。和意见领袖合作，在与机械相关的微信公众大号上讲述品牌的故事；围绕"看过、试过、信得过"的广告进行传统方式和该品牌解决方案的对比；还以像"胶水能拉火车"等"病毒类"视频引发讨论，进行二次传播。

在数字营销的数据应用层面，我们可以利用精准触达和再触达的方式进一步提升转化。结合中国主流媒体的不同属性，我们可以在不同维度上定制精准触达的手段，如有些是基于地理位置的，有些是基于兴趣的。像领英这样的平台就为很多 B2B 的品牌所青睐，除了基本的兴趣标签、浏览记录外，还有公司信息、职位信息等，更多纬度的标签选择可以进一步提升用户精准度。再触达完全是另外一个概念，它针对的是已经有了兴趣的用户，比如已经点击过广告的用户。通常，从点击广告到成为线索转化率不到 1%，而从留资的潜在客户转化成真正会购买的客户又只有平均不到 10% 的转化率，所以，所有这些 ID、潜客都需要对其进行反复地触达和再触达，与之进行更深层次的互动，才能最大化转化效果。

通过利用这些不同的触点对用户进行触达和再触达，加上内容营销，可以把用户从认知阶段带入到产生兴趣并开始考虑的阶段。品牌设计了一站式体验网站，其除了提供品牌和产品的基本信息外，还提供主动代入式的交互体验，如用户可以根据自己的需求偏好进行产品选择，进行不同产品间的性能比较，自动化计算成本并进行比较。提供一站式体验就是为了能让用户进入到下一阶段，留下个人信息。在用户信息收集层面，除了收集用户的姓名、联系方式、地址等基本信息，针对 B2B 行业的特性，还会收集用户所在公司的公司名称、所处行业、客户类型及公司规模等信息，以提升数据打分模型的准确性，也便于后期线索管理团队更好地挖掘客户潜在需求。

在兴趣阶段，品牌的主要任务就是筛选潜在客户的意向，Salesforce 系统可以根据后台收集到的用户信息和用户与品牌交互的行为，对用户进行自动化打分并筛选出高意向的用户，以用于后期线索管理团队的优先根据；对于低意向的客户，则可以通过 Salesforce 系统继续对其进行培育和教育，直至对方形成高度意向和需求。

在这个阶段，我们看到了效率原则的成功践行。精准触达和再触达帮助品牌方节省了广告成本，以更低的成本将正确的信息传递给想要传达的人，提升了线索质量，打破了以前销售团队接到不精准或低质量的销售线索时浪费时间和精力的局面。同时，利用数字化的工具进行自动化线索培育，帮助销售人员在进行客户拜访前做进一步的客户教育，甚至直接引流到电商平台下单，转化为客户，大大提升了长尾客户的转化效率。

虽然是做纯粹的 B2B 的业务，但是它还参考了 B2C 的做法，设计了包装非常精致的小样套装，并由顺丰快递送到用户手中。小样套装里除了有提供试用的螺母螺栓等小配件，还有产品手册、服务团队和经销商的联系电话。包装盒上有吸引用户扫码关注的品牌微信号，这样就可以将所有用户导流到私域流量池。

同时在用户体验的设计上，一旦用户申请了样品，在顺丰发货后，Salesforce 系统便会自动触发邮件，告诉客户在多长时间内可以收到样品，并提供产品和应用类的信息及与品牌技术服务人员进一步沟通的渠道。这是服务的体现。

最后到了用户购买阶段。基于用户偏好的不同，网站会提供直接去电商平台购买的选择。同时，对于高价值用户，尤其是需要销售团队和经销商进一步做产线调研，推荐更多适用产品的用户，公司首先会安排线索管理团队做第一步的用户意向筛选，然后再安排线下销售和经销商团队做进一步跟进，挖掘客户最大的潜力，并形成长期关系。

通过对线上和线下的充分整合，可以形成销售势能，利用数字营销赋能新客户的获取和孵化，从而提升业务效率，并形成规模化转化"长尾需求"的营销系统闭环。这是在可持续性方面的表现。

我们从这个案例中应该看到，数字营销绝不会替代销售团队或独立于销售而存在，它必须和销售团队形成互补势能，互相配合打组合拳，市场和销售的连接才能更加紧密，品牌才能在长期宣传层面和与客户形成长期联系层面实现可持续发展。

值得一提的是，在这个数字化项目下的几十家经销商也开始拥抱数字化进程。品牌方提供高质量线索，经销商负责客户拜访和服务，各司其职，这在某种程度上巩固并深化了品牌方和经销商之间传统的业务关系，形成了共赢生态。

目前，大部分的 B2B 公司还是采取以销售和渠道为主导的商业模式，市场部从事的更多的是支持性工作。通过该项目，该事业部内部的销售部门逐步了解了市场部的价值输出，市场部门正逐渐从营销支持部门转变为利润中心。

第 4 章

数字营销策略和组织构建

4.1 数字化思维的建立

4.1.1 数字化营销转型的挑战

几乎现在所有 CEO 的主要目标都是：我要转型，我要升级，我要数字化。大家都知道数字化转型是必然趋势，而且迫在眉睫，尤其"新冠肺炎疫情"的到来进一步加快了转型的步伐。企业将数字化转型提升到战略高度，但当需要下决心投入到大刀阔斧的改革中时，有些管理层又踌躇不前，因为战略存在不确定性。

数字化转型是从顶层设计到落地实施的一整套商业流程的改造，包括客户数字化（主要是数字化营销转型）、员工数字化（主要是建立数字化的组织架构）、经营数字化（主要是内部管理流程的数字化，比如产线、供应链、财务等流程的数字化）。

很多企业的数字化转型进展很慢，其中原因如下：

（1）大量的资金用于前期投入，企业将数字化转型看作成本投入，而非投资。

（2）数字化转型历经漫长的六个阶段（见图4-1）。

数字化转型的六个阶段

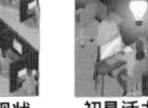

安于现状　初具活力　规范化　战略化　聚合化　创新与适应

图 4-1

通常数字化营销转型先于员工数字化和经营数字化。数字化营销转型也需要巨大的资金和资源支持，这对企业整合资源和创造性文化的建设提出了较高的要求。

下面来看看数字化营销转型涉及哪些费用类目。

1. 咨询公司费用

咨询公司费用用于业务流程的重新梳理和构建。企业通常会请麦肯锡这样的咨询公司对现有业务模式和组织架构进行梳理，通过采访公司内部高管和营销工作人员了解现有业务模式、不足之处和可以改善的空间，提出方向性的改善意见，同时也会对组织架构的调整和人员岗位的设置提出建议。

2．调研公司费用

调研公司费用用于调研终端客户的需求，采取电话、网络问卷或者 Focus Group（焦点小组，也称小组访谈）的形式进行。

3．内部人力成本

搭建数字化团队和聘用内部数字化营销专业人员的费用。

4．系统硬件建设和使用成本

搭建数字化流程所用的技术、工具和系统，比如业务中台、数据中台、算法中台、技术中台、组织中台等，以及搭建监测系统等与数字化技术相关的平台建设费用和使用费用。

5．供应商人力成本

根据业务流程和需求，定制、部署系统的费用。

比如 Martec 公司除提供一些数据化工具以外，还帮助客户解决实际问题，了解业务本身，从而落实系统部署的工作，这是除工具以外成本比较高的一方面。

6．广告公司费用

各种数字营销广告公司人员服务费用、项目管理费用。

其中，数字营销广告公司人员服务费用包括激活策略制定费用、活动策划和执行费用、报告费用。

7．市场激活费用

激活市场的各种费用，比如媒体投放费用、创意产生的费用、各种内容制作的费用等。

8. 内耗

内耗指内部损耗产生的隐形成本。虽然企业不希望产生这部分成本，但是实际上很可能存在。

数字化转型是一项大工程，最少的投资也是千万级的。前面七项都是让项目顺利运转起来所需的基建费用，包括技术、系统、工具相关的，内部人员、供应商相关的。第七项市场激活费用往往占投资的很大一部分，因为在硬件和团队搭建好之后，就要开始触达客户，进行客户激活和沟通了。媒体投放费用是流量费用，在流量红利逐渐见顶的今天，如果媒体投放产生的ROI（投资回报率）无法得到有效保证，许多媒体投放费用就会被大量浪费。创意产生和内容制作的费用占市场激活费用的大部分，由于媒体流量瓶颈问题，越来越多的品牌方开始回归内容，重视在内容方面的投入，用多种多样的满足个性化需求的内容来缓解流量瓶颈的现状。

内耗这一项是很实际的，具体体现如下：

（1）由于企业内部各部门意见不一致，认知程度不同，需要各方面协同，从而导致项目进展缓慢。

先来看一下数字化营销转型会涉及的部门（见图4-2）。

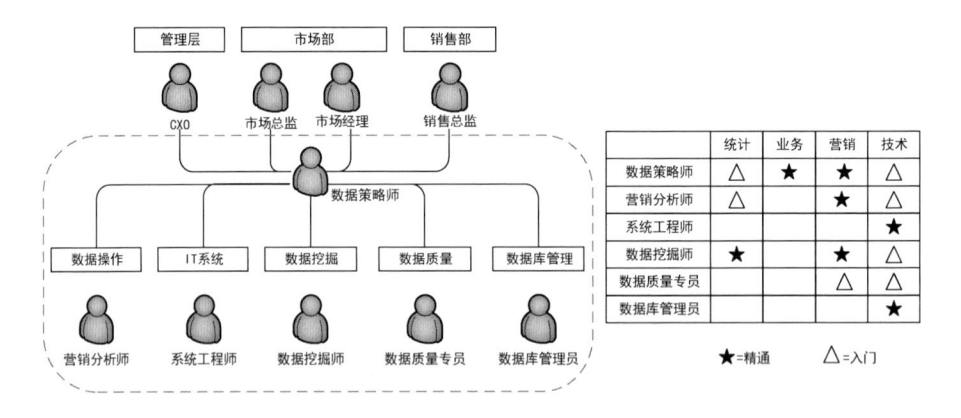

	统计	业务	营销	技术
数据策略师	△	★	★	△
营销分析师	△		★	△
系统工程师				★
数据挖掘师	★		★	△
数据质量专员			△	△
数据库管理员				★

★=精通　△=入门

图4-2

数字化营销转型涉及很多部门，虽然各个企业所处的数字化营销阶段不一样，但是一旦决定启动转型，在数字化转型大背景下的数字营销工作可不单纯是数字营销部门的工作了。数字化营销部门的职能可能会被进一步切分，如数字化客户服务、客户体验、数字化技术、数据分析、电商、渠道管理、内容、媒体等都各司其职，向不同的上级汇报，同时在转型团队里面为此负责的、批准预算的可能是企业的高层领导，如总裁级别以上的，甚至是董事会。人事部因为负责人才招聘、人才培养和文化建设，也会参与到数字化转型的工作中。

企业内部每一个部门对数字化营销转型的拥抱程度不一致，同一部门对数字化营销转型的必要性认知也不一样，各部门人员的业务能力也不一样，有些人精通业务，有些人精通技术；更重要的是各部门之间要达成的目标和年终考核是不完全一致的，因此，在项目实施过程中会有很多障碍性因素。有时候各部门反复沟通、磨合，但是很难达成一致意见，归根结底在目标上就没有达成共识。

（2）管理边界不清晰，权责不对等。

理想中，数字化营销转型工作的核心团队集合各领域关键职能专家，负责从上到下的设计和实施，对结果负责。

实际上，项目的实施过程仍需要各部门的支持，一个核心团队无法胜任所有工作，而项目的运转是建立在中层的专业性和执行力之上的，一旦涉及资源分配和组织的变化，必然触动中层的切身利益。即使高级管理层决策了，推进转型了，但具体执行的广度、深度还是由中层把控。因此，转型 KPI 没有和相关利益部门挂钩，权利和责任的边界如何在部门间有效设定和划分是一个挑战。

数字化营销必须解决中层的利益纠葛和执行力的问题，规避劣币，驱逐良币，有效协同。

（3）数字化项目落不了地，ROI 无法清晰可见，高管决策者意见不一。

推动数字化转型，首先要"抓住增长机遇"。建立数字化营销模式的最终目的也是为了"增长"。

所有的改革措施，第一是为了促进业务增长，第二是抓住客户行为和偏好，第三是增加竞争力。这三个目的都是为了增长，只不过后两个目的是从企业运营的长期视角去看待数字化转型的价值的（见图 4-3）。

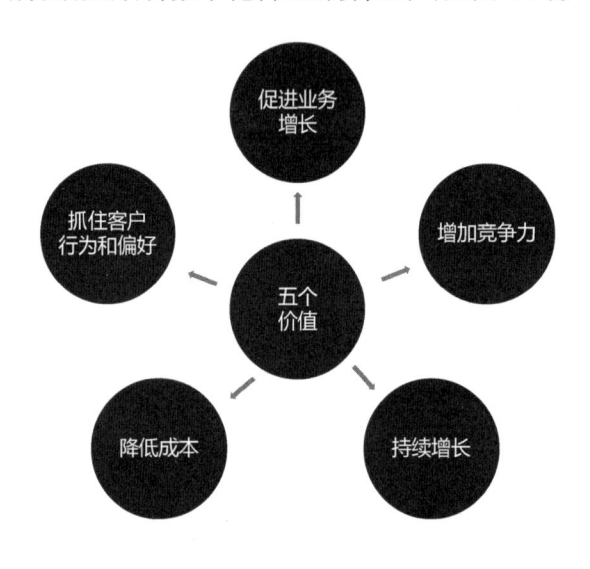

图 4-3

但是，营销人员经常面对的头疼问题是：衡量"增长"的 KPI 始终很难有效制定和衡量。这就陷入了一个僵局，一方面，推动数字化营销转型是为了增长，而数字化营销转型团队需要在短时间内迅速用 ROI 可见的数字证明改革是行之有效的；另一方面，数字化转型措施很难在短时间内看到投资回报。凭借搭建起来的数字化流程和市场激活活动不能完全产生大的商业变局，不能快速转化成销售收入、市场份额、利润等可以衡量的财务指标，其中还有文化和内耗等因素。

数字化营销转型的意义是将市场部门从运营、支持部门转变成创收部门，转变其他业务部门如销售部门对市场部门的认知，意识到市场部门对于销售增长的实质性贡献。

克里斯·沃斯的《像生死攸关一样地谈判》中讲述了一系列与众不同的谈判技巧，其中讲道："如果你的谈判对手在谈判过程中说'是'或'你是对的'，那么你离达成你的谈判目标还差得很远，对方并没有真正认同你，而如果你能让对方说出'那是对的'，那么你离成功跨出了实质性的一步。"

数字化营销转型还有很长的路要走，时间可能是 5 年，可能是 10 年，我们不知道。这取决于科技变革的速度、客户行为变化的形态和员工拥抱变革的心态。

目前，很多数字化营销转型举措还未取得成功，很多企业都处在积极探索且愿意投入的阶段，企业投入的力度取决于市场对变革发展速度的要求和竞争对手的情况。

一家基业长青的企业发展了百年，过去一直采用现有的传统业务模式，随着数字化时代的到来，仅花几年的时间就可以完成彻底的转型，并解决发展过程中增长放缓的问题，这有可能吗？

在数字化转型大浪潮下，耐心显得尤为珍贵，耐心不代表故意放慢转型的步伐，不代表向敏捷性妥协。世界上从来没有捷径可以走，要看见山顶的风景，需要一路攀爬。

数字化转型也一样，有的企业走在前端，已初见改革成效，但在改革的过程中仍然会犯许多错误，并为此付出代价。不过有些企业悟性高，敏捷性强，可以快速从错误中吸取教训，并调整行动方案，用失败和错误指导决策，这是一个艰巨的过程。但是，一旦具有差异化的商业模式建立，就意味着带来持续性的营利，构筑了抵御竞争对手的壁垒。它也是企业数字化营销转型的必然结果和收益。

4.1.2 数字化营销转型成功的必要条件

基于目前的市场条件成熟度，一部分企业转型失败，一部分企业因为"新冠肺炎疫情"的影响，正在全力追赶、奋力尝试中，目前欣喜地看到越来越多的大中小企业加入到数字化营销转型的阵营中，并尝试在数字营销实践中，形成独特的商业模式，同时可以赋能长期增长。

我们一边看到许多企业逐渐开始拥抱数字化，加入数字化转型的大浪潮中，一边又看到更多的企业因为不可预见和复杂多变的未来而在数字化转型面前不知所措。数字化转型不是一朝一夕的事情，也不是一个部门的事情，更不是一个行业的事情，它是未来所有企业都会面临的核心课题。

因为数字化是一个需要积极探索、努力尝试的事情，考验的是企业的耐心，需要长时间的投入，一分耕耘一分收获，所以有一些企业在尝试初期会抱着试试看的态度投入到数字化转型队伍的建设中，先期临时设立一些创新岗位和团队，预算谨慎投入，边投入边看效果，再调整预期和行为，但这对维持长期的团队活力有比较大的局限性。

数字化团队在初期发展阶段，可能会有很大的内耗，KPI定义不清晰、部门之间摩擦频繁、沟通低效、决策流程不明晰等，这些都是典型的问题。那么，数字化营销转型要获得成功需要满足哪些基本条件呢？

麦肯锡的数字化转型金字塔模型可以很好地说明获得成功的五要素（见图4-4）。

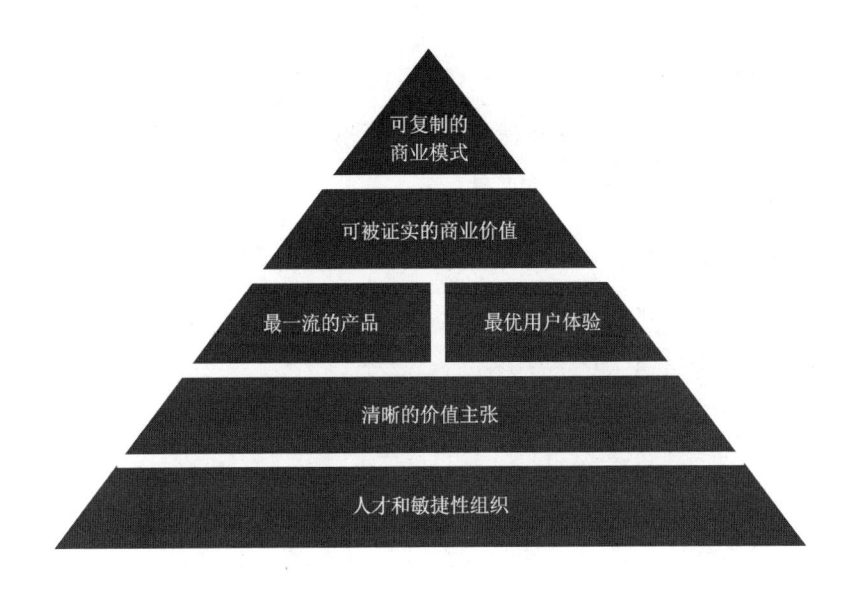

图 4-4

1. 人才和敏捷性组织

人才和敏捷性组织的建设是成功的基石，很多企业能做到这一步已经很不简单了。目前市场上数字化人才的素质参差不齐，有些人懂数字化专业和实践，但是不太熟悉业务。数字化人才不仅要懂数字化，还要懂业务，两者结合起来才是真正的"数字化人才"，能同时具备这两点就已经很不容易了。

还有一个迫在眉睫的问题是把各种数字化人才聚集在一起，他们需要高效协作，目标必须清晰一致，这在大型企业当中是比较难解决的问题，是创新团队的管理问题。

优秀的人才不一定能通力协作，这就要看管理能力了，尤其在一个比较新的领域，立场不同，观点不同，必须求同存异，有人敢于做决定，并为决定的结果负责。

2. 清晰的价值主张

企业要清楚自己的定位。企业可以为客户创造什么样的价值，竞品具备的核心优势是什么,这是企业战略部门要解决的问题。企业不仅能做出精准的定位,还要将这个价值主张清晰地传达给客户。这是市场部可以发挥核心作用的地方,这可以占领用户心智。

价值主张必须具有一致性,企业经常会发生的问题就是,管理层一变,价值主张方向就变化。如果企业自己都没有前后一致性,那么又怎么能指望客户前后如一地追随你的品牌呢?

3. 最一流的产品、最优用户体验

企业有优势产品是基本要求,用户在购买企业产品或者服务的时候,产品质量是一方面,同时用户体验和品牌带给用户的综合感觉是关键的,也是容易产生增值、优势不可替代的地方。

当今产品同质化严重,价格竞争又不提倡,市场和销售创造并提升用户体验就显得至关重要了。用户体验是综合性的感觉,体现在市场营销、产品售前售后服务、产品质量、品牌信誉、购买便利度等方面。

产品很容易被模仿,但体验更多是情感方面的诉求,这才是长期有价值的东西。

4. 可被证实的商业价值

做数字化营销转型不是空谈,管理层对投资犹豫不决的原因是担心投入后看不到回报,同样建立销售人员团队却能看到立竿见影的效果。所以短时间内数字化营销转型团队能够获得一些小的胜利,看到一些投资回报是说服管理层继续跟进投入的重要因素。准确定义 KPI,并合理制定成功因素的指标,定期复盘项目结果体现在流程管理和结果管理上,两者同样重要。

比如 KPI 可以拆解,对于自有平台如官网、微信,更多的是看曝光率、浏览量及和用户的互动、黏性;而第三方平台如电商平台,更多的

是看销售额、用户复购率和客单价等。数字化生态里面的不同平台必须对 KPI 制定进行差异化，不是说一定产生了销售额和利润才是"可被证实的商业价值"。

5. 可复制的商业模式

数字化转型做试点也好，建立创新中心从一个事业部开始也好，重要的是形成的数字化的底层逻辑可以被复制，可以被应用到企业的上上下下。

如果一个商业模式被创造出来后，没有办法扩展到更多的事业部，那么它未来的前途就不会被看好。就跟企业市场估值一样，数字化商业模式看的也应该是未来的价值。

目前投入产出可能比较低，但是只要它具备规模效应，未来的收益和价值很高，还是值得投入的。

4.1.3 构建系统化生态思维

成功的数字化营销转型需要团队里面的每一个人树立正确的认知，培养系统化思维模式，这其中有两个关键点，一个是"系统化"，一个是"生态"。

什么是系统化的思维方式，为什么系统化的思维对展开数字化转型工作至关重要，如何培养系统化的思维能力，是不是小公司、小平台就无法建立起系统化的思维模式，这些问题需要我们了解。

我们先了解什么是系统化思维？先了解"系统"的明确定义。

系统是指将一系列相互影响的、零散的东西进行有序的整理，从而形成具有整体性、全面性的整体。所以系统化思维，即能够将一系列零散的问题进行有序整理，并以全面的、整体的视角分析问题的思维方法，如图 4-5 所示。

点性
传统型 / 表面

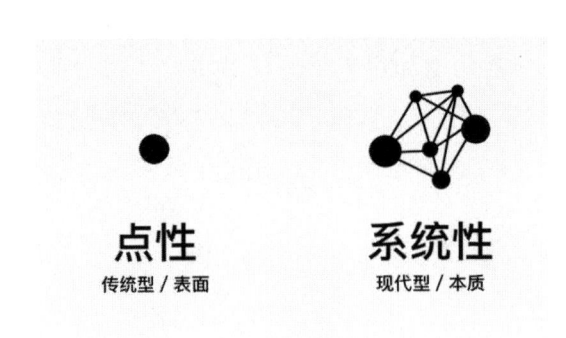

系统性
现代型 / 本质

图 4-5

你有没有遇见过这样的人，说了一大堆话，却不知道他到底要说什么？或者你自己也会遇到这样的情况，想要表达一件很重要的事情，但总感觉无法把重要的内容全部表达出来。

这是什么原因导致的呢？有人说是表达能力不够，但事实上表达能力的本质是逻辑思维能力。

那我们如何用系统化的思维做数字营销呢？

如果某天老板给你布置了一个任务，让你在抖音直播，并"吸粉"10万人，带货100万元。然后你就大张旗鼓开始做了，放手大干，尝试了新的玩法，有创新，有良好的结果，然后在复盘报告的时候，老板问了你一个问题：接下来你的数字营销计划是什么？如何可持续地产生更好的结果呢？如果你在做直播的时候只是看到直播本身，没有系统性地考虑老板布置的任务背后隐藏的动机，那么大体上你是回答不了这个问题的。

事实上，在老板给你发布任务时，或者你在着手开始大干之前，你就应该想清楚如下几个问题。

1. Why

为什么老板给布置这个任务，具体原因是什么，是因为老板想通过数字化的方式驱动业务增长，还是因为大家都做直播，所以也跟风试试看，以便向总部汇报。

2. What

我需要为此做些什么，是做一场直播，还是策划一个系列显得更加可持续。

这时候需要站在全局角度考虑问题，如果老板是为了通过数字化的方式驱动业务增长，就要结合自身品类特点，直播不一定是合适的数字化传播方式，通过你的综合分析，你甚至可以采取更好的数字化触达和线索培育方式。

如果是策划一系列直播，就会考虑需要有什么样的投资，什么样的内容规划，需要什么样的资源，预计达成效果如何。

3. When、Where

何时开始行动，时机也是很重要的，如果知道老板纯粹是跟风才直播，为了向上面汇报一下，那么尽快行动，只要结果好，尽可能地整合资源，向下传达任务，出色完成任务比较重要。如果是做一个系列，就需要花费更多的时间做准备工作。

直播在哪里进行，是在专门的办公室直播间还是在工厂，线上选择什么平台等。

4. Who

相关人都有谁，需要得到哪些人的支持，大家的分工是什么，想要管理层中的谁知道这件事情。

5. How

行动，行动，再行动，如何帮助你达成直播背后的真正目的，做正确的事情，同时让老板满意。在实践中检验真理，快速迭代。有些事情只靠想是想不清楚的，实践才能更清楚。

通过以上"系统化思维模式"，可以让大部分复杂的问题变得简单化。

"系统化思维模式"总是和"批判性思维模式"互相补充。无论是对方抛出一个观点，还是指派具体任务，在行动之前，一定要多问为什么，探究真相背后的原因比真相本身更重要。

在制定计划的过程中，针对解决方案，也要多问为什么。比如可以问"为什么一定是A，不是B，是不是C也可行"。

为什么我们要拥有这样的思维模式呢？因为拥有了这样的思维模式，你就能知道对方想听什么，想说什么，期望什么，需求什么。你也能把每一件事情想清楚，说明白，知道说什么，怎么说。为什么在知道对方想听什么后，根据对方想听的把事情说明白很重要呢？知道对方想听什么和想明白是思考，把事情说明白是表达。通过思考和表达能把很多事情沟通清楚，而通常一个人能解决多大的问题，他就能取得多大的成就。

拥有系统化思维模式只是拥有了工具，你还需要内容填充和武装你的大脑，这样，工具和内容同步才能发挥作用。

内容从哪里来？阅读。广泛、大量、系统性地阅读，建立自己的知识结构体系。阅读能力、独立思考能力、表达能力，只有在实践中才能得到提高。

什么是数字化生态思维？

以前，大家认为的数字营销主要是通过数字化媒体购买的方式获取精准流量，从而完成客户的转化和品牌的建设，但是在流量红利变红海的今天，品牌方从购买流量的行为上获得的边际效益越来越低，通过这种方式促进新老客户的增长明显乏力。于是，新的增长引擎出现了。

在新营销时代，构建端对端营销闭环，形成从流量思维到客户思维的转变，多方共赢是企业建立"护城河"的唯一路径。"客户思维"的最终目的是围绕客户打造一个以客户为中心的数字化生态，这个生态对企业业务增长起到长期的促进作用，具有不可替代性，成为数字化时代企业的增长引擎。全生态增长的本质是"以客户为中心"（见图4-6）。

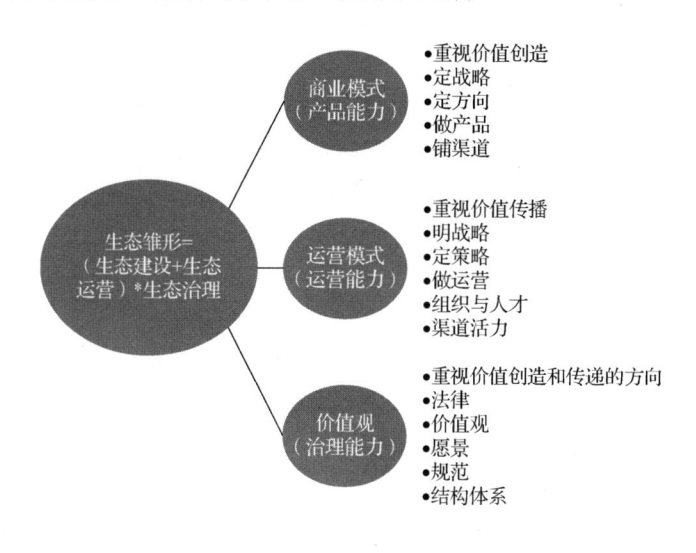

商业模式（产品能力）
- 重视价值创造
- 定战略
- 定方向
- 做产品
- 铺渠道

生态雏形=（生态建设+生态运营）*生态治理

运营模式（运营能力）
- 重视价值传播
- 明战略
- 定策略
- 做运营
- 组织与人才
- 渠道活力

价值观（治理能力）
- 重视价值创造和传递的方向
- 法律
- 价值观
- 愿景
- 规范
- 结构体系

图 4-6

数字化的生态从建设到运营再到治理，体现为商业模式的创新、运营模式的构建和创新及价值观。

在这个生态下面，有品牌方、媒体代理公司、互联网平台、自有官方平台，也有媒体合作伙伴、公关、内容合作的数字化媒体。品牌方作为品牌资产方和流量投资方有制定数字化策略的市场营销部，同时也有销售人员、经销商等合作伙伴共同赋能业务增长。现在媒体和交易合二为一，共同享有用户数据，影响着用户心智，肩负着社交和交易的双重职能。媒体平台成为品牌方流量的主要来源，形成多层次、多渠道的用户体验，这是公域流量；而品牌方自建的各个网站、微信公众号、小程序成为核心的私域阵地，公域流量和私域流量需要互相加持，汇集成统一而精准的流量池，即"数据中台"（见图4-7），加上数字化工具和技术的赋能，驱动真正的全链路营销；寻找合格的广告代理商也很重要，它们能否将项目落地是关键，是品牌方实现全链路营销的资源和手段，这些构成构建品牌方数字化营销的核心能力，也是驱动数字化生态增长的新商业模式。

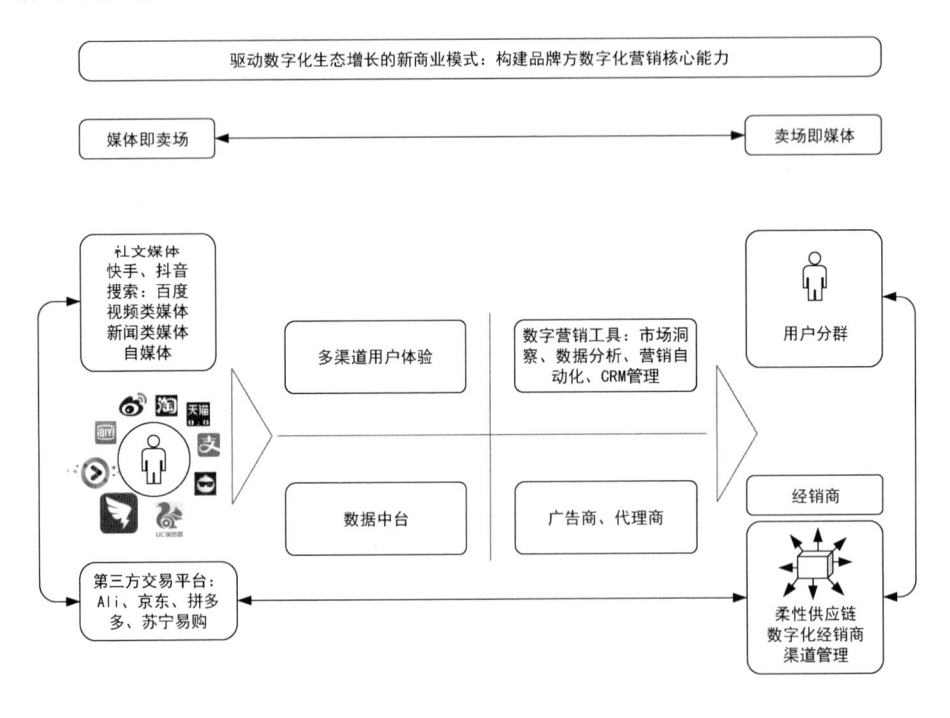

图 4-7

它不是战术，不是战略，而是运用系统化思维模式实现的数字化合作局面。

当一个人在做数字营销时，能够把系统化思维和生态思维同时建立起来，做任何项目也就事半功倍了。在实践中，由于分工很细，你可能只是负责数字营销中的一部分工作，比如搜索营销、社交媒体营销，但是从长远来看，你必须具备生态思维，知道在大的数字化体系下面每个螺丝钉如何各司其职，这组成了背后的生态，这也是每位CMO必须具备的格局。

4.2 数字化营销策略构建

4.2.1 数字化营销转型五部曲

一家企业在决定启动数字化转型业务时,营销的转型一定是排在比较前面的议程,因为它直面客户,跑在业务第一线。同时随着"新冠肺炎疫情"在全球范围内的爆发,数字化转型也成为"新常态"。

数字化营销转型的首要目的是延续业务的连续性,提升企业在危机和快速变化时代面前的抗风险能力,所以,它注重的一定是未来 5~10 年竞争格局的变化。在这个基础上,对很多 CEO 和 CMO 来说,营销转型的第二目的是加速业务增长,通过营销自动化、大数据营销等新兴数字化技术和手段驱动营销全链路增长,提升企业内部的营销能力,从而增强对外竞争力。数字化营销转型在前期需要大量的投入,而基于数字化营销转型是为了促进业务增长这个角度,CEO 首要考虑的是长期投资和短期回报之间如何平衡。

CEO 和 CMO 面临的常见问题:

- 投入多少预算去启动数字化营销转型。
- 数字化营销转型长期和短期的目标是什么。
- 团队如何构建。
- 需要具有什么技能的人才。
- 目前公司内部员工对数字化营销转型的认知和接受程度如何。

数字化营销转型是从 0 到 1 的战略构建,它不只是一个战略问题,也不只是战术,更是关于一个全新的生意模式的构建,所以,它必须也确实有非常完整的一套方法论可供遵循。

第一步,解决 Why 的问题,对现有业务模式进行全面诊断。

数字化营销转型始于对客户的理解，在进行大刀阔斧的改革前，必须对自己本身的业务、面临的市场大环境和竞争格局进行全面梳理，对传统业务模式的瓶颈做评估，在全面理解业务的基础上进行策略的构建。

诊断部分可以分为几个模块：

1. 客户和业务情况

先问业务负责人几个问题：在目标客户的选择上，是 to B 还是 to C 业务；To B 业务是大客户业务，还是中小客户业务；你所处的业务单元以哪种模式为主；不管是 to B 业务还是 to C 业务，都是在与单独的个体沟通，那么目标受众的画像是什么样的；业务部门的产品或者服务差异化定位如何；产品和服务的输出渠道是以传统为主还是数字化为主；业务模式的优势和短板分别有哪些。

比如，有些产品力非常强的公司是靠产品驱动的，而营销方面可能就会比较弱，这时候数字化营销转型就迫在眉睫。一方面，在现在的市场环境下，通过产品力本身驱动市场已经变得越来越困难；另一方面，提升数字化的营销能力能够带给企业更大的成长空间，弥补短板的投资回报将会比继续做产品改善的优势强化高出很多。

同时，针对不同业务模式和客户，对目前的数字化能力及现状做全面剖析，在传统业务模式下和客户沟通的方式有哪些，数字化的沟通渠道又有哪些，客户是怎么看待企业的，这时候一定要收集消费者的反馈。从消费者的反馈中，一般可以知道企业是以什么为驱动的公司，是品牌、产品还是市场；企业是否已为客户提供无缝连接的端对端数字化的客户体验；在设计客户体验时有没有收集客户的反馈及是否有进一步改进的空间；通过数字化方式触达终端客户的效率及敏捷性如何；数字化举措是否具备规模化服务客户的能力。

在客户体验设计上通常会面临很多的问题，客户可能会有如下抱怨：

- 在认知阶段，比如"我搜不到我想要的产品描述和解决方案"。
- 在兴趣阶段，比如"我找到的内容和我不相关，内容不准确或者不完整"。
- 在购买阶段，比如"我得不到及时有效的在线客服支持，网络下单体验也不好"。
- 在复购阶段，比如"我无法快速便捷地完成在线复购，也没有相关专员向我介绍其他我可能需要的产品"。

以上都是在客户体验设计中十分常见的问题。

而对企业来说，由于数据和相关信息的缺失，客户体验的每一步之间可能会有断层现象，即客户旅程的每一步都可能是彼此独立的、不连续的，所以就没有形成一体化连贯性的客户体验设计机制。

比如，大型企业可能有不同的事业部，不同的事业部出售的产品可能会有重叠，那么客户可能会得到不同的产品报价，客户在官方网站浏览产品信息的时候，一旦产生了兴趣，没有办法直接跳转到相应购买平台直接采购，在售后，相关技术服务人员可能并不知道客户的购买历史、使用情况和遇到的问题，从而反复沟通，导致客户体验不好。大型企业内部在购买旅程的不同阶段，通常是由不同部门人员负责执行，所以，由于信息不畅通导致客户体验不好的问题时有发生。

客户体验这一步，通常有咨询公司站在第三方，以客观、中立的角度去观察、走访、调查和研究，需要采访企业内部许多的核心业务人员、管理层，同时以定量研究或小组访谈的形式采访消费者，以收集尽可能多的一手信息，以对业务和客户情况进行全面的诊断和评估。

2. 组织结构和工作方式

数字化营销转型也涉及内部组织架构、工作方式的变革和转型。

有些大企业的职责交叉，汇报线混乱，分工不明确，内耗情况严重，层级制的汇报体系对数字化转型的敏捷性提出了要求。

自我思考：

- 数字化人力资源是否能够满足企业对数字化营销转型的要求。
- 是否需要引进具备不同数字化技能的人才。
- 不同数字化领域的专员在合作模式上是否健全。
- 职责分工上有没有产生重叠和内耗。
- 市场、销售、供应链、技术服务、IT部门的成员在项目协同方面的沟通效率如何，KPI的定义是否协同。
- 成员是否有被充分激励，是否朝着同一个KPI协同工作方向和内容。

针对以上问题，组织架构方面需要解决的问题是：构建高敏捷度的组织架构，鼓励创新，倡导创业者精神，将机会主义、阶段性数字项目导向的策略向常态化且管理有序的整合数字业务部门构建进化，按照试点、学习、反馈、数据赋能决策、调整战略这个过程不断循环，不断优化，然而，完成这一转型可能需要3~5年的时间。

通常，大型跨国企业内部的数字化组织进化和成熟度分为以下几个阶段，如图4-8所示。

第四阶段：完全整合
数字化驱动的服务成为整个公司的核心：数字即业务

第三阶段：业务导向
在标准化的基础上数字化的行动计划设置轻重缓急

第二阶段：工具导向
数字化的工具和行为倾向于标准化

第一阶段：机会主义
数字化的举措由某个部门、某个地区启动

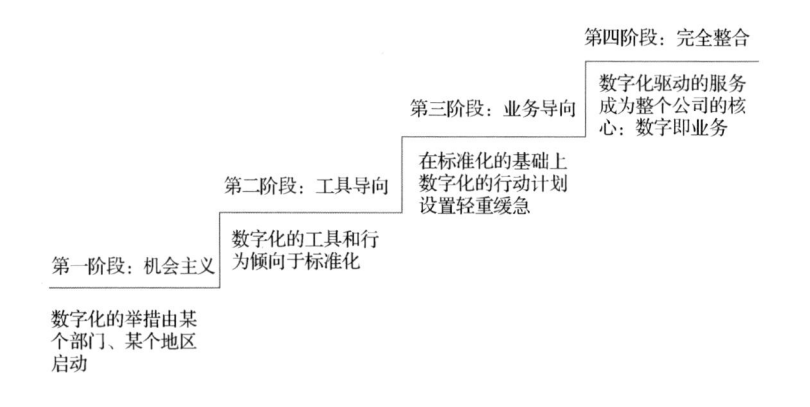

图4-8

第一阶段："机会主义"，也是在数字化组织上最为原始的阶段，即一些数字化的举措由某个部门、某个地区启动，通常这样的行为是出于当地市场或单个业务部门对当下业务需求的考虑，但它没有考虑到未来在企业内部复制成功举措的可能性及在未来发展的可能性，也没有高层的支持。

第二阶段："工具导向"，由中央集权的核心部门启动并优化大规模的数字化举措，一些数字化的工具和行为倾向于标准化。

第三阶段："业务导向"，在标准化的基础上数字化的行动计划设置轻重缓急，数字化的需求由本土市场根据当地市场需求的评估进行本土化，但仍由一个得到管理层支持的核心部门进行领导，以便实现在其他业务模块进行复制的可能性。

第四阶段："完全整合"，数字化驱动的服务成为整个公司的核心：数字即业务。数字营销完全整合进企业组织，成为核心职能部门。

企业先要做的是对目前市场部组织进行评估，然后，看处在以上四个阶段的哪一个阶段，最后计划未来多久时间内完成向下一阶段的推进。

3. 技术和数据

技术和数据是数字化转型的底层能力，所有的创意、内容、思路的实施最终都会由数字化系统的部署来完成。通常需要公司IT部门的领导具备技术和数据营销职能，还需要IT部门的领导懂技术、懂数据，但是洞察市场需求，将数据和技术赋能在销售上，通常会有断层，所以，由技术领导和驱动的数字化项目不一定围绕消费者洞察展开，也没有清晰的工具和数据应用的战略，如果数字化项目由业务部门领导，技术和数据的能力可能又有些欠缺。

自我反思：

- 目前的数字化举措是否由数字技术部门领导，业务部门和一线客户的参与是否充分。

- 不同事业部在数字化营销转型的举措上能否通过自身业务情况进行定制。
- 所有数字化工具的部署是否践行以客户为中心的模式。
- 数据赋能决策的数据分析和洞察,数据可视化实现机制是否形成清晰的策略和有效的数据管理思路。
- 目前是否已经构建客户数据库,数据库中的哪些数据可以被有效利用,有没有清晰的客户数据收集、清洗、治理体系。

针对以上问题,数字化营销转型在技术和数据领域需要解决的问题是:确保数字化工具和系统部署能够如期交付,设计并传递更好的客户体验,规范数据管理方式,提高内化数字化核心能力。

第二步,解决 Where 的问题。定义优化方向和改进空间,制定数字化营销转型的原则,并贯穿始终。这是关键性的承上启下的一步。

在完成了第一步对以上问题的彻底诊断之后,全面发掘数字化营销转型在以下几个方面的机遇。

- 以客户为中心,优化客户体验,提供更好的客户服务能力。
- 促进业务增长。
- 增加营利机会。
- 最大化数字化赋能的规模效应。
- 形成竞争壁垒。

第三步,解决 Who 的问题。构建数字化营销转型试点团队,就是希望谁率先参与进来,希望这个团队里面有什么样的人才。

首先,领导者要清楚数字化营销在未来几年的发展方向和目标,在此基础上判定要达成这样的目标,团队里面还缺少什么样的人才,是从外部引进,还是内部调岗,目前企业中的人才是否有转型的需求。其次,试点团队的建立要具备敏捷性特点，每个成员之间要充分沟通并快速反馈自己的想法，这样大家才拥有同样的目标；团队可以是临时组织的，在团队建立后，定义好不同成员的角色，分清决策者和参与者，一定要明确某个领域内的决策者是谁，避免为一个问题争论不休，影响进程；同时明确每个人的责任和义务，权责对等，协同 KPI。最后，管理者的主要任务是建立转型的紧迫性和转型的文化，让组织中的每一个人都参与起来，通过试点团队带动全员参与数字化的积极性。

第四步，解决 What 的问题，发展试点项目、最小可行性产品。

在构建数字化策略和组织时，通常有两种思维：一种是项目思维，还有一种是产品思维。

从表 4-1 中可以看出，项目思维是有明显的时间上限和完成时间点的，数字化营销转型举措被看作短期的项目行为，而产品思维将数字化营销转型举措看作持续性和常态化的商业行为，这两者之间有着本质的区别。

表 4-1

项目思维特性	产品思维特性
根据项目规定清晰的开始时间和结束时间	清晰的启动时间点，没有结束时间
根据项目划定阶段预算	持续性的预算
项目分阶段上线，项目的后期优化会被考虑成单独的项目	持续性的开发和优化
项目思维优化目标	产品思维优化目标
项目在各个事业部/市场之间形成标准化体系	快速取得结果
预测需求和结果	获得早期的客户反馈
迅速大规模范围内上线	一开始投入较小规模，随后扩大规模

产品思维的第一步是开发"最小可行性产品"，然后在最小可行性产品的基础上不断优化，定义优先级，进行产品迭代。

什么是最小可行性产品？这个词虽然诞生已久，但不同的人对它的理解不尽相同，也算是目前科技领域中容易被误用的术语之一。它经常会被等同于一个"原型"，一个 demo "样品"，甚至是一个项目的第一版输出品。但其实这是不全面的。

构建"最小可行性产品"指的是：你有了一个很棒的想法，你需要开始构建一个产品，更准确地说，是构建一系列产品功能，使其能以最小的成本和风险去实现你的产品目标。

如何构建"最小可行性产品"呢？你需要像客户一样思考，你需要像企业家那样思考，你需要明确优先级，确定中心。像客户一样思考才能知道客户真正想要的是什么，产品思维就是客户思维；像企业家那样思考，因为这是一种全新的想法、思路，产品从无到有的开发需要创新思维。

最小可行性产品的开发不是你有了想法，直接行动，把产品做出来就好了；正好相反，在开发最小可行性产品前，你要设立长达3~5年的战略目标，在此基础上集思广益，发展出各种实现的可能性，然后在此基础上做减法，根据短期目标分任务优先级，最后在最小成本和风险范围内将满足客户需求的产品开发出来。

第五步，解决 How 的问题，即如何评估项目影响和结果。

如何衡量产品成功与否，采取的方式是有定性的，也是有定量的。

这一步主要收集客户对于产品的反馈、使用情况，用科学的方式衡量客户满意度。同时，必须设定数据科学评估体系，监测流量转化情况，客户互动情况，产品对实际的业务产生了什么样实质性的影响，是销量增长了，还是客户转化效率提升了、复购率提高了等可以被量化的指标，这些必须定义清楚。

下面给大家展示一个案例，假设要构建一个基于业务增长的数字化营销框架，除对所有的业务模式进行诊断外，管理层还对数字化营销提出了三个未来一年要达成的目标。目标一：加速新客户的获取；目标二：最大化客户生命周期价值；目标三：优化数字化体系服务和效率；目标一设为当下首要目标。如图4-9所示。

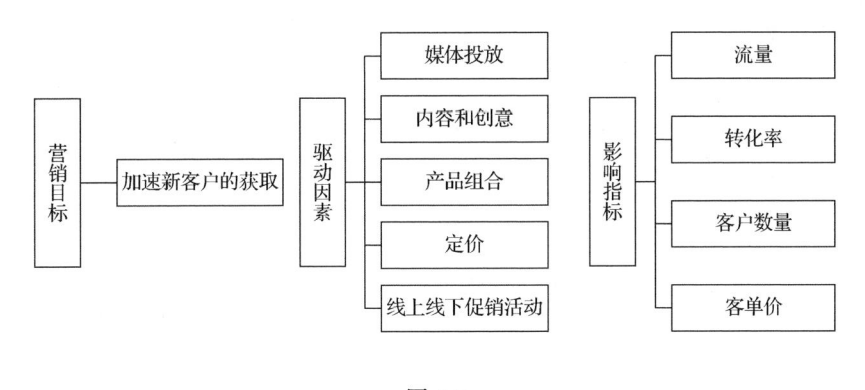

图 4-9

在这个框架下，展现出的是对应每一个目标具体有哪些增长驱动力，每种增长驱动力可以由哪些指标去衡量，从而产生业务影响。比如新客户数量等于流量乘以转化率。

要获得新客户的增长，有哪些数字化营销手段呢？比如，有效的媒体投放选择和投放策略，它产生的影响是流量的增长、内容营销和创意，它能产生的影响是流量质量，即广告点击转化率、客户在购买时加购并收藏的可能性，所以它会在转化率和新客户数量上直接产生影响。

设定目标是第一步的，每个增长因子都设定好具体可衡量的数据指标，然后在执行数字营销策略时，应用产品思维快速尝试每个可能会对增长因子产生正面作用的举措，利用数据不断验证和改进，小步快跑，快速迭代，直至每个增长因子都能共同产生驱动整体业务增长的正面效应。每个增长因子其实是由一个个快速的行动积累起来的，比如媒体投放，如果媒体点位不行，CPC成本太高，就要快速发现原因，是因为投放标签不精准，还是因为媒体本身，这要求我们实时监测，马上做出行动调整方案，更换媒体或者精细化投放标签,调整出价策略。这个框架看似简单,其实展现的只是数字化营销策略的冰山一角,每个被定义的增长因子必须是由无数个不可见的行动方案组成的,经过不断的尝试、调整、再尝试,这需要一个专业团队具有快速精准的强大执行力。

4.2.2 市场部如何制定数字营销计划

作为与时俱进的专业市场人,你可能知道如何做一场直播,你也知道如何运营公众号,如何设计一款吸引眼球的电子海报,如何蹭热点及策划事件营销,但所有这些仅仅是你看到的一小部分操作和内容,数字营销的范畴很大,它是一门系统学问。

有人认为数字营销要接地气,从小做起,不要动辄几十页的规划方案,不要假大空的大方案,应该自下而上,循序渐进。我并不反对这种观点,但是实操战术的前提是你有大方向,你能洞悉市场和行业发展的趋势,你对你面临的竞争环境有透彻的了解,基于此,数字营销该做什么,不该做什么,投入多少,如何投入,实现战术输出才有意义。

对行业头部企业的营销人,要维持品牌的领导地位,尤其需要具有大局观且能把控大方向。

对行业腰部或者尾部的营销人,要突出重围,和领导品牌一较高下,要了解行业顶尖品牌的先进做法,知道差距在哪里,是否有其他更低成本但是更高回报的方式突破壁垒。

制定数字营销战略行动规划可以遵循"七步走"策略:

第一步,开展市场调研。

调研内容包括:针对行业特性了解目标客户的属性、购买决策动机、媒体消费习惯。

第二步，对企业数字营销状况做SWOT（Strength，Weakness，Opportunity，Threat）分析。

目前企业的数字营销做得怎么样，优势、弱势有哪些，有什么机会，同时面临什么样的威胁。

第三步，了解竞品数字营销现状。

了解竞品数字营销现状，会帮助你了解所在企业的数字营销发展处于什么样的地位。有些企业的业务收入、利润和品牌处于头部位置，这不代表企业在数字营销方面是领导者，因为企业现在的领导地位可能是基于前面几十年传统业务模式的积累。

数字化时代的竞争十分激烈，如果在数字营销方面没有跟上时代的步伐，那么现在的领先并不代表未来的领先。这时候企业需要采取积极的进攻策略，维持自己在行业的领军地位。

相反，如果是行业腰部或者底部的企业，其所做的事情是了解行业头部企业的数字营销做法。如果对方的数字营销体系并不完善，那么这反而会成为市场跟随者利用数字营销进行翻身的机会。

举个例子，在投放搜索引擎关键词的时候，我们通常会采取竞品截击的策略，但很多头部企业忽略购买自己的品牌产品关键词或者进行长期的关键词优化，如果被对手抓到了这个机会进行关键词竞价，那么可能会丢失市场份额。

第四步，确定品牌进行数字营销的目标。

总体上，目标分两个：一个是以市场教育和树立品牌形象为目标；另一个是以增长为目标，以最大化投入产出比为目标。销售额的增长、利润的增长都可以作为最后的考核标准。这一类型的目标比较强调短期的投资回报比。

无论哪一种目标，未来的数字营销都是为了达成"品效协同"，品牌和效果营销必须双管齐下。所有的数字营销都是为了增长，在已达成效果的营销活动中注重品牌形象和精神的传达。在以建立品牌形象和地位为主要目标时，企业也要考虑流量的收割和变现。

第五步，内外协同。

对外，构建用户旅程，制定多触点媒介沟通计划，定义传播活动、节奏、内容、客户激励机制。对内，选择并搭建新的或者完善已有的数字化工具和平台、数据监测体系，以实现传播目的。

第六步，确定预算和细分，寻找数字化服务商。

确定预算和细分，寻找数字化服务商，是关键的一步。确定预算可以是自下而上的，比如一年要获取1000个新客户，平均一个获客成本是1000元，一年的媒体预算就出来了，再加上内容制作费用、构建数字化平台的技术投入费用、广告公司的策略和执行服务费，大致就是一年需要投入的数字营销费用。

第七步，阶段性复盘，衡量结果，及时调整方向。

复盘就是吸取经验，试错，快速改正直到成功的过程。数字营销中"数据可衡量"的特点为做出客观复盘的行动提供了可能性。

比如像广告投放表现，细化到每天去看关键词、投放点位的表现，发现问题，立即做出调整。按周去看所有的创意内容、大数据、媒体投放，进行更深层次的洞察挖掘。核心是"快速"，不怕做错，就怕在执行时犹犹豫豫，要做到大胆试错。

4.3 数字化营销的人才能力进化与需求

4.3.1 数字化人才进化挑战

我们讲转型,有流程的转型、经营的转型、生产的转型、战略的转型,但归根结底还是人的转型、组织的转型。麦肯锡提出的数字化转型成功的必要条件——金字塔模型,处于金字塔底部的便是人才和敏捷性组织。同样企业的数字化营销转型需要一个高效的数字化市场团队来引领营销的变革,市场营销作为直面客户的部门,它的数字化是走在前列的,是容易被看到的,也是比较容易衡量结果的。在所有转型过程面临的挑战中,建立高效的数字化团队及团队的管理是摆在管理者面前的头号难题。

这里面有一些是对市场部错误的认知导致的,尤其在B2B商业模式下,市场部的主要任务被认为是赋能销售人员,给销售人员提供一些市场的支持,比如客户数据分析、市场调研、市场物料的制作、广告宣传等,但随着数字化的演变,数字营销的职能在未来将全面主导市场部战略,而随着市场部中新鲜血液的注入,它能够发挥的作用不仅是支持销售部或其他核心职能部门,它还将成为"利润创造中心",它在组织中的地位不仅是职能的增加或减少,还涉及整个组织价值链的重塑,意义深远。

在这种趋势下,我们同样也看到一些大型的跨国公司单独成立一个"数字化的创新中心",作为数字化转型的试点组织,从战略到战术的落地,还有很长的路要走。现在要讲的是如何真正建立可以落地的数字化市场部,如何驱动业务增长,将数字化增长策略落实到每个事业部,这才是每个高管们应该做的事情。

一些大型跨国公司取消了CMO、CMO职能,取而代之的是CGO(Chief Growth Officer)或CDO(Chief Data Officer),这也预示着未来市场和销售的职能逐渐模糊，它们将不再是"市场向左，销售向右"的关系，市场部的职能更多以促进业务增长为主。

在"新冠肺炎疫情"发生后，企业管理层和员工对数字营销的认知有所加强，数字营销作为企业的主要战略方向之一被提上议程。在实践层面，许多公司不得不采取数字化的手段，比如用直播代替线下活动，用线上推广方式维持生意的稳定性，通过数字化的方式和用户直接建立了连接，并且尝到了甜头，但很多企业可能会面临"疫情下的组织焦虑"这种情况，有的企业非常想要构建一个完美的数字化市场部，大量招兵买马，但是项目进展又不尽如人意，我们先要解决的问题是摆正心态，避免"病急乱投医"，克服"疫情下的组织焦虑"，建立数字化组织是很重要的，但是它需要时间，太过着急只会走弯路。

我们先退后一步，思考几个问题：

（1）你的组织需要什么类型的数字化人才。

（2）数字化的人才从哪里来，如何培养，什么样的人可以被称为合格的数字化人才。

（3）数字化时代的人才应该具备哪些素质。

对于数字化人才的定义是非常广泛而多元的。但目前仍然缺乏一套人才培养的标准，供应、输送和评估体系难以适应社会发展的需求，导致数字化人才市场面临的挑战是：

（1）数字行业从业人员水平参差不齐。

（2）合格的数字化人才紧缺。

（3）数字化知识和科技更新迭代太快，人才技能发展计划赶不上变化。

（4）数字领域中的数字营销从业人员流动性较高，知识资产无法积淀。

导致人才紧缺主要来自以下几方面原因：

（1）一些新兴的数字化人才因受传统就业观念的影响，在择业时会放弃。

（2）单纯的学校培养模式受到缺少实战场景的约束，校企联动潜力没有充分发挥。

（3）部分领域不缺人才，但整个社会缺少具有跨界思维和综合业务能力的人才，社会对通用型、应用型的数字化人才的总需求大于研发型的专业数字化人才需求。

在企业层面，无论组织转型面临什么样的挑战，以上挑战总是客观存在，首要条件是自上而下获得最高管理层的支持。数字化组织转型不是选择，而是唯一出路。

4.3.2 未来需要什么样的数字化人才

陈春花教授指出数字化时代具有两大特征：

一是时间轴大大缩短。企业寿命、产品生命周期、争夺客户时间窗口都在前所未有的缩短，各个行业被重新定义。

二是断点，突破，不连续性，不确定性。这使商业环境和商业竞争从可预测变得不可预测，沿着旧地图，一定找不到新大陆，因此人才管理也必须做出改变。

基于以上数字化时代体现的显著特征，企业需要什么类型的数字化人才呢？数字化人才是各种能力和素质的集合，而不同人格特质的人才通过一定的培训也可以找到属于自己的施展空间。如图4-10所示。

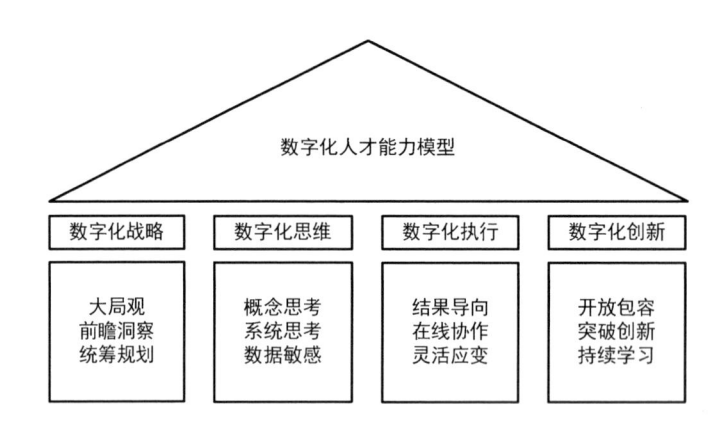

```
                数字化人才能力模型

    ┌─────────┐ ┌─────────┐ ┌─────────┐ ┌─────────┐
    │数字化战略│ │数字化思维│ │数字化执行│ │数字化创新│
    ├─────────┤ ├─────────┤ ├─────────┤ ├─────────┤
    │ 大局观  │ │概念思考 │ │结果导向 │ │开放包容 │
    │前瞻洞察 │ │系统思考 │ │在线协作 │ │突破创新 │
    │统筹规划 │ │数据敏感 │ │灵活应变 │ │持续学习 │
    └─────────┘ └─────────┘ └─────────┘ └─────────┘
```

图 4-10

未来企业需要四种类型的人才：

（1）数字变革者。数字变革者承担的任务是数字化领导力资源整合。

（2）战略伙伴。战略伙伴需要有较强的观察力和数据表达力，能确定目标和战略方向。

（3）创新预言家。创新预言家具有灵活敏捷的跨界思维，以客户为导向，对未来有前瞻性。

（4）问题协作者。问题协作者可以敏锐感知风险，进行安全性管理，避免数据和技术漏洞对业务产生危险。

总的来说，企业需要的人才具有的能力是数字化领导力、数字化资源整合能力、创新能力及数据风险控制能力。

在未来，将有 6 个领域的核心数字化人才对企业的数字化转型产生重大影响和贡献。

1. 市场营销专家

未来的市场营销专家是指数字营销专家，他们精通如何建立数字化营销生态，运用多样化的数字渠道建立直面客户的营销模式。这也是未来构建数字化市场部的核心职能之一，他们不仅懂得构建数字化营销战略，还懂得构建数字化的执行团队，整合资源；将数字营销项目落地。

2．电子商务专家

熟知各电商平台的属性、运营、交易特点，对未来电子商务趋势和模式有创新想法。

电子商务专家非常了解当下各个电商平台的政策和特点，懂得如何利用平台规则和资源，通过和平台方建立战略性的合作关系，以促进平台交易额的增长和数字化交易的利润增长。此外，他们还必须对未来电商行业的发展和趋势有一定的洞察，在市场变化之前就敏锐感知这种变化，在变化中谋求发展机遇。

3．工业4.0专家

智能化时代制造业专家，他们肩负着利用新兴信息技术系统和生产研发部门一起合作开发新产品的使命。

4．数据科学家

数据科学家通过整合数据搭建数据中台，了解客户的喜好和需求，对消费模式、销售数据、产品选型、营销效率等多方面进行预测。

数据科学家不仅懂得数字化的技术如何应用，还需要和市场营销专家、电子商务专家合作，洞察客户需求，了解业务痛点，在此基础上提出数据解决方案，构建数据模型，在数据模型构建好并投入市场部应用之后，要在长期内观察数据的变化，对数据模型和预测做调整，不断优化模型。

5．渠道开发专家

数字化转型过程也伴随着渠道的数字化，渠道开发专家负责数字化渠道开发、拓展和管理。

6. 新工作方式专家

由于工作方式也将引来变革，新工作方式专家着眼于利用创新方式提升整体团队合作效率并改造企业文化。

4.4 构建数字化营销组织

4.4.1 建立高效数字化市场部

组织的转型以构建数字化的市场部作为起点，如何能够将传统市场部成功转型为"数字化商业模式创新"部门，它的意义不再是职能的创新，而是营销战略的创新，现在谁先拔得头筹，率先完成市场部的转型，谁就可以获得时代的红利。为什么构建数字化市场部的意义在今天那么重大呢？

第一，在高度数字化环境的中国，消费者的行为正在发生一系列变化。从被教育，产生认知，到考虑，最后形成购买、复购、决策流程的每一环节都在数字化。以前通过展会，现在会去抖音看短视频，通过搜索发现信息，小程序分享推荐好友，在短视频平台直接完成购买，消费者在一个数字化的渠道就可以完成整个购买旅程，对市场部来讲，一个数字化的平台可以帮助完成整个营销闭环，如果市场部还不懂得这些平台的玩法，不能洞察未来这些数字化平台的发展趋势，很显然是跟不上时代变化的，也是无法满足消费者需求的，你不懂消费者，你就会失去他们。

第二，营销的根本目的发生变化，从品牌到品效协同，从注重创意到注重业务增长。前面我们讲了品效协同这个话题，归根结底，数字化可以将品效协同这件事发挥得淋漓尽致，品效协同在数字化的营销方式下才可以得以实现，而市场部会大大弱化对"创意"的关注，因为所有创意的影响力都可以被量化，再好的创意，如果不能引起消费者的共鸣也无济于事，创意是手段，而获得消费者、促进增长才是目的。

第三，降本增效。以前靠人力，现在靠数字化的技术实现营销活动的部分自动化。比如，以前客户线索的挖掘靠销售人员，销售人员数量有限，因此难以触达数量庞大的潜在客户，无法实现规模化，现在通过数字化多渠道触达，不受时空限制，大量产生销售线索，挖掘客户需求，形成市场增量。在数字化帮助企业提升效率的同时，降低营销成本，这是看得见摸得到的好处。

第四，市场部地位的提升。从支持部门变成创收部门，数字化技术提供实现这个目标的可能性。以前，市场部门是花钱部门，拿着市场部的预算，但是预算有没有花到刀刃上，无从得知，这也是市场部和销售部关系比较紧张且容易起冲突的原因；现在大量的数据，用数据验证营销效果，预测营销有效性让市场部和销售部之间的衔接更加紧密，企业部门协作能力提升的同时，也降低了企业部门运营和管理成本。

那么，建立数字化的市场部作为不得不做的事情，如何去完成市场部的转型呢？

第一点，构建数字化市场部，首先要是构建数字化的文化。

文化是营销转型过程中企业自身领导力的展现。文化是独一无二的东西，虽然看不见，摸不着，但是它是独一无二的，是帮助企业建立长期差异化优势的护城河。数字化文化的建立不光是市场部做的事情，还涉及 HR 和最高管理层的支持。

不同员工对数字化的认知处在不同阶段，接受程度也不一样。有些人不知道数字化对企业意味着什么，有些人想了解更多的数字化知识，但是对企业在数字化层面做了什么努力不是很清楚。那么，如何构建有效的数字化文化呢？文化背后应该有一套有效的管理机制去驱动。这套管理机制鼓励创造、分享、博采众长、敢于决策、敏捷性行动的行为。

首先，市场部部门要善于倾听其他业务部门的意见，并真正理解它们对于数字化的真实想法，比如数字化的必要性、所处阶段、有什么好处、想要数字部门给予什么样的支持、落实到传统业务形态中有什么问题，这样才能做到求同存异。其次，创新员工分享数字化解决方案，创新营销案例的文化。再次，充分认可具有数字化专业技能的员工对企业的突出贡献，给予积极鼓励和职业发展的空间。最后，管理层要现身说法，在各种开大会的场合提及数字营销的重要性、数字营销的具体实践案例、对于业务的正面影响、管理层投入改革的决心，这是数字化内部宣传的有效的方式。

第二点，搭建数字化核心市场团队。

数字化市场部门的搭建是由公司未来的战略方向和对这个部门的定位及期待所决定的。

传统市场部门的职能主要包括品牌、产品、媒介、策略和危机公关等。数字市场部既要将数字化视为提高客户参与度的一种方式，又要将其视为提高运营效率的一种方式。在数字媒体时代下的人员不仅需要懂市场营销专业的业务，还要懂信息技术，同时需具备数据思维。为了达到品效协同的目的，除了品牌营销方面的人才外，同时还要设置效果营销职能，在品牌营销和效果营销人才设置KPI时，保证一致性。

未来的数字营销人才必定是具有系统思维的跨界人才。业务、技术、数据一个都不能少，核心是构建捕捉消费者需求的能力。

首先，按照级别拉开差距，不同级别不同的素质需求。数字营销总监，具备以上综合才能，具有数字生态全盘规划的能力，能够洞悉市场变化和趋势，具有敏锐的嗅觉，带领团队完成业绩指标。数字营销经理，懂数字营销技能和项目管理能力。数字营销专员，要在数字营销某一领域非常擅长。

其次，在职能上职责划分要明确，正确的人放在正确的位子上。比如有专人负责数字化策略和多渠道客户体验构建，针对流量的获取，设置内容和媒介购买专员，流量的转化需要懂业务的销售人员，承担线索清洗工作，而数据分析，CRM 人才则帮助促进流量的运营和变现；每个人要各司其职，发挥应有的作用。

第三点，数字化营销团队管理。

（1）目标设定：针对每一个人的职责设定 KPI，定性和定量的指标，定量指标是指否完成有效流量、新客获取等；定性是指有没有在规定时间节点内完成项目的上线。

（2）权责要对等，给予多少的责任就要给到相应的授权。

数字部门应该面对的问题是：背负很大的责任，要驱动销售增长，但是经销商管理和定价权利仍然在核心的业务和销售部门，工作无法有效展开。

但是，项目的运转又是建立在团队的专业和执行力基础上的，所以要先解决资源分配和部门利益的问题。如果数字化的市场部门背负了销售额的 KPI 指标，那么在产品的选型、定价方面，经销商的管理市场部门之间要有发言权和影响力。

（3）进行定期工作复盘，一个团队充分交流思想和意见，定期进行观点碰撞，保持开发的头脑，滋生创新的土壤。

（4）保持集体的学习能力。数字化环境日新月异，市场变化之快超出想象，每一位领导者、部门人员都必须具备超强的学习能力，如何高效学习是很有讲究的，有些企业找了很多导师讲数字化营销方面的理论或者实践案例，但是这些知识能否转化成实际工作经验，并在实际工作中帮助企业转变工作方式呢？不能说没有用，但是有多少用却因人而异，取决于学习后本人有没有实践，及领导者如何引导团队成员进行这些知识点的应用。下面我们来看一看学习金字塔，如图 4-11 所示。

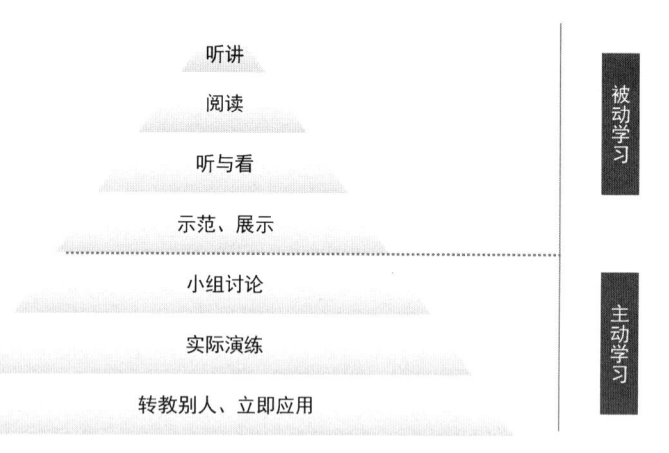

```
        听讲
        阅读
       听与看                被动学习
      示范、展示
     ------------
      小组讨论
      实际演练                主动学习
   转教别人、立即应用
```

图 4-11

第一种，"听讲"的方式，也就是老师讲、学生听，这种方式是我们熟悉、常用的方式，学习效果却是比较低的，两周以后学习的内容只能留下 5%。

第二种，通过"阅读"方式学到的内容，可以保留 10%。

第三种，用"声音、图片"的方式学习，可以保留 20%。参与一些行业培训、直播。

第四种，"示范"方式，采用这种学习方式，可以记住 30%。比如看现场演示。

第五种，"小组讨论"这种学习方式可以记住 50% 的内容。

第六种，"做中学"或"实际演练"，可以达到 75%。

最后一种是金字塔基座位置的学习方式，是"教别人"或者"马上应用"，可以记住 90% 的学习内容。

比较有效的方式是最后一种方式，你觉得你学会了，工作中也能应用了，你就真的掌握了吗？作为数字化的营销人才，如果你今天能将你在课程中学到的东西以结合案例的形式讲出来，并且教会其他人应用 5S 模型、AIPL 模型、场景营销模型，那么可以说你掌握了 90%的知识点。

头脑风暴、思维碰撞、分享交流都是非常好的内化学习方式，将实践经验与人分享，结合自身总结出自己的方法论和别人交流，然后在工作中不断验证自己的想法，调整优化自己的方法论，由此形成学习增强回路，长期坚持这个习惯，量变一定会引起质变。

案例：我们来看下阿里巴巴作为当今最具代表性的互联网企业之一，它们的数字化营销组织架构是如何设置的，阿里巴巴作为平台方是连接品牌方，即商户和消费者的核心桥梁，它们有四个核心的职能部门，为品牌方输入通过平台增长商户 GMV 的知识和技能，提供必要的支持，同时输出端是消费者，消费者获得了他们想要看到的信息，买到了他们想要买的产品，通过这一进一出，阿里巴巴市场部构建起了其核心——数字营销能力，为商户和消费者创造了核心价值。

这四大部门是 UniCommerce 整合电商解决方案部门，为商家输入核心知识和技能，提供的服务有旗舰店的搭建、促销机制的开发、定价、物流支持、客户服务及战略中心几大职能。第二个部门是 Databank，数据银行，定位是人工智能驱动的数据能力部门，负责平台数据的整合，分析，用以用户的激活，这个数据银行是对品牌方开放的，拿到阿里巴巴的授权后，品牌方可进入数据银行后台进行自身品牌表现的分析，从而帮助品牌方做出营销决策。第三个部门叫 brand Hub，帮助品牌方创建社交化的内容，数据品牌形象，与前两个部门不一样，前两个更多是赋能商户的幕后部门，而这个部门更像是站在前台，服务消费者的部门，它们确保创建的会员体系、品牌专区内容是客户喜闻乐见的，最后一个部门叫 UniDesk，多频道媒体聚合平台，给客户展示千人千面的广告,实现个性化的客户体验,在这样四大核心部门的支撑下,阿里巴巴构建起了在数字营销方面具备电商、媒体、内容和数据的能力,以全方位赋能商家增长店铺 GMV,从而实现增长自身收入的目的。

4.4.2 新营销时代市场和销售的关系

在一个大型企业内部,市场部门和销售部门永远是直面客户的中坚力量部门。它们通过直观的方式有效获得客户信息,获取客户对公司、品牌和产品的反馈。客户是企业重要的资产,是企业收入和利润的来源,市场部门和销售部门承担着直接服务好客户的重要职责。所以,市场部门和销售部门能否互相配合和支持,共同服务好客户,为企业创造效益成为企业成败与否的关键因素。

市场部门是"花钱"部门,销售部门是"赚钱"部门。

在中国企业中,被重视的是销售部门,这也解释了为什么过去几十年有影响或有内涵的公司和品牌相对较少,但近些年,国内企业也越来越重视企业品牌和市场营销功能部门的打造。市场部门从以前"市场和销售混为一谈"的状况中拆分出来,被充分认知和重视了。

很多人对市场部门和销售部门之间的职能有着很大的误解,认为是一件事情,但其实它们的职能存在着显著差别,它们之间的差别也是营销和销售的区别。我们通常所说的市场部门就是市场营销部门。

传统意义上,市场部门和销售部门之间呈现什么样的关系呢?营销是全局的观察、分析与规划。销售是局部的接触、交流与执行。一个注重思维力和创造力,另一个注重行动力和感知力。

市场部门绝对不只是进行宣传和营销支持的工作,无论是"4P"(Product,

Price，Place，Promotion）还是"4C"（Customer，Cost，Convenience，Communication）如图 4-12 所示。

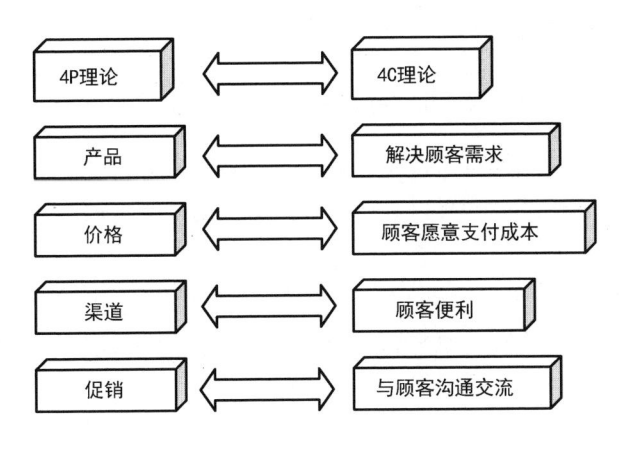

4P理论	⟷	4C理论
产品	⟷	解决顾客需求
价格	⟷	顾客愿意支付成本
渠道	⟷	顾客便利
促销	⟷	与顾客沟通交流

图 4-12

市场营销是一门非常重要的学科，从前期客户需求调研到理解，再到产品营销策略、定价策略、渠道管理策略，最后才是面对客户的沟通和宣传策略。所以，市场部门所从事的工作是整个从产品生命周期管理、研发到导入市场所经历的一系列价值传递的过程。作为一个合格的市场总监，必须对整条价值链和对整体市场战略有着深刻、长远而精准的洞察。

营销是过程，销售是结果。营销为销售铺路，使它更容易达成。市场赋能销售，市场部门工作的大致内容包括：传播信息、激发需求、增强认同。

所以，这是一个持续不断需要进行市场教育，需要和客户沟通的长期过程。它产生的长期结果是通过增强品牌资产来赋予销售部门更好更快地将产品服务为客户接受的能力，短期结果是通过一些促销活动清库存，激发短时间内的销售增量。

而市场营销的职能及市场和销售的关系又在潜移默化地发生着什么样的转变呢？由于企业自主地愈发重视数字化市场部门的搭建和数字化转型人才

的吸纳与培养，更重要的是时代的发展，数字化深入经济和社会各个领域，企业寿命和产品生命周期大大缩短，行业被重新定义，客户习惯被重新定义，数字化渗入客户购买决策的每个流程。

市场和销售的职能及关系的进化成为企业在数字化转型过程中的核心组织变革环节。在数字化时代，市场和销售的关系也在悄然发生变化。市场和销售边界愈发模糊，以服务好客户、共同促进增长为目标。

市场部的定义不再是花钱部门，也必须是赚钱部门。为什么营销界这几年从以"创意"为核心转变为以"效果"为核心，甲方向乙方传达效果营销的压力，归根结底在于高管对于市场部门的期待，考核的方式发生变化，以前是品牌、市场渗透、客户触达率，现在是更为严苛的KPI考核，比如有效线索的数量、获得新客的成本及单个客户产生的生命周期价值。

LinkedIn（领英）大数据显示，有超过一万家企业将自己的CMO岗位升级为CGO。

从全球角度来说，CGO目前的确正在成为企业营销的重要岗位，如图4-13所示。

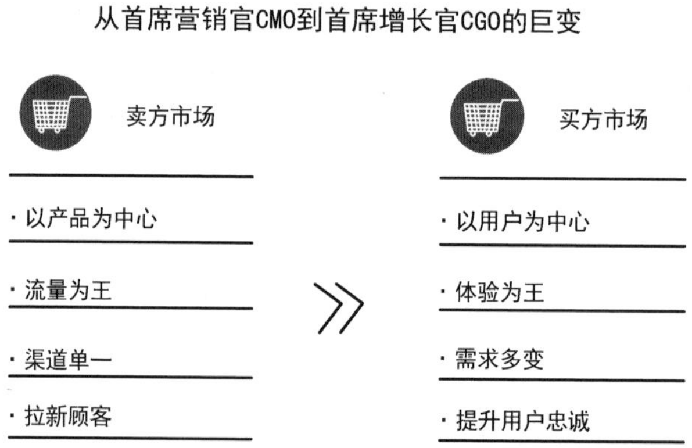

从首席营销官CMO到首席增长官CGO的巨变

卖方市场	买方市场
·以产品为中心	·以用户为中心
·流量为王	·体验为王
·渠道单一	·需求多变
·拉新顾客	·提升用户忠诚

图4-13

市场和销售的关系是取长补短、相互补充、互相促进的关系。

随着市场部门的数字化，越来越多的市场部门以数字营销和电商营销作为其重点战略，这让许多以传统渠道和销售为主导的企业部门产生危机感，认为以线上为代表的电商部门和以线下为代表的销售部门是有一定冲突的，线下业务的稳定性会受到日益增长的线上部门的冲击，实则不然。

市场部门的工作也是为了业务的增长，其愿景和目标是相同的。无非是目标拆分的问题，那么这是企业管理的问题，目标如何有效拆分到不同部门，并让两个部门共同承担起相应的责任，这是管理者要思考的问题。

数字化时代确实重新定义了市场和销售的关系，但是它们的关系并不互相排斥，而是整个企业面临的商业生态发生了重大变化，市场、销售人员、渠道、经销商、客户组成一个全新的生态。

市场部门研究整个市场环境趋势，提供市场情报，建立数字化战略，并为销售人员提供有效销售线索，维护客户忠诚度为主要职责，而销售部门则以直面客户，转化大客户，与经销商共同完成服务好客户为主要目标，产生直接的销售结果。两者取长补短，密不可分。由此，"营"和"销"的关系也更加紧密。

所以，数字化变革时代对企业管理能力、领导力也就提出了更高的要求。未来做得好的公司一定不是销售部门占主导地位，或者市场部门占主导地位的公司，而是市场部门和销售部门每一方都发挥出自身优势通力协作的公司。

在数字化时代，数据和技术是市场部门的两大法宝，这也就赋予了市场部门更多责任和权利。

数字化时代赋予市场部门更多责任和权利，由于大数据和数字化技术的高度发展，让更多市场人可以利用海量数据作为有力武器制定以客户为中心的数字化战略，比如前面提到的C2M多为B2B品牌客户所用，D2C（Direct to Consumer）比如完美日记、MANNER 咖啡等互联网和快消品牌都是应用大数据思路的一些成功营销案例。

数据意味着可以更好地了解你的客户，做出更客观的决策，拍脑袋做营销策略的时代已经过去了。

技术意味着什么呢？云计算（Cloud Computing）、人工智能（AI）、区块链（Blockchain）等新兴技术的发展，意味着以前不能实现的现在可以实现了。

在未来，我相信数字营销能力是每一个市场人和销售人员都必须具有的能力，而同样市场人也必须深入了解客户，了解业务和销售痛点，有了这些技能和价值认知，部门和部门之间的工作也就能互相理解，而互相信任和互相理解是人与人、部门与部门之间通力协作的关键因素。

4.4.3 理想数字化团队应该具备什么素质

数字化时代营销手段快速变革的事实也对营销人的综合从业素质提出了更高要求。那么数字营销人又需要具备哪些核心技能才能满足时代变迁的要求呢？

1. 懂业务与懂客户

企业的市场潜力有多大，哪些增量潜力可以从线上去挖掘，你的客户是谁，你真的懂他们吗，他们为什么要购买你的产品，相比较竞品优势在哪里，为什么数字化渠道推广和转化优于传统经销渠道。

市场人在挖掘客户痛点，发掘价值主张的时候都很痛苦，做了很多的市场调研，按照报告上的痛点做广告，但是转化率就是低，没人点，做了 A/B Testing，还是没有直接效果的改善，人、货、场三者如何做到真正有效的统一基于你对客户需求的理解程度。

很多市场人都会犯一个错误，就是按照自己的意愿和审美观点去评判内容好不好，创意想法好不好，然后让广告公司说出自己想要的东西，这样可能适得其反。真正应该做的是挖掘客户的深度需求，定期走访客户，和销售人员保持一线市场反馈的透明度。

2．好奇心与深度思考能力

营销人需要对观点有独特的洞察，能够从不同角度对一件事情的理解做出诠释，营销人同时也是创作者，他们走在时代的前列，对商业世界的发展保持着敏锐的洞察，所以要永葆好奇心。

在信息碎片化时代，多样化的内容层出不穷，我们处在一个容易被信息淹没的时代，而好的创作者愿意就一件事情和一个现象做深度思考，有他自己独特的观点和思考，透过现象看本质，这对营销人员也一样，创作出来的营销内容不是去迎合大众的口味，而是有着自己独特的洞察和深入的思考，具有透过现象看本质的能力。

拥抱变化，拥抱合作。企业的寿命、产品生命周期及客户时间争夺都在快速变化，在当今竞争格局下，面临的挑战也越来越大，拥抱创新，敢于尝试，针对尝试的结果不断调整战术，数字化转型之路从来都是艰难的，创新之路一定也会有代价，尝试之初需要拥有开放的思路，做出投入的决心，敢于"试错"，小步快跑，快速迭代。

3．数据洞察能力

拍脑袋做决策的时代过去了，现在以数据和算法作为核心驱动力，营销人越来越依赖数据进行关键决策。数据科学家作为一个新的职能出现在营销人的视野里，很多大企业都设立了这个岗位，通过精准触达、再营销、营销活动的有效性和效率预测、客户行为分类、标签立体化，从而定制推广内容并做出贡献。

数字营销人需要懂数据的重要性,向数据科学家传达建模需求,模型建立后对如何赋能营销策略要有高度敏感的洞察力。

4. 沟通能力

数字化模式转型的落地涉及企业内部各个部门的相关利益,包括市场、销售、供应链、法务、财务等,而本身数字营销职能覆盖策略规划、媒体、内容、数据分析,不同职能有不同专人负责,而职能之间权责又有交叉,这需要营销人不仅跨部门进行沟通,而且对数字化营销的方方面面要融会贯通,既是全才,又是专才。这里就要提到领导力的重要性,领导力不是当了领导才需要,同级沟通,向上沟通都需要,领导力本质上是不直接通过权利影响别人的能力,这在数字营销领域尤其重要。在企业组织结构越来越扁平的今天,不通过职级发挥影响力而推动项目的能力成为管理人员应该具有的核心技能。

5. 业务和技术的结合

不同数字化人才的背景都有不同侧重,有的是业务背景,有的是技术背景,企业人才招聘过程中经常会遇到一个问题:这个人技术能力很强,但是不怎么懂业务模式,他可以熟练建网站、写代码、搭建数字体系,但这些数字化的平台和工具如何根据业务需求进行定制是个问题,而有些数字化人才是业务背景出身,懂创意,懂品牌建设,懂数字营销理论体系和框架,但是都有哪些不同工具可供选择和使用,项目推进需要多长时间,数据安全性,漏洞风险有哪些可能就不是那么清楚。

所以,核心的挑战是企业组织需要有良好的运作机制填补业务和技术之间的鸿沟,将包含技术理念的创意清楚明确地传达给非技术人员,同时业务部以听得懂的语言传达给技术部,这些能力都将成为数字营销人的显著优势。

6. 战略聚焦能力

营销人最大的痛点之一是预算明明很紧张，但是又要产生实质的结果，很多营销人在一堆对于各项结果的追求上会迷失方向，既要追求品牌地位的提升和巩固，新客户增量，实质行业需求的挖掘，还要看客户忠诚度，提升客户生命周期的价值，一次活动或者几次媒体推广你是不可能达到所有的目标的，营销人得清楚明确一个阶段内大的战略方向，然后在这个方向指导下对每一阶段进行细分和目标拆解，落实到每个职能人员上，确定每一个阶段的重点，然后有的放矢，确保战略聚焦。

7. 团队作战能力

向上要管理领导层，听取领导层人员的不同立场，意见不一致时有发生，营销人很大一部分时间在于跟不同的团队、不同负责人进行沟通，取得他们的赞同，向下管理团队，确保团队分工明确，各司其职，充分授权的同时把控整体节奏，承担起责任。

对于一个团队而言，最重要的就是团队领导者承担起应该承担的责任，对于团队领导来说，除了根据业务目标，构建出数字化市场组织架构的蓝图，规划出核心职能，鉴别并引进合格的人才外，最重要的还是保证合格的人才在引进后，能够为了共同的目标互相协作，劲往一处使，确保共同完成目标，同时激发出每个员工的潜力，保持团队不断学习，更新自身的良好态度和行为，让数字化团队拥有长期作战的能力。

领导者在领导变革时，必须遵守的数字化营销组织的协同原则有：

首先，定义愿景，并清楚传达，注意三点：什么是长期的数字化发展规划与短期目标定义，如何保证参与数字化营销转型的各个部门朝向同一个目标，如何保证KPI的拆解落实到各个职能部门。

其次，组织分工要清晰，职能定义要简化。

数字化生态的构建需要跨部门的协作。构建统一的数字化营销生态：保证端对端的用户体验，由技术、营销、电商、品牌、数据等不同职能支撑，各司其职的同时，有效协作。

最后，优化流程，先保证速度是关键，充分授权执行团队，保证行动和决策的敏捷性，建立试点项目，复制到不同的业务单元和不同地区。

互联网公司的敏捷性组织一直是非常超前的，亚马逊就是一个非常好的例子，亚马逊的创始人曾经深入一线，坐在客服人员身边接听电话，发现有大量的用户因为同样的问题进行投诉，一线人员明知是批量产品的问题，但是无能为力，只能重复性地解决单个投诉，这样解决不了根源问题。贝索斯发现这个问题后，在公司内部推行了按灯流程，充分授权给一线员工，不管是商品的售价和销量，只要有质量问题，立刻下架，停止销售，随后通过系统发到相关部门进行根源问题调查，查明原因制定整改措施，问题得到完全解决后再上架销售。在这个案例里我们不仅看到贝索斯对用户体验的痴迷，牢牢执行以用户为中心的策略，其在改善内部流程、充分授权一线员工、保证团队协作敏捷性方面值得借鉴，作为管理人员可以学习亚马逊的这种精神，深入一线，以改善用户体验为宗旨，改善组织流程，解决客户问题。

第 5 章

内容营销和场景营销

5.1 内容为王

5.1.1 内容营销的意义

生活中,我们靠语言传播信息,进行沟通交流,而内容是承载所有信息的集合体,在营销界,内容营销也早不是什么新鲜话题。

在社交平台和用户的互动中,开通并运营微信号、视频号,在小红书等垂直平台无一例外都是靠内容吸引用户关注,提升黏性。

大数据和云计算涉及数据收集,在收集和抓取过后,就是分析洞察,然而这都是为"激活用户"服务的,这是关乎数据有效利用的主要目的。但在这之后仍然是通过"内容"进行数据分析,将正确的内容传播给正确的用户。

很多以前需要人力和用户沟通的地方,如传统展会、销售拜访,我们可以通过数字化技术,比如营销自动化软件、智能机器人等部分代替人工成本,提升沟通效率和交互速度。但是营销自动化软件发送的邮件或短信,是由"内容"组成的。比如企业开发智能机器人用以用户服务的关键是 FAQ(Frequently Asked Questions),也就是交互场景和用户常见问题数据库的建立,而这依然是内容。

一些中小微 B2B 创业企业是靠创始人大 IP 做起来的,也是靠内容。创始人本身能产生大量优质的内容,能持续不断地吸取高黏性用户关注,所以,无论何时何地以何种方式做营销,营销人始终离不开内容。

数字营销是艺术与科学的深度结合。下面是 Morketing 对宝洁的全球首席营销官(毕瑞哲)的一段采访内容:

宝洁正在从一个全新的维度推进一项伟大的尝试:颠覆广告。在宝洁的视角中,营销技术的出现实际上遮挡了广告人对营销本质的探索和追求。

毕瑞哲用"噪音"一词来形容过去几年广告市场上出现的一些混乱,或许从某种意义来讲,技术的作用是相对有限的,在技术逐渐触达瓶颈的时候,行业想要快刀斩乱麻、化繁为简,其实需要回到更本质的创意上来。这实际上是一种轮回:营销人重新将视线投向了线下场景,对技术和效率的追求又变成了对创意和情感的探索。但这不是一个轮回,而是一个新的周期的开始,艺术与科学的深度结合可以实现品效协同的营销策略。

我们来看一组数据：

> 91%的B2B品牌方使用内容营销；
> 86%的B2C营销商使用内容营销；
> 品牌方每年在内容营销上花费数字营销25%及以上的预算；
> 78%的CMO认为内容营销是未来的发展趋势。

内容营销是不需要做广告或做推销就能使客户获得信息，了解信息，并促进消息交流的营销方式。

按照这个定义，内容营销和传播渠道及流量增长是没有必然联系的，因为内容是不需要依靠传播渠道去传播的，依靠自身就可以引发客户主动自发传播。这个定义还有一层意思，认为内容营销的主要目的是促进信息交流，所以它和流量增长、变现也没有必然的联系。

毋庸置疑，无论是B2B还是B2C公司，内容营销都被很多企业的营销部门重视起来，特别设立了内容营销这个岗位，无论数字化技术如何变化，内容营销依然是如今营销界的主流，也是未来几年企业市场部重点投入资源和预算的领域。

为什么内容营销如此重要呢？

首先，内容可以让消费者深度感知产品的价值。

我们今天看到的新的消费品，都是基于品牌故事+内容种草+私域运营这种方式进入消费者视线并占据一席之地，如完美日记、花西子、元气森林等。

大家都看过《舌尖上的中国》，第二季中张爷爷的手工空心挂面成了网红产品，第三季中王玉海师傅锻打的章丘铁锅3天内的订单就排到了2021年，如图5-1所示。

图 5-1

通过内容传达给消费者充满匠心与情怀的故事、手艺人的那种执着的精神，让消费者深度感知了产品的价值，并快速下单。

其次，内容是流量的控制阀，品牌的供应链。

我们前面讲到 DTC 的模式是以后的大趋势。按照 AIPL 模型来看，每一步都需要优质的内容。今天的所有数字平台都是内容化的平台，很多是从工具走向媒体化，是为了不断吸引消费者的注意力，增加用户的使用时长，以产生各种各样的数据，从而最大化的精准的营销用户的心智及购买行为。

我们前面提到过产品力是品牌力的生命线，内容力则是品牌力的供应链。我们看到各种刷屏的案例通过不同的内容形式展现品牌的格调、价值观。

再次，内容同时也是消费者购买的隐性理由。

当社会的生产力大幅度提升时，我们从短缺经济到了过剩经济。消费者对于产品的追求趋向于社交化、追求自我精神的需求。于是，我们看到很多个性的文化衫、联名款等。

最后，内容力变成了企业之间的竞争壁垒。

娱乐类、教育培训这些与内容相关的就不再赘述了。国内的视频网站各有各的内容特色。看其他领域的网红品牌，例如江小白解决了从想得起到买得到的全流程。酒之前基本是心智社交货币，江小白利用各种文案瓶构建了各种场景，从而开创了新的消费动机。同时开发出不同的品类、人群、场景。

目前，我们大家都知道国内的供应链非常全，生产变得非常柔性，现在的中国是最完备的工业化国家之一。以前认为原材料、工厂、终端是我们上游供应链，但是现在某些品类消费者、媒体变成了上游的供应链，企业需要在互联网用优质的内容找到精准的消费者。

未来内容力一定是企业重要的竞争壁垒。

我们来看一个现实的例子，了解一下内容营销的影响有多大。

李子柒可以说是过去几年最火的网红之一，李子柒凭什么而火呢？有人说是因为她成功地将"中国文化"输出，从内容营销角度看，实际上是"李子柒"品牌通过一系列优质富有内涵的内容生产和营销传播，达到了营销目的，实现了品牌的社会价值。

内容营销是广告营销行业发展到今天的必然结果，在媒体价格和媒体环境越发激烈的今天，粗放式的流量获取方式已经无法为品牌提供增值空间，品牌方们需要一种以"讲故事"的方式将它的核心价值传达给消费者。同时，消费者所面临的内容传播环境也发生了显著变化，从传统时代的电视、纸媒到今天的社交媒体平台、短视频平台和网红直播，内容营销的形式演变之快超出想象。

目前，主要的几大类内容生产和分发平台是微信、抖音、快手、淘宝、哔哩哔哩和小红书。各自平台有各自的特性和优势，各有所长，这些平台是当今内容营销的主要输出阵地。

在媒体传播多样化、内容形式多样化的今天，如何制定有效的内容策略呢？在很多内容营销并没有被充分重视起来的时候，据调查，35%的受访者表示没有专人专职负责内容营销。做好内容营销需要什么呢？需要好创意、匠心、大预算、团队等。

很多企业的市场部门做出来的硬广内容投资回报比也不尽如人意，开了双微一抖内容，没有沉淀，更像个市场部门的形象工程，或者是做好了内容，又没有大量的预算将内容投放出去，这些都是目前内容营销团队面临的常见困境。内容力是流量的控制阀，我们不止停留在眼球经济上，需要的是内容制造流量、数据。通过内容与大数据的不断相互赋能达到品效协同。这里面涉及多方面的成本，如时间、金钱、创意等。

从图 5-2 中可以看到，内容营销的能力和数字营销能力直接挂钩，是正向相关的。

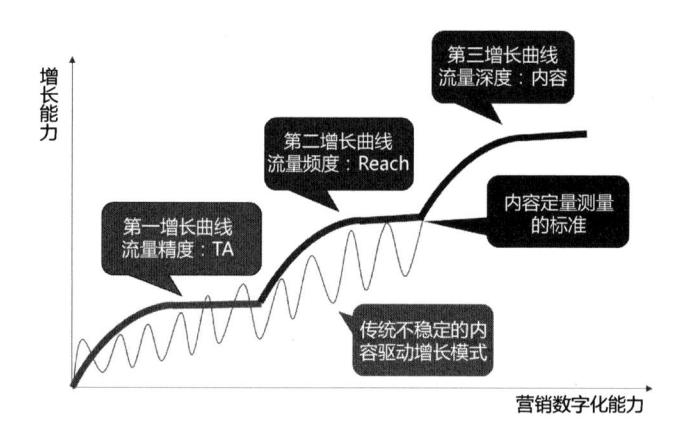

图 5-2

2020 年以后，数字营销回归理性，广告主愿意花更多预算和精力在内容上，而不是在粗放式的流量增长上，因为流量精度和频度遭遇瓶颈，增长动力应该来自流量深度,即差异化但定量测量内容。在内容的测量上,CMO 面临的挑战是如何把内容营销的效果与公司盈亏之间建立连接,以充分证明内容营销可以创造实际收益。

以前我们认为的内容好、创意好,很多是基于主观判断,基于人性洞察,但是现在随着品牌方对品效协同的营销本质理解的进一步深化,从内容的有效性判断上它和业务增长进行挂钩。但是某些内容热度高,冲上热搜,它是不是一定能够为品牌增益,让用户为此买单,这依然是个未知数,但毫无疑问的是,好的内容很稀缺,而长期做好的内容不一定会在短期内打造流量爆款,但在长期内一定是打造企业品牌力的解药。内容营销是一场与企业生命周期平行的线,是一场持久战。

5.1.2　营销内容分类

从受喜爱的内容类型上看,我们又可以将内容分成以下几类:

第一类是时效性内容。比如"娱乐"是时效性内容,指在某个特定的时间段内生产的内容具有较高的价值;所以"蹭热点"变成很多品牌惯用的手段,也很容易产生"爆品",引起流量的急剧上升。

第二类是持续性内容。受启发、受教育、讲故事都属于持续性内容,是指内容含金量不会受到时间的限制,不管在哪个时间段都具有价值。用户证言、品牌历史,尤其在 B2B 领域,用户尤为理性,"冲动性"的消费理念不再适用,那么能和用户产生相关性的"干货"就很有传播力。

第三类是促销性内容。比如"折扣或销售"是促销性内容,即在特定时间段内进行促销活动产生的营销内容,促销性内容价值往往体现在更加快速促销产品。这是品牌为冲销量的短期营销手段,围绕价格的竞争往往不可持续。

就受用户欢迎的内容类型来讲，首先是娱乐，然后是启发教育，最后才是打折销售的内容。

我们可以用一个矩阵来结构化一下内容策略，如图 5-3 所示。横轴是内容类型，分成功能性和娱乐性两类；纵轴表示内容满足用户的程度，分成大众化和个性化内容。企业在制定内容营销策略时，可以根据实际的需求将内容类型定位于坐标区间内。

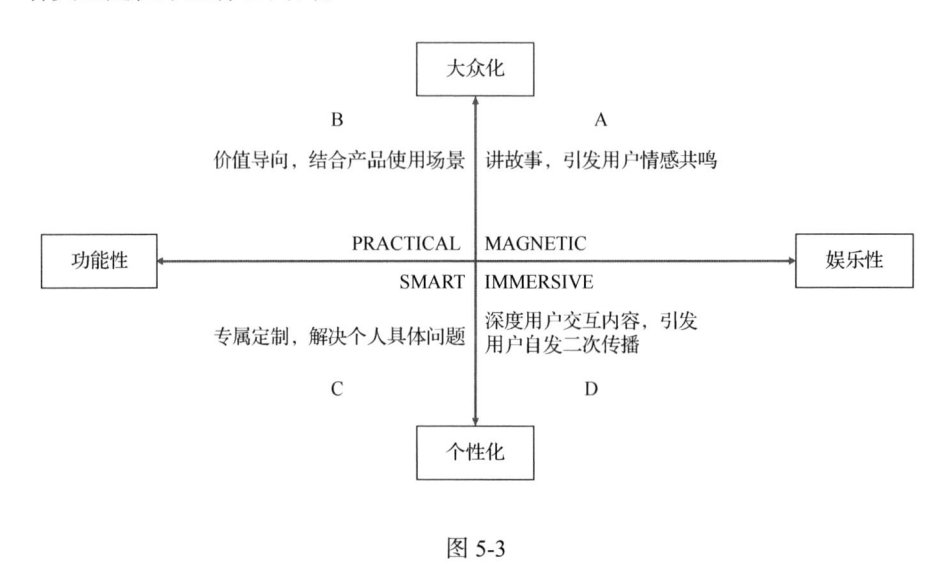

```
                         大众化
                           │
            B              │              A
   价值导向，结合产品使用场景 │ 讲故事，引发用户情感共鸣
                           │
             PRACTICAL   MAGNETIC
功能性 ←─────────────────────┼─────────────────────→ 娱乐性
              SMART     IMMERSIVE
                           │
                           │ 深度用户交互内容，引发
   专属定制，解决个人具体问题 │ 用户自发二次传播
            C              │              D
                           │
                         个性化
```

图 5-3

象限 A 是大众化的娱乐性内容，其特点是讲故事，引发大众共鸣，在做品牌传播时尤其常见。

象限 B 是大众化的功能性内容，它的特点是价值导向，结合产品使用场景，多见于产品利益点的输出。

象限 C 是个性化的功能性内容，在用户成为潜在客户后，围绕个人需求展开的内容定制，用于解决实际问题。

象限 D 是个性化的娱乐性内容，这类内容属于深度用户交互内容，引发用户自发二次传播，让内容触达到更多的相似用户，而不用额外的支出。

象限 D 内容对于内容创作者的要求最高，因为它的目的是要让用户自发性地因为内容好而主动进行传播。

我们分别对上述满足不同目的的内容举个案例，比如象限 A 的大众化的娱乐性内容，讲故事引发大众共鸣的，也叫精品内容；去年风靡朋友圈的"后浪"帮助 B 站成功破圈，这是一个典型的内容营销成功案例，2020 年 5 月，B 站品牌广告凭借"后浪"精品化内容，引起 Z 世代广泛共鸣，并破圈至"前浪"等群体，实现跨圈层传播。

象限 B 如"瓜子二手车"，属于短平快的快消类内容，简单直接的广告语加上瓜子二手车集中投放广告，抢占用户心智，选择和大众耳熟能详且口碑较好的明星孙红雷合作，将"没有中间商赚差价"这个利益点广泛传播出去，最终形成"品牌即行业"的传播效果。

这两者都是为了达到品牌传播和形象建立的目的，但是手段是完全不一样的，品牌方需要每个行业和每个品牌的特性，选择适合自己的传播内容类型。

我们再来看一个基本消费者个性化洞察，通过有效内容营销的方式，引导用户深度互动，达到营销目的的案例：喜临门。该品牌的传播阵地在抖音。

案例：

3 月 21 日世界睡眠日，喜临门联合今日头条、抖音发动意见领袖发声定调，征文宣发打通下沉市场，全民话题双平台顺势引爆。通过改变抖音热梗、睡眠故事纽带征文激发全网用户共鸣，深度唤起年轻人对睡眠的关注；关联品牌关注的国人睡眠健康的品牌形象，联合第三方发布 4.5 亿人熬夜真相的调查报告，使品牌意志升华。最终有 5.9 亿活动总曝光量，310 万文章阅读数，2 万话题讨论量。

5.1.3 构建内容营销策略

在新营销时代，流量增长不再是核心指标，越来越多的品牌方将重点放在创造各种各样能够抓住"消费者注意力"这个稀缺物上去，这个稀缺物就是内容。第一，面临的流量竞争环境实在是太激烈，品牌方通过流量优化降低线索成本的方式压力太大了，不光是你的竞品在和你竞争流量，包括你的合作伙伴如经销商、零售商都和你在同一跑道上，在这种情况下，流量成本只会急剧上升。第二，随着你投放时间的增加，如果你不更新内容，用户会产生疲乏感，点击率也会下降。

针对以上两点，关于如何抵消流量竞争激烈及用户疲乏的负面影响，内容营销都可以很大一部分缓解压力。

在注重内容的时代，如何制定行之有效的内容营销策略呢？我总结了内容营销四板斧：

第一板斧：消费者洞察

在描绘用户画像时，我们又要回到大数据营销时代，360度用户画像的纬度有很多：具体用户画像由分成三个类型的数据组成，第一类是用户资料数据，比如他来自哪里、什么职业身份、性别、姓名、电话、邮箱地址，甚至身高、体型；第二类是用户行为数据，兴趣爱好是什么，平时通常有哪些媒体浏览习惯，偏好品牌等；第三类是用户的交易数据，比如它在什么平台购买了什么品类，什么产品，购买频次如何，购买金额，最近一次购买产品是在什么时候等。

在用户转化的过程中他们需要什么呢？这是由用户行为决定的，用户在网站上、小程序上，各个数字化触点留下的行为轨迹我们都可以通过埋点或借助营销监测工具进行个体用户行为的捕捉。数据不只是一串冰冷的数字，我们看数据不要只看大盘流量、转化率、用户数、市场占有率这些显性的指标，大数据的意义在于帮助我们了解个体行为和需求，帮助营销人员懂用户，这是大数据最大的隐形价值之一，带着同理心，看数据后面体现的用户需求，用户关注什么，讨厌什么，深层次的购买动机才是决定什么内容怎么做的有效数据。

了解用户的同时，你还需要了解自己，在了解自己时，你可以问自己三个问题：我是谁？我有何不同？何以见得？

1. 我是谁

我是谁，明确品牌定位，在市场大环境和竞品矩阵里你处于什么样的地位，如何定位自身实力及你想要进入什么样的市场区间，什么样的市场区间的消费者有可能认可你。

定位不是你对产品要做的事，定位是你对预期用户要做的事。换句话说，你要在预期用户的头脑里给产品定位，确保产品在预期用户头脑里占据一个真正有价值的地位。特劳特的定位理论认为，定位理论的核心原理"第一法则"，要求企业必须在顾客心智中区隔于竞争，成为某领域的第一，以此引领企业经营，赢得更好发展。但这个理论在今天的市场环境下已经变得不适用了，今天的市场是小众的市场，小众品牌只要能够占据用户心智的一席之地，哪怕不是市场领导者，依然有成为黑马的可能性，这是时代赋予小众品牌的机会。一旦确定了"我是谁"以后，这个品牌基因不能变，所有后面讲的营销内容都是围绕"我是谁"展开诠释。

2. 我有何不同

我有何不同，在你定位了这个区间后，绝对不会只有你一家在这个赛道上竞争，一定会有很多的竞品。你要知道用户为什么选择你，而不选择其他的，广告词大家都会写，都会说自己的产品好，所以你不仅了解用户对产品功能性的需求，还要了解精神和情感需求。尤其是在消费品市场，功能性的可替代性太大了。

比如苹果手机、苹果电脑在用户心目中建立起了鲜明的标记，那就是优越的性能、独特的设计、完美的外形。购买苹果电脑意味着特立独行和时尚，乔布斯和库克做到了让苹果在创新产品和创造文化上占据首位，从而轻而易举获得了营销的起点和独特优势，而无须通过流量竞争获得用户的关注，苹果用精神和价值观来统领并引导用户需求，你在它的任何广告中不会看到任何的促销信息或者产品功能的罗列，它体现的是一种生活方式和独一无二的生活态度，它超越了纯粹的产品层面，这是营销的最高境界，也是在展现品牌本身"有何不同"时真正长期的"看不见摸不着"的差异化，这个微妙的"看不见摸不着"在用户心目中建立起一种能够被感知却难以完全表达的长期印记，这才是最珍贵的，同时也符合现在的"定位理论"。

现在的定位理论不是一定要当某个领域的第一，而是有一种特殊的符号或者品牌精神能够牢固植入到用户心智中，并让用户愿意为这部分买单。

3. 何以见得

何以见得？为什么这么说你就是与众不同呢？这就需要开始讲故事了——品牌故事，讲故事不是把你想讲的告诉用户，而是要讲用户想听的故事，这个故事可能正好契合他想听故事的需求。

为什么你的与众不同在用户心目中这么具有影响力，最后还是要以实物去支撑呢？可能是你过硬的产品质量、外观设计，也可能是你的柔性供应链、购买渠道的便捷度，也或者是品牌运营驱动的用户本身对品牌好感度的增加和信任的建立。"何以见得"是决定用户为什么买你的产品，而不买别人的产品的关键因素。

选择内容类型，匹配内容渠道，采用什么样的方式是战术，而上面讲到的几点关于品牌定位和品牌战略才是做内容的底层逻辑。

第二板斧：生产个性化内容

第 5 章 内容营销和场景营销

这是一个个性化的时代，当今用户需求千变万化，各不相同。

精细化运营十分重要，是因为要尊重用户千差万别的需求，并想尽办法去满足这些个性化的需求。

营销趋势也从大众媒体时代逐渐演变到 1 对 1 营销时代。1 对 1 营销时代对内容营销的精细化程度提出了很高的要求。面对不同类型的用户，要去制定不一样的内容，做不一样的触达。

以经典的 AIPL 决策流程举例，如图 5-4 所示。认知、兴趣、购买、忠诚每一步，都需要定制化差异化的内容传播，认知阶段是需求产生阶段，内容营销要有能力获得用户的信任，并且可以挖掘或者引导用户的潜在需求，一些 B2B 行业常见的做法就是建立其思想领导力或者经常发布行业白皮书，先牢固品牌在用户心目中的地位，进而才能让用户产生兴趣，到了兴趣阶段，这个阶段的用户会重点考察产品的性能、性价比，使用产品的风险或机会成本，内容营销有能力突出展现产品的性能，在什么场景下可以为用户创造什么样与竞品不一样的价值，这时候的用户一定会货比三家，这里的内容营销除了突出和竞品的差异化优势外，在创意上也有比较高的要求，这会让你的内容在所有竞品的内容传播中脱颖而出。

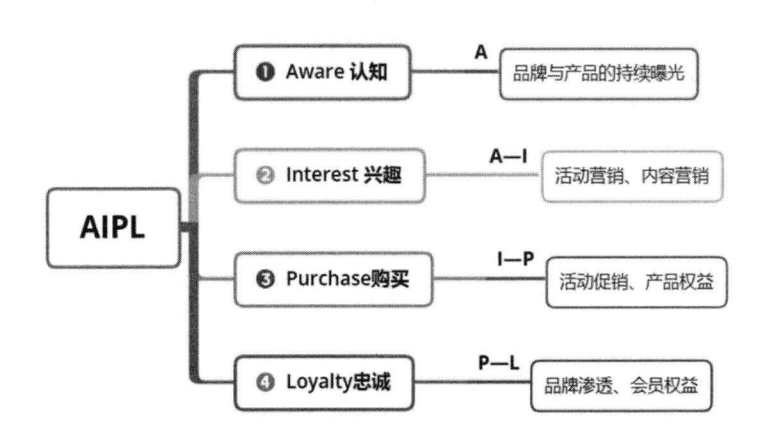

图 5-4

一些做得好的品牌会借助数字化技术的优势突出产品带给用户的体验，比如，一些汽车品牌利用AR、VR技术做的在线虚拟展厅，足不出户360度打造专属自己的座驾。在用户进入到价格谈判或者成本优势比较时，内容营销能做的就相对有限了，但是在购买之后又是内容营销大有可为的时候，好的内容可以直接促使用户进入口碑分享，让用户为自己发声、代言，形成以老带新的口碑扩散效应，另外做现有用户的增长，还可以通过有效内容让用户考虑其他产品或价值更高的产品。

内容的形式也是非常多样化的，如当今很火的短视频、直播、有创意的广告片、用户为品牌发声的证言类视频，以及传统互联网静态广告、网站、微信公众号等都是内容营销范畴。

在短视频平台的出现彻底改变用户的娱乐和社交行为时，内容的形式转而成为短、平、快、小而美的短视频，它不要求制作非常精良，不要求有庞大的制作团队，一个人收集素材，略做剪辑，就可以出片、投放、共享广大用户。这是在内容生产方向上的变化。

我们在制定内容营销策略时，一般会分核心内容、主要内容和基本内容。核心内容如广告片会花大力气制作，一年当中会有这么一大批推广的内容；主要内容如用户证言视频、短视频等能带动用户黏性，但传播力度没那么大的内容；基本内容就是那些基本的如自有网站、微信公众号上定期传播的常规内容。

需要注意的是，内容决策也是大数据和用户洞察赋予的。不同用户身上有什么样的属性，想要看什么样的内容决定了你需要去做哪些内容。

常见的手法就是A/B Testing，即便做了用户洞察研究，仍然不确定何种内容、何种形式让你和用户在交互过程中足够顺畅，就要做测试。

元气森林这个品牌大家可能都听过，它作为2016年成立的新品牌只用了短短4年，估值就飙升到140亿元，它成功的秘诀之一就是通过反复测试来检验市场的接受度，包括新品测试、渠道测试、广告测试。

在营销中，再好的创意，要是得不到市场验证也是没有用的，元气森林会通过在今日头条投放信息流广告，测试什么产品卖点更能打动消费者。比如，元气森林对未来可能会发布的一款豆乳，投放了多个素材，分别突显"高蛋白、高钙""双蛋白""未加蔗糖、低脂肪""低糖、低脂肪"等不同卖点，点击之后进入天猫旗舰店首页，但其实并无豆乳产品在售。在圈选的投放人群基本一致的情况下，通过统计点击不同卖点进入旗舰店的人数，便可以看出消费者对哪种描述更买账，用这种方式来测试，显然数据维度更丰富，成本更低，重要的是它通过了市场的验证。

第三板斧：匹配内容和渠道

好的内容需要找到合适的渠道。

很多营销人容易步入一个误区：把大量的精力放在内容生产上，而忽略了内容的分发和传播。

我们很多时候做内容营销，看重的是"内容"本身，内容要优质，要打动人，能够击中用户痛点，但大部分人往往在"营销"这个环节失去了关注和重视，认为优质内容必然可以带来转化，其实这是比较片面的看法。

在平时的工作中也会发现，有时花了许多心血制作了一个很好的视频，发现没有投放渠道。大家对于视频的反馈是做得很用心，而且思路清晰。但很多媒体渠道对于视频投放有很严格的要求。

花费巨资打造一个TVC，反倒是没有一些短视频火，这是很多大品牌都容易犯的错误。如果你的用户把一半的休闲娱乐时间都花在短视频和社交媒体上,那就完全没必要去制作广告片了,不如多做几个短视频更省力,更有效果。

同样好的渠道如微信视频号,如果你早些时候就开通,并获得了很大的用户红利,收获了大批粉丝,如果没有用好的内容去经营视频号,那么掉粉也是不可避免的事情。

所以,内容和渠道必须是相辅相成的,产生了好的内容后,通过合适的渠道把内容扩散出去同样重要,同样有效的传播介质在产生效果上,必然以优质内容为前提,这才是内容营销的本质,片面地只关注内容本身和只关注营销传播方式都不能构成内容营销的全貌。

第四板斧:结合业务场景设定行之有效的增长KPI

企业只做内容,不去设定KPI衡量内容的效果,从长期来讲是有问题的。所有做内容的互联网平台如小红书、哔哩哔哩,采用内容营销方式的传统企业,本质上还是要做"增长",内容营销也要和"业务增长"进行挂钩才有意义,内容做好了,企业考虑的首要任务是如何将优质内容进行变化,比如小红书通过达人种草,最后还是引流到交易平台进行流量变现;比如一些依靠优质内容输出的罗振宇、刘润等,通过一些关联产品如培训课程、新书推荐、推出公众号广告等方式进行商业变现。

所以,明确通过什么指标来测量内容的营销性也非常重要。从业务增长的层面去衡量内容营销的有效性成为未来的主要目标。

我们在衡量内容营销的表现时,很多企业倾向于用"用户互动"这个指标,据调查,网站流量是常用的指标,网站流量是典型的用户互动指标中的一种,其他还有如视频点击、转发、分享、邮件打开率、多少用户对邮件内容做出了回应等都属于"用户互动"这个指标范畴下。实际上除了从网站流量看内容营销是否对转化实际业务产生真正的影响,还必须深入一层,看市场合格的线索收集情况，甚至是销售合格的线索量，可以在内容上埋点，以监测内容带来的线索转化情况。

在未来，销售线索、销售认可的线索，以及销售线索最后转化成实际购买的用户转化率更应该成为主要的内容营销衡量指标。

有了数据洞察，加上个性化的满足不同需求的内容，匹配渠道和内容，保证内容分发的有效性，再加上内容监测工具的辅助，不断复盘内容表现并做出调整，整个内容营销链路就完整了。

每一板斧都是环环相扣的，内容营销也不是短时间内可能快速取得成功的事情，不能像流量购买那样产生急速效果，慢工出细活，功夫在平时，大数据洞察、内容营销和流量购买搭配起来使用，才能在长期上对赋能业务增长起到真实有效的作用。

在信息碎片化时代，用户越来越多地受到各种电子信息的轰炸，如何从各种纷繁缭乱的信息红海中创建引人注目的内容，从中脱颖而出成为摆在CMO面前的头号难题之一。同样越来越多的人，不光是专业的内容生产者，普通老百姓都可以通过各种软件创作内容，并通过各种社交平台进行传播，品牌的专业内容生产面临着激烈的竞争，从中脱颖而出，获得用户关注变得愈发困难。

也正是因为这个原因，目前大部分企业的资源和精力更多是放在"内容生产"这一步的，后期的内容分发，追踪有效性往往被忽略，所以就往往会低估内容营销的重要性和它能产生的用户价值和营销价值。未来5年，随着企业不断发展，企业将会跟踪效果并继续扩展内容营销工作。

内容不是为了将流量变现，好内容是建立品牌与用户信任的最佳方式之一。做好内容的前提是你拥有用户思维。

5.2 场景营销

5.2.1 场景营销三要素

在现实生活中,我们每天都会遇到很多不一样的场景,也无时无刻不被置身于一些场景中,比如接到的一些推销电话是电话营销场景,销售人员去拜访用户,是线下销售的场景,去商场购物,现在很多的商场设置的亲子娱乐专区、文化消费专区也是场景。

场景是时间、空间、行为三要素的组合,而营销的本质诉求就是满足用户对时间、空间和行为的定义。数字化时代的场景营销,是基于网民的上网行为始终处在输入场景、搜索场景和浏览场景这三大场景之一的一种新营销理念。场景营销的核心是消费者,如图 5-5 所示。我们大家都是生活在场景里面,都被场景记录着。同样在互联网时代,大家在虚拟的网络场景中进行各种社交、娱乐、学习活动。

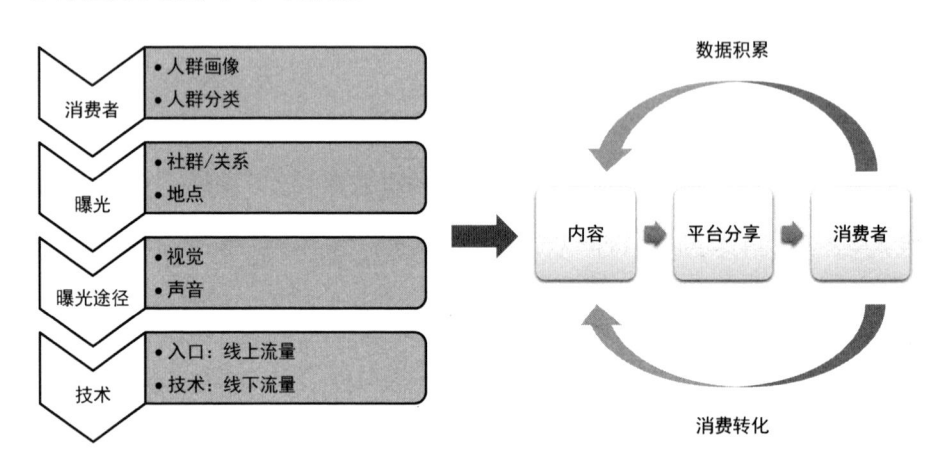

图 5-5

场景营销是针对输入、搜索、浏览这三种互联网场景,以充分尊重用户网络体验为先,用户在"感兴趣、需要和寻找"时,企业的营销推广信息才会出现，充分结合了用户的需求和目的，是一种充分满足推广企业"海量+精准"需求的营销方式。

比如商家为了做好产品的营销，从产品和服务本身转向场景，为做促销而打造的"白色情人节""女神节"，电商打造的"双11""双12""5·20"等节日，就是利用了场景营销的手法。

"双11"就是一个典型的以时间作为主轴的场景营销成功案例，天猫最成功的案例就是"双11"这个概念的提出，线上交易量大大增加，销售额集中在一个时间点爆发，突破以往任何的销售策略。

场景营销是拥有长期主义思维的营销，比如一次广告获得一次点击、一次转化，从长期来讲有意义。当你的品牌和场景紧密联系在一起的时候，消费者心中就会产生联想和画面感，他能在头脑中勾勒出你的产品、服务和他想过的生活，日常需解决问题之间的联系。这种联系一旦建立，密不可分，消费者对你品牌的忠诚度也将随之增加，不可被轻易取代。

我们围绕构建并最大化用户生命周期价值展开讨论，而最大化用户生命周期价值的一个关键环节是增强用户黏性，提升客户忠诚度，而场景营销几乎是提升客户忠诚度不可或缺的营销手段。

从长期来看，场景营销对稳固消费者意义重大，同时场景营销对短期效果也很重要。大数据表明几乎在所有含有场景的广告片中，营销内容都可以获得更高的点击转化率，获取更多消费者的关注。在有场景营销的支撑下，流量的转化率也提升了。

汽车行业是一个非常喜欢用场景来定义品牌定位和目标受众的行业。在一些汽车广告中，你看到的是和伴侣出行的场景，典型针对的是没有孩子的夫妻；有的是和一家人在一起出行，如SUV或MPV主打家庭出行；而有的是商务场景下的出行工具，如奥迪A8、奔驰E级。还有的针对单身人士和朋友出去玩的场景，如主打运动的别克昂科威。这些广告都是通过场景和产品功能点的结合，满足消费者特定场景下的需求，以影响消费者心智，这样品牌和产品在消费者的头脑中便留下更深刻的印象，针对有特定需求的消费者更加有效地销售产品。

场景营销的终极目的是变成消费者的生活方式、工作方式。产品不易察觉的形成你生活工作的一部分。大家回想一下，在你生活的各种场景之中哪些产品或服务已经润物细无声地形成了你的习惯。

很多综艺、电影、电视剧产品的软植入就是这样的道理，视频记录着设计好的场景，毫无违和感就是场景的力量。当然也有很多综艺的植入让人不是很舒服。

场景有新旧之分，准确地说，它是不断产生的并且是不可逆的，因为我们的物理环境的变化、技术不断的升级催生出许多新的场景。

新场景下存在的流量红利能催生出很多新品类、新品牌。

举个小米 AIoT 智能生活场景的案例：

我们正在全面进入智能时代，这就催生出了新的生活场景，比如睡眠场景、母婴场景、健康场景等。小米 AIoT 就是基于这样一个万物互联的背景，IoT 设备负责完成对用户本身及其周边智能生活环境信息的搜集和感知，AI 大脑完成信息的处理、分析和预测，营造出一种智能生活的在场感，使人享受全面的智能生活服务。那么小米的 AIoT 智能生活场景对于营销的价值又体现在哪里呢？

首先，AIoT 开拓新的硬件赛道，为营销触达用户提供新的流量入口，如 OTT 设备小米盒子，从开机、启动、选择观看内容、切换频道、点击观看到观看过程，都可以接触不同类型的品牌广告，同时还可以通过语音交互对品牌进一步了解。其次，小米打造的用户端平台产品如小程序快应用，AI 助手持续完善和升级，拓展商业化空间，不断优化与用户的交互体验，另外小米的商业侧平台也持续为品牌营销赋能，如小米 AIoT 全生态数据体系、品牌营销中心、电商中心、程序化购买平台全面赋能品牌在智能生活场景下的营销活动。重要的是 AIoT 智能生活场景可以嵌入主流用户的日常需求，这就让 AIoT 的技术和平台有了现实意义和价值，比如通过语音查天气，设置居家环境，提供智慧出行服务，这让品牌方可以深入智能生活场景，基于用户从认知到忠诚的 AIPL 模型，切入 AIoT 各种智能接触点，全场景触达并转化用户。

5.2.2　场景营销方法论

在移动互联网时代，场景营销呈现三大显著特点，第一个特点是去中心化，体现在全民营销时代已来，以前是品牌集中发声，单向传播消费者，而现在所有人都可以围绕一个品牌在各种平台展开讨论，而在任何场景下消费者都可能与品牌产生某种关联，或者直接产生购买的需求，去中心化的特点给了品牌更大的通过消费者创造品牌影响力的可能性，由此口碑也变得越来越重要。

第二个特点是场景社交化，社交需求是人的本质精神需求，由此也出现了无数的社交平台让用户发声，无论是以论坛的形式、社群的形式还是游戏的形式，都是通过社交平台实现场景营销的目的，通过满足用户的社交需求，直接导流电商平台转化用户，比如抖音提出的新营销概念"兴趣电商"本质，其就是场景营销的一种实践。它的本意是让用户逛着逛着就产生了购物冲动，这是场景在里面发挥了作用。

第三个特点就是个性化时代，用户需求更加"长尾"，单一的内容，手段和场景无法满足所有用户的需求，在成功的场景营销案例中，产品都是与个性挂钩的。比如小米的 AIoT 对于生活场景的打造是基于每个用户不同的消费和生活习惯，因为用户享受的智能服务和广告推送也是千差万别的。

我们结合案例来讲解下构建场景营销的方法论，我们分成两步走：

第一步，发掘和构建场景。

在一个典型的营销情境下，包括三要素：人、货、场。场景营销是通过形成"用户、产品、场景"的闭环，将人、货、场三要素统一起来。

先是人，对用户进行分类。这是回答你的目标客户是谁，他们在哪里，他们是什么样的一群人的话题。

货，就是你卖什么样的产品，相比较市场上同类产品有什么样的优势，你的产品如何满足需求。

场，决定了人与货之间的关系。新技术在不断推动零售变化，以前是"人找货"，现在海量的数据和数字化技术让"货找人"。比如拼多多是专注于C2M拼团购物的第三方社交电商平台，用户通过发起和朋友、家人、邻居等的拼团，可以以更低的价格拼团购买优质商品，在2018年的时候拼多多已经成为中国第二大电商平台。

以前，流量分发模式的顶级商业模式是搜索引擎，用户带有特定的需求，然后有了搜索行为，搜索引擎基于自己的逻辑和商家的关键词竞价对搜索结果进行排序，相应进行流量分发，但对于拼多多来说，搜索占比很低。它的主题模式不是关键词竞价购买和流量分发，始终关注的是主体场景，一个人推荐给另一个人，或者是打开App根据用户历史浏览行为进行的主动推荐。拼多多App里几乎没有搜索，也没有购物车，相比传统电商以搜索入口为主的流量分配方式，取而代之的是社交场景，如秒杀、拼团、低价购。拥有同样商业逻辑的还有今日头条、快手，都是以人为出发点进行社交场景定制。

现在的用户更需要一种代入感，在什么时间，什么地方，谁做了一件什么事。其实就是时间、空间、行为的组合，也就是场景三要素。

一般分两种情况，第一种是已有的需求通过场景的构建去满足，用户在那个时间和空间下，会想做些什么事情，这时候你的产品或服务如何解决他的需求和痛点，是在挖掘已有用户的需求。再拿拼多多举例，拼多多的购买主力军是需要廉价实用商品的用户。这部分人主要是三、四线城市的低收入人群，他们属于价格敏感型用户。所以，拼多多本身的购买场景就满足了这些想要低价购买产品的用户，同时拼多多也很擅长用场景营销的方式为自己做广告。比如独家冠名湖南卫视首档亲情观察成长励志类节目《我家那小子》，在节目中，通过摆件和背景板上的 Logo、嘉宾们口播的方式或者由明星从拼多多 App 上购物，并且用上比较好的音乐。拼多多公布的数据显示，在广告投放后，订单量实现了几倍甚至几十倍的爆发式增长。拼多多的成功，主要来源于它的低价销售策略，让利消费者，薄利多销，打开市场。

高频次的广告曝光，是场景广告营销模式取得成功的关键。

另外，创造一种全新的场景，也就是在那个时间和空间下，用户没想到要用某类产品或服务，但是你把这个新的场景创造出来了，打动了用户，转而用了你的产品，这是另一种场景营销方式，创造了用户新的需求。

构建场景的核心理念是以用户为中心，用户即场景，从用户的角度来说，场景是一切场地或者环境及氛围所带来的心情、情绪、行为、需求的满足。抓住了这个场景，也就抓住了用户。也就是说成功的场景营销必须能够回答一个问题就是：什么人在什么时间、什么环境下必须去完成什么事情。

我们以马斯洛需求层次理论来说明一个用户在不同层次的需求，如图 5-6 所示。最底层的是生理需求，上面一层是安全需求，再往上依次是情感与归属的需求、尊重的需求、求知与审美的需求，最高层次是自我实现。

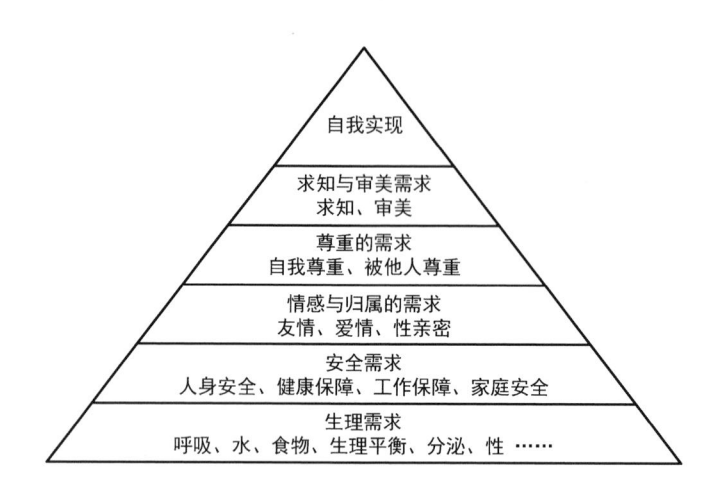

```
            自我实现
         ─────────────
         求知与审美需求
           求知、审美
        ───────────────
          尊重的需求
       自我尊重、被他人尊重
     ───────────────────────
        情感与归属的需求
        友情、爱情、性亲密
    ─────────────────────────
           安全需求
  人身安全、健康保障、工作保障、家庭安全
  ─────────────────────────────
           生理需求
     呼吸、水、食物、生理平衡、分泌、性……
```

图 5-6

每一个场景的构建一定是围绕以上不同层次的需求展开的，这些需求加上满足某一需求的场景就构成了场景营销的全部意义。

场景思维也是用户思维，如图 5-7 所示。在以用户为中心的思维中，用户的兴趣、用户的行为、用户的状态、用户的使用设备等都成为场景营销的关注对象，场景始终是基于对用户属性的了解进而对用户行为展开预测的，然后再匹配合适的场景。这里的关键是预测，只有先预测用户的行为，才有场景的设计。

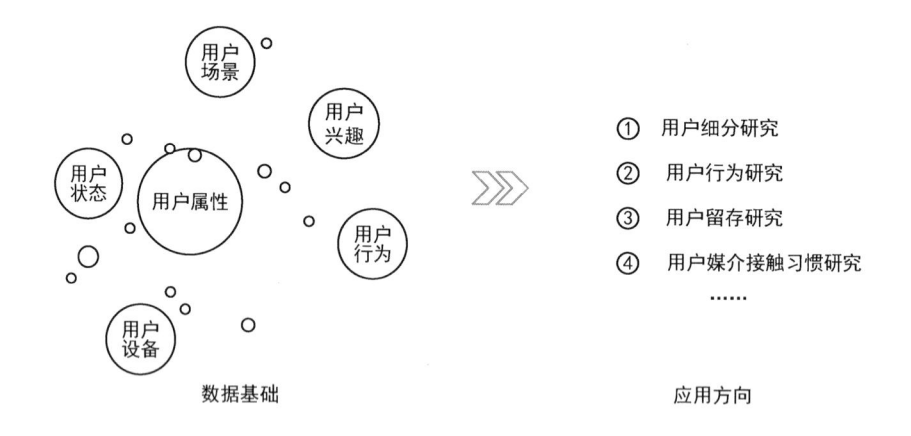

数据基础（用户场景、用户兴趣、用户状态、用户属性、用户行为、用户设备） ≫ 应用方向
① 用户细分研究
② 用户行为研究
③ 用户留存研究
④ 用户媒介接触习惯研究
……

图 5-7 未来场景营销中对用户行为的预测

比如，家喻户晓的广告语"送礼就送脑白金"就是对于"爱"的典型场景诠释，用送礼表达对亲人的关爱，它基于对爱的需求进行场景设计，把握住了用户的内心和消费习惯，然后用合适的产品和容易记住的广告语不断影响用户的心智。

再比如，微信红包就是一个典型的移动生活场景产品，发红包的需求大家都有，但是在移动场景下的微信红包被赋予了特别的意义，它除了被赋予满足发红包的功能，还能帮助营销自己；通常在一个大群里，很难记住谁是谁，但是大家先记住的一定是那个经常发红包的人，红包发出去了，大家表示感谢，后面的沟通自然也就顺畅了。

当我们做朋友圈的营销时，发红包也是一个很好的场景营销方式，在请关系好的朋友转发你的广告到朋友圈时，是社交裂变行为，发个红包，本质上满足人对于"尊重"的需求，朋友会觉得你尊重它的时间和朋友圈资源。

记住场景是用来服务人的，是基于人的需求展开的场景设计，它基于消费者洞察。提供搜索入口不是场景，提供浏览入口的不是场景，能触发用户情绪才是有效的场景营销。

场景营销也是拥有"右脑"思维的营销方式，场景营销需要能够掌握和陌生人交流的关键点，大多数都是对你的品牌一无所知的时候，用什么样的场景去触动他的心弦决定了初始流量能否进一步转化成有效用户的关键。

构建场景时要注意以下几点：

第一，多渠道数据整合，打通线上和线下场景数据，描绘统一的用户画像，用户的偏好，心理动机由数据告诉你实际情况是什么，以及场景构建如何有效打动用户的心。

第二，注重细节和提升用户体验，在构建场景时对消费者有深刻的洞察，用户需要产品，满足了马斯洛需求层次论的哪一层需求，同时你的产品定位是什么，产品有什么样的优势可以正好满足用户这部分需求，由此设计了什么样的用户体验，增强用户必须马上做出行动的迫切性。

第三，注重场景融合，多场景成了一个必然趋势，同一条件下不同场景满足了用户不同的需求，这就给用户带来了很多便利性，比如麦当劳的充电宝套餐就是很好的案例，麦当劳定位了自家餐厅500米范围内的用户，筛选出电量不足50%的用户，推送就餐广告，并告知可以免费充电，这种场景链接方式不但为用户提供了定制化的服务，还为品牌注入了新的理念。

有场景的品牌有故事，有温度，有个性。比如肯德基的"全家桶"这个概念推出后，销量就非常好。"全家"就是一个场景。营造的是一家人在一起吃肯德基其乐融融的画面。

有部电影不知道大家看过没有，叫《绿皮书》，该片改编自真人真事，讲述了托尼被一位优秀的古典钢琴家唐聘用为司机。钢琴家将从纽约开始举办巡回演奏，从而他们之间展开了一段跨越种族、阶级的友谊的故事。

里面台词是这样的：

托尼：我觉得这是我吃过的最好吃的肯德基。可能这里的就是更新鲜、地道的吧。

唐：我没见过谁有你这样好的胃口。

托尼：我买的是全家桶，你也来点儿啊。

唐：我这辈子从来没吃过炸鸡。

托尼：你哄谁呢？你们这帮人就爱吃炸鸡啊，玉米糊啊，甘蓝这些，我也爱吃。我当兵时，厨师经常做这些。

唐：托尼，你对我的看法非常狭隘。

托尼：就是吧，我脑子好使。

唐：不，不是，你说错了，我的意思是即使其他黑人喜欢某种类型的音乐，这并不代表我也得喜欢，我们也不是都爱吃同样的食物。

托尼：等一下，如果你说意大利人都爱吃比萨、意大利面和肉丸，我也不觉得冒犯啊。

唐：你没有抓住重点，你假定每个黑人都……

托尼：你到底吃不吃啊。

唐：不要……

托尼拿起一条鸡腿：来，拿去，闻着多香啊。

唐：闻着还可以，但是我不想我的毯子沾上油。

托尼（模仿唐的口气）：别废话了，来一块吧，吃了又死不了，快点儿吧，拿去吃。

唐坚持拒绝：不要。

托尼坚持要给：拿着，我要把它扔到后面去了。

唐喝止：你敢。

托尼：那你就拿走啊。

唐这时其实已经无法拒绝了，但还是有些放不下身份，说：怎么拿，你有盘子和餐具吗？

托尼：就用手拿着吃，就应该这么吃。

唐：我不能这样吃东西。

托尼：吃了它，快点儿，拿着，我还得开车啊，你不是让我扶好方向盘吗？快点儿，快点儿，拿着。

这时的唐完全无法拒绝，他已经接过了全家桶炸鸡，但还故作矜持：我不能这样，托尼。

托尼：吃个炸鸡而已，赶紧的。

这时的唐开始优雅地吃起了炸鸡。

托尼：怎么样，不好吃吗？

唐：只是感觉，很不卫生。

托尼：谁在乎呢？放松，享受，不就得了，我父亲说过，不管你做什么，都要做到极致。上班就认真工作，笑就尽情大笑。吃东西时，就像是最后一餐那样去享受。想再来一块啊，来一块鸡胸。很好吃的，拿着，多好啊。

唐接过了鸡胸：这些骨头怎么办呢？

托尼开始往窗外扔东西，唐也彻底放下了包袱，毫无顾忌地往窗外扔东西……

托尼：这就对了。

两人开始哈哈大笑起来。

里面描绘了两位男主人公围绕肯德基展开对话的场面，这会让观众看过这段影片后，马上就点个全家桶，这就是场景营销的魅力，它有让你立刻要买它的冲动。肯德基在做产品植入时，没有讲它的卖点，没有讲它有多好吃，而是通过层层深入的代入感，让观众感受到浓浓的暖意。它是一种更高级的营销手段，跳出产品本身，拉近用户的心，与用户建立更深层次的情感链接，满足用户对爱的需求和表达。看完电影后，相信一部分人会去购买肯德基，吃的不是炸鸡，而是去感受这种情感。这是场景营销的真正魅力。

第二步，场景构建出来后，品牌方需要考虑如何去利用好场景。

常见的利用场景的方式有好几种，大致可分为销售场景、渠道场景和传播场景。在这些不同的场景中，支撑场景营销的核心要素是内容。

销售场景在商场和购物中心上体现得淋漓尽致。许多人气高的商场都试图通过营造文化、娱乐、艺术、亲子等氛围，以便将相应的销售产品融入这个氛围里面。

比如，BFC外滩金融中心是我最近看到的在这方面做得比较好的案例。整个商场颇具艺术氛围，卖的东西都很高端，但是人气非常旺，越来越多的设计师品牌开始入驻，不同的空间带来不一样的体验，不一样的销售主题，进而是不同的生活方式，这完全契合现代人所追求的品质生活。

我们再来看一个案例：

一个老板，在农场里开了一家亲子主题餐厅，周末和节假日接待来农场亲子游的家庭，很多家庭不仅现场采摘新鲜的果蔬，还会拿到餐厅加工用餐，尝试当地的特色农家菜，这种独特的农业生态用户体验模式让餐厅的生意非常火爆。

另外一个老板效仿，在城里开了一家几乎一模一样的餐厅，本来心想餐厅的地理位置在城里，跟消费者的距离更近了，生意应该更加红火，没想到实际经营情况却一塌糊涂。为什么同样是有机餐厅，甚至选址更加贴近消费者，方便消费者之后却是截然不同的两种营收结果呢？归根结底就是城市里的有机蔬菜餐厅没有销售场景，其实大量的消费者不是冲着有机蔬菜这个产品来消费的，而是因为想在周末、节假日跟家人共度亲子时光，这种在产品背后的体验才是消费者真正在意的东西，上午家长带孩子参观农场，亲身体验采摘的乐趣。中午在农场里品尝当地的特色农家菜，晚上再带些自己采摘的蔬菜回家，一切都顺理成章，合情合理。

所以我们可以清楚地看到，产品还是那个产品，消费群体也没改变，不过是销售场景变了，两者的营收结果就截然不同，这是销售场景的重要性，消费者在消费你的产品时，产品不是唯一的考虑因素，在产品背后的场景及这种场景满足用户本质需要的能力是场景营销时要重点考虑的。

除了塑造销售场景外，渠道场景是另一种利用场景的方式。渠道场景分线下和线上。产品是通过经销渠道、分销渠道还是终端平台卖出去，如何在不同渠道卖出去，这是渠道场景的范畴。这在B2B商业模式下比较常见。有些产品很好，但是如果渠道不买单，或者说渠道对产品在终端市场的价值没有信心，那么品牌方需要做的是帮助渠道商说服终端用户，告诉最终购买和使用产品的终端用户产品的实际价值。

有的需要说服终端用户的下游用户，为何要为更贵的产品买单。比如胶黏剂产品的用户是电机，电机出售的下游用户是新能源汽车，那么使用昂贵胶黏剂的目的是更好地提升电机性能，使新能源汽车的寿命更长，这就是典型的线下渠道价值传递场景营销。

小米的AIoT开拓了很多不同的数字化渠道场景，比如OTT、智能终端你看到的所有广告、移动端开屏广告都是渠道场景范畴，品牌广告结合渠道端合力营造出贴合消费者在某个特定条件下，促使其做出购买决定或者采取下一步行动的氛围和环境。

未来我们更多地看到的趋势是线下和线上充分融合，构建全流程营销场景，用户的体验和购买趋于一体化和个性化，线下体验转线上购买，反之亦然，线上线下全流程场景营销的核心依然是以用户为中心。

还有一种常见的传播场景，也就是广告场景，以更具画面感的创意方式来增强产品场景营销的效果。你在户外看到的很多创意类大屏广告、网络广告比如微信朋友圈广告推送，就是传播场景的体现方式之一。它可以让某个品牌传播瞬间成为现象级的事件。其威力不可小觑。

第 5 章 内容营销和场景营销

快消品是传播场景的典型应用品类。

在 2020 年春节,当品牌营销都在讲温情营销的时候,宝洁凭借自身对"90后""95 后"消费者的洞察,找到"春晚"切入点,打造"年货联欢会洗迎奇妙年"的视频,以欢乐、载歌载舞的创意动画形式让消费者在备年货的时候更有过年的仪式感,在消费者心智中强化宝洁产品的"年货"标签。品牌找到"90 后""95 后"人群对于春节的熟悉感,品牌以"春晚年货联欢会"为沟通概念,以各类产品"奇妙夜"创意,打造动画视频,产品拟人化出演,上演了一场属于大宝洁的年货联欢会,与消费者一起"洗迎奇妙年"。

在消费者洞察上,宝洁凭借自身对"90 后""95 后"消费者的洞察,找到"春晚"切入点,"90 后""95 后"人群已是当代网购的消费者主力,并已成为家庭个护类产品的核心购买群体。品牌发现消费者对于年货的采购,聚焦在物品是否有过年的仪式感、是否有春节特有的欢乐感上。而在压岁钱、春运、年夜饭……这些仪式中,一年一次的《春节联欢晚会》是春节期间的社交话题,它拥有强势的心智识别,也为年轻群体所关注,甚至是当下具有代表性的春节 IP,具有广泛的欢乐感。

在创意实施上,产品拟人化出演,打造创意动画视频,与消费者一起"洗"迎新年。所以宝洁的这个品牌传播案例是一个非常成功的场景营销案例,立足点是消费者洞察,营造一家人春节过年的场景,将产品拟人化的方式展现温馨的过年场面,拉近了与消费者的距离,建立了更高层次的情感连接。

上面我们通过了大量的案例来展现场景营销的魅力和重要性,发展趋势,以及核心要素。归根结底,场景营销的底层逻辑还是用户思维,站在用户的角度思考什么是用户真正想要的,你的产品有何不同,如何替用户设计极致的产品体验和解决方案,这是价值营销和价格营销的区别。

场景营销是新营销时代对长期主义的完美诠释，短期内促进用户对产品的选择，长期内增强用户对品牌的好感、拥护及忠诚度。

具备场景思维，积极构建场景，将是企业、品牌和营销人员决战未来，促进价值增长的核心优势。

我们在讲场景营销如何为创造用户价值及促进业务增长服务时，是围绕传统经典的 4P 营销理论展开论述的，场景营销也是围绕这几个要素进行场景打造的，最终目的是满足用户的个性化需求，着力要打造并加深的是与用户的情感连接。

产品融入场景，场景易于传播，并通过渠道来传递，最后通过销售场景实现价值增值，与用户产生共鸣，真正创造用户价值，可以说场景营销深入整个营销链路。

在整个场景营销的讲解中，为什么用户会感受到特定场景塑造的感染力，场景营销对效果营销的作用如此巨大，本质上场景营销是围绕人展开设计的，是以人为本的。是人就有需求，是人就有情感，场景营销便是抓住"人的情感需求"，在人与"货"之间建立情感的桥梁。

无论处在什么时代，营销的本质和底层逻辑从来就没有变过。

5.2.3 场景营销新思路：抖音的"兴趣电商"

兴趣电商是一个新概念，2021 年 4 月 8 号由抖音电商总裁康泽宇在首届抖音电商生态大会上提出。兴趣电商是一种基于人们对美好生活的向往，满足用户潜在购物兴趣，提升用户生活品质的电商。他表示，抖音有良好的内容生态、众多优质创作者、多元化用户和较为成熟的兴趣推荐技术，有很大机会做好兴趣电商。

第 5 章 内容营销和场景营销

"兴趣电商"回归数字营销的底层逻辑，还是基于用户需求场景、大数据算法、内容、赋能数字化的销售增长。它的"新"在于它更紧密地连接了社交场景与购物需求，而无论是引起兴趣，还是产生了购买需求，都是基于场景的打造。

"兴趣电商"这个概念符合数字营销的三大神器：场景营销、大数据、内容营销。兴趣电商还有一个非常好的出发点，就是基于消费者的兴趣，以消费者需求为中心，基于算法推荐，抖音有能力将 UGC（User Generated Content）所有相关的内容推送到你面前，从而直接形成购买的需求。

传统的 AIPL（Awareness-Interest-Purchase-Loyalty）模型，品牌方用于前半段漏斗转化时所花费的认知教育恐怕要通过非常多的时间，平均一条广告需要经过好几次触达才会在消费者心目中留下印象，并形成认知和兴趣，然后才会有下一步行动，这是线性的消费者心智影响模式。

在"兴趣电商"的模式下，营销漏斗上半段的转化效率被大大提升，转化周期也大大缩短。一个用户在短时间内，被无数具有相关性且真实的其他同类用户产生的内容集中"轰炸"，其效果是不言而喻的。它是一种"圈层"消费者心智影响模式。如图 5-8 所示。

图 5-8 兴趣电商的生意逻辑

"兴趣电商"还有一种"非必需品"的概念在里面，是消费者对品质生活的升级需求产生的商品需求，是一种高级的需求。商品被赋予情绪价值，除功能性地满足用户需求外，它能够提供情感性的体验、精神层面的消费需求升级。这种观点，与我一直想要强调的"品效协同"的观点不谋而合。品牌是能够提供产品功能本身以外价值的形而上的东西，这也是消费者愿意为其基本功能额外付费的部分，是真正产生价值增量的部分，是品牌方长期建立的护城河。

那么，品牌方如何利用"兴趣电商"在抖音生态中创造业务增量呢？

第一个呼应的点是，品牌要让用户在"逛"的过程中产生兴趣。

内容是关键。视频比图片、文字、语音等各种形式在吸引用户兴趣和引起用户点击的有效性上提升了好几个纬度，无论是展现品牌 DNA，还是品牌内涵的任何内容，比如展现品牌历史、最新事件、品牌故事都是很好的展现品牌价值的素材。并且在 5G 技术的支持下，视频形式的展现已经成为直观、丰富饱满的内容体现形式，有别于以前 TVC 传统的广告类内容，时长较长，内容也相对正统，短视频强调轻、快速、多，所以它更加随性，也更加真实、有趣。

除了品牌方自己的抖音号创造素材外，还制造一些热点，让品牌方自己的忠实用户、经销商合作伙伴等自发创造内容。通常这些内容更真实，切中用户痛点，引起自发讨论和传播，形成 BGC（Brand Generation Content）、PGC（Professional Generated Content）、UGC 的三位一体的内容传播矩阵。

短视频时代对传统的营销是一场革命，它引起消费者兴趣和需求的手段和方式变得完全不一样了，就像一个用户在逛线下商场一样，他没有目的性，但可能逛着逛着就对商品产生了需求。"兴趣电商"过之而无不及，琳琅满目的短视频内容让原本没有购买需求的用户产生了情绪上的冲动，它帮助用户挖掘潜在的需求。短视频生态赋予电商更多"社交属性"，对品牌方来说，更多的是生意创造机会和品牌溢价机会。

第二个呼应的点是，好的产品、好的商家未来在抖音生态上有更多创造 GMV 的机会。抖音宁愿牺牲 GMV，也要做好商家和商品的治理管控。也就是说抖音上只卖好货给有兴趣的消费者，不卖吆喝，不做廉价促销，不卖假冒伪劣。

这对有好的品牌传承和基因的品牌方来说是很好的，抖音不但给品牌方提供做优质内容、强化品牌的平台，还提供直接引流、转化购买需求的场景。后面的转化是前面的"内容兴趣"产生的必然结果，不强求，不推销，不靠降价收割销售额，这是"长期主义"营销思路，值得鼓励。

目前，无论是做品牌还是品牌方想促进销售额增长，很多方法都还是割裂的。虽然"品效协同"是目的，但实际执行过程中依然存在难度，在抖音的"兴趣电商"上我看到了"品效协同"的可能性，同时由于抖音生态创造了用户对于品牌的情感需求和为品牌满足其情感需求产生的情绪价值额外付费的意愿，而进一步为品牌方加快变现提供了场景和空间。

如果抖音坚持做"有质量的交易"，相信它将为"社交电商"这一营销新领域做出里程碑式的贡献，最终实现的将是基于用户场景、用户平台方和品牌方的"三赢"。

第 6 章 管理用户生命周期价值

6.1 用户生命周期模型构建

6.1.1 基于用户旅程的生命周期模型

在前面我们反复提到的数字营销领域的"长尾理论"中,在消费者注意力碎片化的时代,通过"内容"抓住用户的"长尾"需求,以数字化工具为底盘,精细化"运营流量",从而达到品效协同的营销效果。如图 6-1 所示。

数字营销的注意力已经从获取用户增量转移到服务存量用户,并且满足用户个性化需求上,也就是说从关注并创造群体需求转移到服务好现有单个用户，以最大化增长用户的生命周期价值中来。我们站在用户的角度看问题，用户的生命周期价值提升了，我们的销售收入自然就会实现增长。

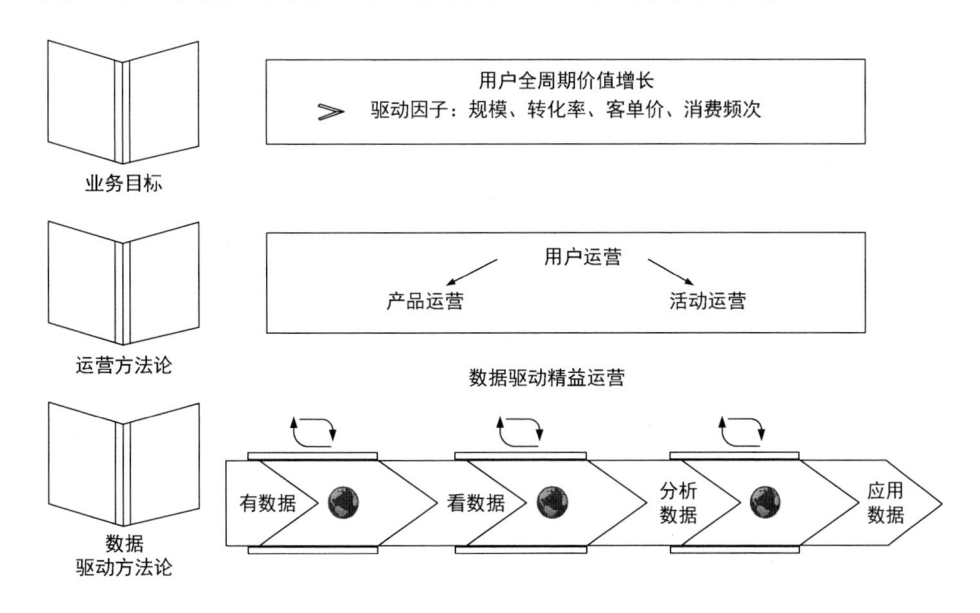

图 6-1　数字化运营的战略路线图

"运营流量"是构建用户生命周期模型的核心。在不同的情况下，企业的业务痛点和增长因子都是不一样的，在很多初创企业中，创始人都把流量的增长作为核心目标，比如增加 App 的用户注册量、下载量、增加日活用户，这么做的目的是在短时间内快速抢占市场份额，全力以赴扩大用户基数，因为在创立之初对企业来讲重要的是能够吸引新用户，并增强与用户的黏性，快速拓展品牌和产品的知名度，扩大受众面，以便在市场上占领一席之地。

但随着公司的不断壮大，获取新用户及用户群的扩大总是会达到一个瓶颈阶段，这时候公司关注的核心指标就会发生变化，用户生命周期价值就是在这种情况下产生的，当流量和用户的增长达到瓶颈阶段时，如何才能持续不断地驱动进一步的增长成为企业重点关注的话题，用户生命周期价值模型就是在这种情况下诞生的。

如何促进生意的增长呢？无非是卖更多东西，给更多的人，挣更多的钱，让用户多买，并对你的产品和服务产生依赖。

首先，卖更多东西，是实现品类的扩张，它可以是用户需求的升级，从买价格低的到买价格更高更好的产品，它也可以是交叉品类购买。比如一个女性消费者，今天买了某个品牌的口红，使用体验很不错，明天去买这个牌子的香水，都是很常见的事情。

给更多的人是去寻找更多购买商品的买家，需要持续不断地找新的用户，获取新用户主要有两种方式：一种是创造新的对于该品类的需求，另一种是从竞争对手手里抢占市场份额。无论哪种方式，难度都不小，新需求的创造需要无数次的市场教育和消费者触达，而从竞争对手手里抢用户的代价也是不小的，要么是有更加物美价廉的产品，要么是有其他额外的福利，总之都不容易，这意味着消费者要转变观念，所以在讲用户生命周期价值理论时，我们并不是很关注新用户获取，而是关注存量用户的需求。

其次，挣更多的钱，意味着找到高毛利的产品，将产品组合产生的利润最大化，这要求我们在做数字营销活动时，关注高毛利的产品，并将高毛利的产品尽可能推广给有需求的用户。

最后，让用户多买是用户生命周期价值管理中非常重要的因素，也就是说要提升用户对产品的需求频次，不仅要买，还要买得多。

我们在了解了影响用户生命周期价值的关键因素后，就要开始设计并构建全价值营销闭环，如图 6-2 所示。渗透进用户生命周期价值场景的每一根毛细血管。

第 6 章　管理用户生命周期价值

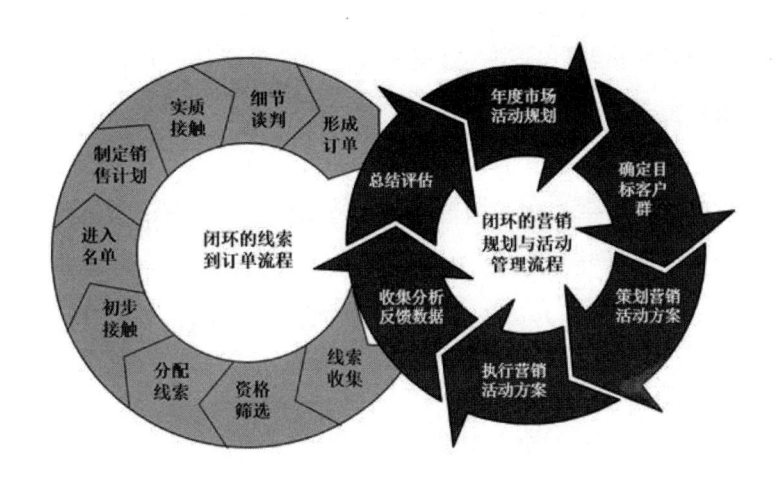

图 6-2

图中左边的闭环体现的是站在企业的角度，新用户获取的销售管理。它和右侧的闭环相辅相成，左边的基于销售，右边的基于市场，销售的主要任务是订单，获得订单和生意增量。而站在市场的角度从制定目标用户画像，确定人群开始，策划营销活动战略，执行方案到最后总结评估，是市场部的工作流程。这个图体现的核心是现阶段市场和销售部门之间的关系及它们在获客过程中扮演的不同角色。

站在用户体验和决策旅程的角度，我们基于用户从认知阶段到最后的转化，简要分成三个阶段：第一阶段是从流量到留资，第二阶段是从留资到用户，第三阶段是从用户到忠诚用户。然后，我们将每个阶段拆分成不同的场景，每个场景下需要制定不同的用户激活手段。

第一阶段从流量到留资，从外部触点吸引到的用户但还未留下任何个人信息的统称为流量，中间主要涉及两个场景，而且这是双向的场景，如何将私域流量如公众号粉丝、网站浏览者转化成可识别的用户，同时这些可识别的用户一旦在任何渠道留下了个人信息，如何引导他们回到自己的私域平台如自己的公众号。这样做的目的是保持用户对自己品牌的长期关注和参与度。

第二阶段是从留资到用户，这里又会涉及两个转化场景，一个是线索跟进场景，已经留下线索的用户，如何跟进才能形成有效快速的成交；还有一种转化场景是潜在用户留下了个人信息，这时候用户就是一条潜在生意线索，企业销售人员或者电话呼叫中心在跟进过程中发现用户突然不想购买了，或者其他原因不想被继续跟进了，那么这个用户就会被认为是暂停或取消的线索，那么这里的场景就涉及处于取消或者暂停状态的线索如何进行重新激活，这是线索唤醒场景。

第三阶段从用户到忠诚用户，又涉及两个场景，第一个是用户反复成交，交叉购买场景，也就是提升产品的复购率，提升收入和利润；还有一个是唤醒老用户场景，很多用户在进行一次购买后，因为各种各样的原因，比如被竞争对手的促销吸引，品牌体验不佳而流失了，这里就涉及老用户的唤醒场景。

所有这些基于用户转化旅程设计的用户生命周期价值场景，都有一个共性，那就是将正确的内容在正确的时间，传达给正确的人，获得客观的生意增量。

> 对于整个生命周期价值的模型，我们可以用一个简单公式表示，那就是：
>
> 用户生命周期价值/所有用户产生的销售收入=流量×转化率×客单价×复购率

先考虑的是如何提升流量，然后是如何提升转化率，流量*转化率=获取的新用户数量。

接着是对单个新用户如何留存，提升复购，并提高他们单笔购买的价值。

无论是新用户获取还是老用户留存，都离不开和用户的反复沟通。

流量、转化率、客单价、复购率都是业务增长因子。在构建用户生命周期模型时，企业先要定义它的增长杠杆，然后找到撬动这个增长杠杆的方式。

6.1.2 私域流量

"私域流量"这个概念兴起于 2019 年,如图 6-3 所示。如果你去百度搜索,会出现很多打着运营"私域流量"的旗号开张营业的小型数字营销公司,它们为各大有需求的企业提供私域流量服务,"私域流量"无疑是这几年营销界比较为热门的营销话题,而它又因为"新冠肺炎疫情"的到来变得更加炙手可热,让各大品牌商趋之若鹜。

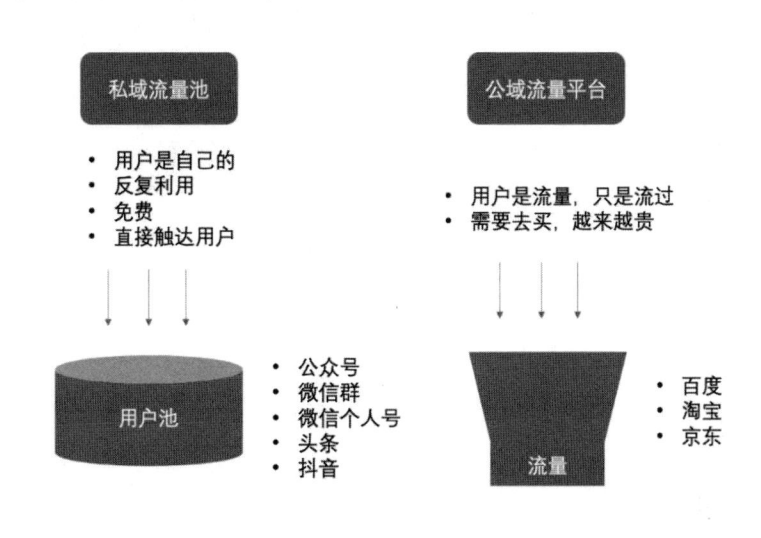

图 6-3

私域流量是相对公域流量而言的,指的是我们不用付费,可以任意时间,任意频次,直接触达用户的渠道,比如自媒体、用户群、微信公众号等。

为什么会出现"私域流量"这个概念呢?它是数字营销发展到一定阶段的产物吗?是的。早在 2017 年、2018 年的时候,很多互联网公司、500 强品牌方已经感觉到增量到顶了,要想维持公司的增长势头,解决发展瓶颈问题,维持利润水平,只有两条路,要么获取更多收入,要么优化组织结构,降低运营成本。

运用数字化的思维模式运营"私域流量",应当成为当下所有公司营销战略的重中之重。

在企业组织层面的传统经销模式下,用户都是跑出来的,无论是新用户还是老用户,都依赖大量的销售人员,而数字化时代的到来有希望打破这一局面,数字化作为销售人员队伍的有力补充,大幅度提升新用户开拓和老用户维系的效率,从优化组织结构,在新的合作方式上提升组织效率。

大数据和算法赋予高效提升"私域流量"运营方式的可能性。

在组织结构上,以人工智能科学家、算法工程师、数据科学家为代表的新兴智能力量逐渐崛起,越来越成为企业数字化转型过程中的中坚力量。

在市场营销层面,如何获得私域流量呢?

微信公众号、视频号、企业号、微信群、网站、小程序等,通过以上这些第一方渠道进入你的官方平台,主动留下用户信息的用户,它是相对于公域流量、其他第三方平台流量而言的。

当今市场环境竞争激烈,获得私域流量的成本也逐渐升高,这是由用户获取品牌信息方式碎片化环境造成的,因为一切营销的本质都是争夺用户时间。获取私域流量的沉没成本之高难以想象。

"沉没成本是经济学中的一个概念,是指以往发生的,但与当前决策无关的费用。从决策的角度看,以往发生的费用只是造成当前状态的某个因素,当前决策所要考虑的是未来可能发生的费用及所带来的收益,而不考虑以往发生的费用。"

一旦获得了私域用户,必须制定正确的流量运营策略,以维持前期投入巨大营销成本带来的引流效果,这就引到了以下私域流量运营产生的价值贡献。

在销售贡献层面,什么是"私域流量"带来的核心价值呢?销售贡献。销售贡献等于用户增量乘以单个用户价值。

越来越多的企业将私域运营的 KPI 定义为实际销售收入的增加。在运营这些私域用户的时候,它考虑的是能多快、多大程度上让用户直接为你的产品和服务买单。进行用户运营的目的以增加多少销售额作为最后考核指标,这也让"私域运营"的概念在业务增长层面有了现实指导意义。

业务增长主要由两个方面组成,一是用户增量,用户增量需要从公域流量来,也是就需要通过一定手段的引流去增加产品对于新用户的吸引度,然后你需要搭建方便用户和你直接沟通的桥梁。所以公域流量和私域流量需要互相加持。二是单个用户价值增加,那么单个用户价值如何最大化呢?用户的潜力永远是可以挖掘的,它在购买你某个单品的同时,一定还蕴藏着购买其他产品,或者产品升级的需求。品牌方需要做的是深入了解每个用户,这个了解的过程以前是销售人员聊天聊出来的,但是,现在你有了用户行为数据、用户信息和用户购买数据,你可以通过大数据分析并预测用户未来的潜力和购买需求。

预测出来后,你可以通过直接与用户沟通、销售人员线下拜访等方式去验证数据模型的准确性,不断调整你的算法,结合机器学习,反复迭代,不断提升准确率。

线上数据分析结合线下转化是核心。在 B2B 业务模式下,线下转化更多靠销售人员的反复沟通,建立用户信任,其他购买细节的沟通,所以线下环节必不可少。而在 B2C 业务模式下,尤其是耐消品、奢侈品、线下门店体验不可或缺。

在用户需求层面,一切业务模式以用户为中心。"私域流量"可以成为"私域用户",流量的概念更像是一个数字,是没有生命力的,但是每个用户都是一个独立的个体，他有独立的思考，除了有产品需求，还有情感需求、社会需求。营销的本质以用户作为出发点，一切围绕用户的需求展开设计。现代营销活动越来越通过满足个性化的用户需求展开差异化的营销活动，以提升整体市场和用户的满意度。这是时代带来的新机会。

6.1.3 精细化运营

当今营销人面临的困境是：早期流量的红利正在消失，流量成本越来越高。

无论是何种类型的商业模式，对流量和用户进行精细化运营的呼声逐年升高。

在 B2B 商业模式下，预算规模比较小，通常获取一个线索的平均成本在 200～500 元人民币之间，甚至更高。如果获得的线索没有被认真对待，而实际情况是销售人员手头的潜在项目又很多，那么线上渠道产生的用户因为不知道实际大小和未来潜力，很容易被销人员售忽略，或者说不被重点跟进，所以到了后端转化，产生的沉没成本会很大，导致流量被浪费，成本更高。所以，B2B 业务获取一个用户的实际成本高达上万元很正常。

一旦陷入通过不断投入成本获客的泥潭中，营利就遥遥无期，因为看不到立竿见影的投资回报，于是更加不愿意投入广告预算，陷入恶性循环前期需要花成本建立品牌形象的媒体费用，相比效果营销，转化成用户机会的潜力越小，转化率自然也更低，所以，B2B 公司也不太愿意花太多预算在品牌形象的建立上。不只是中国企业，其他国家企业的流量成本也在不断攀升，居高不下。

在这种情况下，精细化运营的呼声越来越高，无法通过流量获取增长的时候，通过精细化运营提升流量的质量以最大化转化效果成为最优选择，精细化运营的逻辑如图 6-4 所示。

第 6 章 管理用户生命周期价值

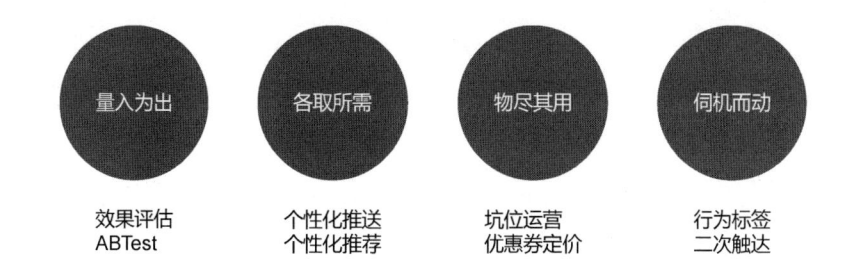

量入为出	各取所需	物尽其用	伺机而动
效果评估 ABTest	个性化推送 个性化推荐	坑位运营 优惠券定价	行为标签 二次触达

图 6-4 精细化运营之道

精细化运营前要进行许多准备工作：

首先，要对市场和竞争环境有深入调查。

- 整个终端用户市场是什么样的发展趋势。
- 目前你的产品或服务的市场渗透率是多少。
- 你是市场的领导者还是跟随者。
- Top 竞品的数字营销打法是什么样的。

其次，对你的服务对象、终端用户有深刻洞察。

- 用户面临什么样的问题和挑战。
- 用户所处的行业是什么。
- 具体需求有哪些。
- 他们寻求什么样的解决方案。
- 购买动机是什么。
- 媒体习惯有哪些。
- 典型用户购买旅程是什么样的，购买周期如何。

再次，对自己的产品或提供的服务有深刻的理解。

- 你的产品或者服务能帮用户解决什么问题，创造什么样的核心价值。
- 价值销售：为什么使用你的产品而不使用竞品，你的独一无二的优势是什么（不能是价格原因）。

- 相比较竞争品牌，优势、劣势、机会点和威胁点有哪些。
- 未来可持续增长的驱动力有哪些。
- 如何建立增长驱动因子和结果的正相关性及如何衡量成功。

最后，对媒体属性有更深刻的理解。

- 理解媒体的广告场景及媒体所带来的用户属性。
- 基于媒体的属性，要用相应的定位和合适的创意去和这些需求进行匹配，在流量成本上升的情况下获得更高的 ROI。
- 把场景标签、用户标签、用户属性等能够更好地挖掘出来、体现出来。
- 差异化媒体定位，针对不同的人群标签，定向推送不同内容。

在精细化运营时，重视意见领袖的价值是一条非常好的途径，比如在 B2B 商业模式下，很多行业类的客户，顶端的一些头部客户对小客户具有很大的影响力，所以在营销策略层面，甲方通常采取先拿下头部客户，然后再利用头部客户的行业影响力去吸纳中小客户。

这就需要品牌方对一些头部大客户做长期渗透和互动，和大客户建立持久、有效、忠诚、互相信任的纽带。营销策略和战术为大客户定制，服务于大客户。

在 B2C 商业模式下，精细化运营对人与人之间的沟通提出了更高的要求，在 2C 商业场景下，用户购买原因更有可能处于情感、情绪、精神等方面诉求，这时候通过意见领袖，代表品牌与不同用户进行深入沟通就显得非常必要了。

利用大数据对用户进行分类也至关重要。精细化运营的前提是企业数据库中有大量的用户数据，营销人员可以基于这些数据对用户信息做出相应的分析，根据用户的购买倾向及价值大小，可分为四个象限，如图 6-5 所示。

第6章 管理用户生命周期价值

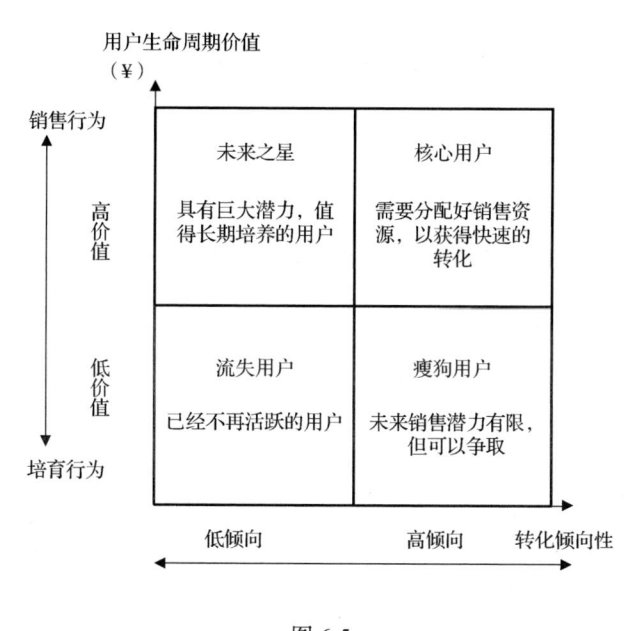

```
用户生命周期价值
     (¥)
      ↑
销售行为  ┌─────────────┬─────────────┐
         │   未来之星   │   核心用户   │
      高 │              │              │
      价 │ 具有巨大潜力，│ 需要分配好销售│
      值 │ 值得长期培养 │ 资源，以获得 │
         │ 的用户       │ 快速的转化   │
         ├─────────────┼─────────────┤
         │   流失用户   │   瘦狗用户   │
      低 │              │              │
      价 │ 已经不再活跃 │ 未来销售潜力 │
      值 │ 的用户       │ 有限，但可以 │
         │              │ 争取         │
培育行为  └─────────────┴─────────────┘
         低倾向        高倾向    转化倾向性
```

图 6-5

这么做的目的是针对不同象限的用户，制定不同的跟进策略，决定不同用户群体需要分别投入的预算规模和营销方案。

对于购买意向高、价值又大的用户，需要线上线下结合，光数字化解决不了问题。

对于购买意向低但是价值大的用户，要对用户意向低的原因进行深入判断，再决定跟进方案。

对于购买意向高、价值小的用户，考虑直接线上电商平台转化。

对于购买意向低、价值小的通过营销自动化的方式长期保持零成本互动，看未来有没有做大的机会，即便做不大，用户数量多了，也会产生规模效应价值。

最后，对用户进行生命周期设计，建立忠诚度计划。

客户忠诚度高，不容易随意替换品牌，是企业的核心竞争优势之一。这对于B2B及B2C不同商业模式下的企业在新客获取成本越来越高的今天尤其重要。

在B2B商业模式下，通过市场营销的方式建立忠诚度计划在很多企业都不被重视，很多还是靠销售人员维系老用户关系，这在未来数字化有很大的改进空间。

企业市场部从业人员和代理商必须转变思维，将以流量获取为中心的媒体策略转化成以存量用户为中心的经营策略。

企业向消费者通过各种方式，各种渠道传递品牌价值，如果做得好，那么消费者再考虑和评估环节的旅程就会大大缩短，企业有能力把消费者直接推入到忠诚度环节，并在忠诚度计划上花费更多的精力，创造更大的用户价值。

忠诚度闭环是一个双向互动的环节，一方面企业通过忠诚度计划维持，巩固并加深与用户的联系，另一方面，也是企业不断遴选高价值，高质量用户的机会，通过忠诚度计划，这个计划数据库中的用户不断刷新，品牌与用户之间的联系也就越加紧密，通过Member get member（全员的老带新）社交裂变等方式展现出更大的价值，吸引更多用户加入这个群体中，而现在的各种数字化商业智能工具正好为忠实粉丝在快速传播品牌价值和信息时提供便捷。

6.2 圈层营销和会员营销

6.2.1 用户需求的圈层化

前面提到在数字化时代，消费者呈现蜂窝状的聚集，今天的市场已经不存在所谓的大众化市场，所有的都变成小众的市场，形成各种各样的圈层化，所以说是呈现蜂窝的状态。第一，移动互联消费者呈现节点和触点的分散，这也意味着大市场的瓦解；第二，消费者心理的变化，消费者希望找到对于文化、兴趣、爱好、各种社群的组织，形成了各种各样的圈层文化。

2009年，中国手机网民规模首次超越PC端，移动互联网时代正式到来。

从图6-6中可以看出，全球移动端数据流量过去几年急速上升，未来两年仍将保持高速增长。

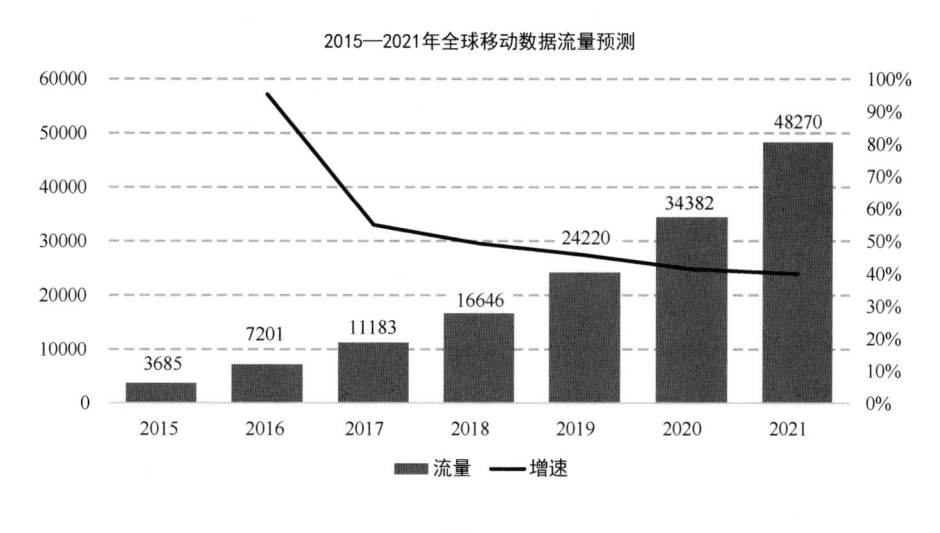

2015—2021年全球移动数据流量预测

年份	流量
2015	3685
2016	7201
2017	11183
2018	16646
2019	24220
2020	34382
2021	48270

图6-6

从2017—2019年，移动互联网用户增长了约2亿人，用户日均时长也增长了30~45分钟。

随着移动互联网技术的发展，企业对移动营销方面也表现得更加重视，移动互联网最主要的特点之一是比传统的互联网更加即时、快速、便利，而且也不会有任何地域限制。

圈层营销，作为被关注的一个营销模式，正是基于移动网络营销的变化，堪称营销界的"神来之笔"。

由于移动端的流量集中在头部力量，获客成本飙升。于是，圈层营销模式应运而生，主要是应对移动网络营销流量获取困难的现状。

同时，站在用户的角度，越来越多的年轻人喜欢发声，表达自己的主张和想法，圈层营销恰好提供这样一群对品牌志同道合者聚在一起，交流思想的机会。

在移动互联网时代，产品只是流量的入口，圈层才是商业模式，KOL及社群才是移动互联网时代的生存法则。圈层是一种基于场景及用户社群的营销模式。

圈层营销模式的目标人群是一群具有共同兴趣爱好、职业特征等标签的人群。因此，产品品牌化营销是一种可以采取的精准营销模式。

圈层营销模式较早被应用于房地产行业，随后扩展到奢侈品行业。因为这些行业的受众一般都具有一定的经济实力和社会地位，形成一个很有辨识度的文化圈或者消费圈，而且这圈子比较小众，企业能够将更多的资源和成本集中在这一人群身上。

举个例子，某汽车豪华品牌定期组织活动，将它的VIP用户聚集到一起，出境游，品牌方补贴所有的旅游费用，目的是巩固客户忠诚度。这就是圈层营销的一种方式。但是越来越多的行业和品牌都开始意识到圈层营销的价值、配备团队，开始用这个概念落地一些营销项目了。

所以，现在的圈层营销已经不分高端还是低端品牌，要建立品牌影响力就必须做圈层营销。

6.2.2　圈层营销三步法

在制定圈层营销策略时，可以分为三步走：

第一步，找准用户定位。

很多市场人并不知道操刀品牌的圈层到底是什么，比如，虽然同为高端消费人群阶层，但他们在生活习惯、爱好及方式理念等方面有很大的差异，只有了解这些差异后，才能根据生活模式和心理需求定位受众。以买车为例，用户可能都想买高端豪华轿车，但是他们的购买动机不尽相同，有的追求性能操控，有的是品牌，还有的是安全，实际用户需求因人而异。

在我的定义里，我的圈层就是与我同职能的市场人或者企业高管，他们可能将数字营销作为他们的本职工作，也可能走在传统市场人向新营销人转型的前列，也有可能是营销行业的自媒体。或者说企业高管想要了解数字营销这个新兴热门行业，因为我定期输出干货，而且只输出干货，所以一般我的粉丝黏性很高，一旦别人成为我的粉丝，我就不容易流失用户。

第二步，开发社交内容。

根据用户需求和标签圈出你的目标用户群体后，品牌方用什么样的内容去和用户拉近距离，了解他们的心理需求和购买选择动机，让圈层能够时刻感受到来自品牌方的关怀和问候，打造有温度的品牌口碑，这样通过头部的圈层力量提升品牌影响力，为圈层扩容，吸引更多同阶层的用户加入圈层。同时也是借助品牌聚能打造社交平台，圈层里的成员可以自己产生内容，与其他成员进行交流分享，并吸引外部人员加入交流。通常，UGC 的内容产生的影响力更大，因为它更真实。

这里又要引入一个最近流行的概念，叫"社交货币"。社交货币源自社交媒体中经济学的概念，它是用来衡量用户分享品牌相关内容的倾向性问题。简单地说，就是利用人们乐于与他人分享的特质塑造自己的产品或思想，从而达到口碑传播的目的。

社交货币的观点认为，我们在微信和微博上讨论的东西就代表着自己，并定义了我们自己，所以我们会比较倾向分享那些可以使我们的形象看起来更好的内容。对品牌来说就是我是什么样的形象，我就倾向分享什么样的内容。这样品牌内容和用户关心内容可以达到精神共鸣点，把那个点找出来，就是有效的社交内容。

所以，你的微信朋友圈、微信视频号就代表着你的形象。

第三步，定义圈层权益是什么。

把人群圈定后，总是要有一些核心利益，才能维持住圈层人员，保证圈层活力。这是一项长期营销的工作。通常的圈层权益分为两种：一种是物质层面，比如积分换取礼品、再次购买的折扣券；一种是精神层面的权益，比如VIP礼遇、会员专享服务。总之要让圈层人群产生归属感。以汽车行业为例，比较常见的有延保服务甚至终身保修，节省维修费用的同时给车主一种归属感。所有这些都是为了提升圈层对于品牌的黏性。

圈层营销不等同于CRM，两者有相似之处，又有不同点。

客户关系管理（CRM）的概念产生比圈层营销早得多，这个职能基本也是市场营销部的标配了，如图6-7所示。在B2C业务模式下的企业非常常见，团队包括客户售前和售后服务，线索跟进，忠诚度维护，涵盖职能比较广，在预算较为捉襟见肘的B2B业务模式下的企业市场部划分就没那么细，很多都没有CRM这个职能，从业务的角度来说，CRM是能产生结果，转化新客户，同时维系老客户，促进复购的重要职能部门。

客户管理的变革趋势

CRM
以客户消费数据为基础，了解客户消费喜好，预测消费，提升客户复购。

CIM
整合客户多渠道数据，建立客户更完整大数据画像，提升对客户的洞察能力。

CEM
利用大数据驱动客户服务，创造更好客户体验，不只再关注消费，而是终极客户黏性的培养。

图6-7

客户关系管理是指企业为提高核心竞争力，利用相应的信息技术和互联网技术协调企业与顾客间在销售、营销和服务上的交互，从而提升其管理方式，向客户提供创新式的个性化的客户交互和服务的过程。其最终目标是吸引新客户、保留老客户及将已有客户转为忠实客户，增加市场。

在整个营销体系下，圈层营销和客户关系管理两者有功能交叉，都是对于客户的赢取和维护，以提升品牌影响力，产生竞争优势。

圈层营销和狭义的客户关系管理定义很接近，但广义的 CRM 还包括全面提升企业业务流程的管理来降低企业成本，通过提供更快速的周到的优质服务来吸引和保持更多的客户。

此外，两者的侧重点也有所不同，圈层营销更强调"圈子、小众社群"的意义，所以具有很强的社交属性和人群划分意识。而客户关系管理更强调从服务本身出发，如何解决客户问题，以加强与客户的长期联系。

圈层营销如何与你的客户关系管理策略有机结合在一起，需要根据你的市场目标、业务模式、现状分析和目标受众属性进行定制，理解客户，触达并影响客户，与客户共赢，以客户为中心始终是制定有效圈层营销策略的出发点。

6.2.3　品牌"出圈"

"出圈"这个词大家已经不陌生了，一般指某位偶像或明星知名度变高，不止被粉丝小圈子所关注，开始进入大众视野，变成真正的"公众人物"。后来引申到不限于人，事件和物品也可以"出圈"。同样，品牌也可以"出圈"。

"出圈"的前提是"入圈"，也就是前面说的圈层营销。"入圈"后，想要进一步拓展人群，将品牌知名度和影响力扩散到更广泛的人群，那么这个时候，"出圈"就是最佳选择。但是，出圈不是一件容易的事情，出圈之所以难，在于圈外的人看不懂或不认可圈内的事。也或者是品牌要让圈外的人读懂品牌，看懂品牌的门道需要付出更大的成本和努力。所以，仅仅借助更大的流量渠道是破不了圈的。

形成你的圈层定义并"入圈"后，与一些同样拥有强烈客户好感度的知名品牌进行 IP 跨界，是当下流行的抓眼球玩法。同样选择什么样的品牌，如何有效跨界，出圈，找到契合的引爆点，转化成消费力，又成为另一个值得讨论的大话题。

2020 年最火的出圈品牌之一当属哔哩哔哩网站，其策划的"后浪"营销事件堪称现象级。

在 2020 年 5 月 4 日青年节这一天，国内知名视频弹幕网站哔哩哔哩（B 站）与央视新闻等媒体联合发布了一个视频——献给新一代的演讲《后浪》。作为一个给年轻人的励志演讲视频，一时间引起了巨大的反响：全站日排名第一，朋友圈、微博等各平台转发刷屏，把这个原以二次元文化为核心的网站带到更多人的视野中。

虽然大家对这个营销事件和视频内容褒贬不一，但是毫无疑问它将后浪带出了它本来的"后浪"圈子，而成功渗透至"前浪"群体。

后浪之所以能成功出圈，主要原因有两点：情怀和内容。

有效的营销手段是与消费者产生心理层面的共鸣，将用户代入到那种情境中，让他们充分感受到品牌的真实和诚意，"后浪"抓住了圈外人对于勇气的追求，对社会的美好期待等精神层面的需求，推波助澜，引发强烈共鸣，从而刷爆朋友圈。

品牌"出圈"的同时也是有很大风险的，如果出圈做不好，在"出圈"的同时，很有可能也会丢了圈内人。所以品牌方需要平衡照顾圈内人本身的需求和引发圈外人关注点之间的平衡，最理想的状态是圈内和圈外的和谐共振。

品牌想要出圈，回答好以下几个问题很重要：

第一，确定增长真的遇到瓶颈，必须通过出圈才能获得。

第二，出圈的同时，如何保证不丢失圈内人喜闻乐见的营销元素。

第三，出圈想要触达的人群是谁，他们关注什么，与圈内人关注的点是否有本质冲突。

第四，如何选择合适的方式和渠道将出圈内容精准传播出去。

6.2.4 构建会员忠诚度体系

当今，很多企业把重心放在新客户的获取上，新客户意味着新的增长引擎和增长源泉，从而容易忽略对老客户忠诚度的建设，这其实是一门系统工程。

商业的本质是复购，根据营销机构 Bluecore 的研究显示，复购消费者比新客的价值要高 130%。而发展一个新客户的成本大概是维系一位老客户成本的 3 倍，所以站在投资回报的角度，企业没有理由不好好构建会员忠诚度体系，以达到老客户不断复购的目的。

随着数字化时代的来临，客户忠诚度体系构建的原则也发生了变化。

首先，消费者行为的变化，由于消费者需求变得越来越多样化，大众市场已经不复存在，在设置忠诚度体系时，需要针对小众的消费者需求进行定制，实现个性化。个性化的用户需求决定了企业在设置忠诚度体系时必须更加灵活，打造独一无二的消费者体验，再加上信息的碎片化和用户注意力的分散，很容易流失用户，而一旦用户流失，那么再挽回他的成本就是巨高无比的，得不偿失。

所以企业在构建客户忠诚度体系时，一定要根据用户个性化的需求进行深入挖掘，了解作为一个独立的个体和具有特色的客户，想要留住他，他内心的需求是什么，而不是对所有客户都构建同一套用户留存激励体系。

其次，随着时代的发展和消费的不断升级，消费者对于情感的需求不断增加，以前通过积分和实在的物质利益这些金钱方面的回馈已经无法满足用户所有的需求，更深层次的提升用户黏性的动机来自精神需求的满足，我们需要重新思考会员体系，在传统会员体系的基础上注入新的血液，树立全新的根基。

构建客户忠诚度体系的本质是充分有效地建立品牌和消费者之间的深度连接，给予消费者专注持久地停留在你的品牌的充分理由，从而让消费者没有意愿或动力转向其他品牌的产品或者服务。

这里面有两层含义，一是让消费者在购买某个产品时想到你的品牌而不是其他品牌，这个很好理解，比如周末和朋友喝下午茶，他想到去星巴克喝咖啡、聊天。二是消费者在某个场合没有想要消费你的产品时，仍然容易记起品牌。这个是更深层次的，它意味着消费者将你的品牌与他的日常生活连接在了一起，品牌深刻植入消费者心智。这要求企业能够在消费以外，通过忠诚度体系提升消费者与品牌的连接。

除了关注交易本身，比如在客户的生日、结婚纪念日这些重要的日子发送节日祝福，给予客户关怀。在构建客户忠诚度体系时很重要的原则是：关注消费者的情感和精神需求。

要让品牌和消费者之间建立深刻的连接，经常给予一些物质激励显然是苍白无力的，也是很基本的，真正让消费者和品牌之间可以隔空对话，必须提升品牌的"价值观"和消费者"价值观"之间的契合度。

比如苹果品牌，提倡的创新、美学，追求精益求精，美好生活方式的价值观就与很多倡导健康价值观的年轻人不谋而合。

比如宜家，情感类的体验做得也很彻底。它在每位用户在完成购物结账出门的时候，让每位客户可以以 1 元的价格买到冰激凌，这让很多客户在交易过程的最后一步感到非常满足。客户可能不是冲着便宜的冰激凌去的，但是很多人在完成一次购物时体验到了很大的心理满足感，下次就非常愿意再来。

宜家品牌构建的客户忠诚度体系也非常有意思，设置了宜家俱乐部，用户可以在上面领优惠券、生日礼物，也可以分享自己的成长故事，

同时，宜家将加入俱乐部的会员分成几个等级，分别是新鲜人、粉刷匠、改造家和设计师，根据购买等级和品牌的交互行为给予会员不同的身份标志，自然在情感上会员都会向往更高等级的身份认同，这是忠诚度体系设计在情感诉求的应用上的体现。

我们回到本书开头对于"数字营销"的定义，数字营销是在消费者注意力碎片化的时代，通过"内容"抓住用户的"长尾"需求，以数字化工具为底盘，精细化运营"流量"，以达到品效协同的营销效果。

"流量"怎么来？流量来自"以用户为中心"理念的不断实践，来自从每一处细节服务好用户，提升用户体验的初衷和决心，进而提升用户的满意度，当用户的满意度被不断满足，进而就会成为忠诚用户。无论是给予用户物质激励、精神上的荣誉感、心理满足，还是提升用户与品牌的参与度，构建忠诚度体系的核心也是"以用户为中心，精细化运营"流量"，它是数字化营销不可或缺的一个环节。

最后，很多市场营销人员纠结于数字营销的战术、打法、现有营销方式的优化，但是与其在现有基础上做更新，不如去挖掘下一个增长机会点，5年前的机会点在以微信为代表的社交媒体，现在的风向是短视频营销直播电

商和大数据营销，那么下一个营销机会点在哪里呢？我们无法改变大环境，无法抵御时代的洪流，但我们能做的是保持营销初心，坚守营销底层逻辑的同时，时刻保持对周围环境的敏感和好奇心，穿越迷茫，努力去探寻新的机会点，开拓营销的蓝海。